U0542212

"一带一路"沿线国家教育政策法规研究丛书

巴勒斯坦、以色列
教育政策法规

主编 / 张德祥 李枭鹰

编译 / 韩梦洁　赵明明　白晋延　王苗苗　张驰

大连理工大学出版社
Dalian University of Technology Press

图书在版编目(CIP)数据

巴勒斯坦、以色列教育政策法规 / 韩梦洁等编译. -- 大连：大连理工大学出版社，2020.11
（"一带一路"沿线国家教育政策法规研究丛书 / 张德祥，李枭鹰主编）
ISBN 978-7-5685-2676-0

Ⅰ.①巴… Ⅱ.①韩… Ⅲ.①教育政策－巴勒斯坦②教育政策－以色列③教育法－巴勒斯坦④教育法－以色列 Ⅳ.①D938.121.6②D938.221.6

中国版本图书馆CIP数据核字(2020)第168765号

BALESITAN YISELIE
JIAOYU ZHENGCE FAGUI

大连理工大学出版社出版

地址：大连市软件园路80号　邮政编码：116023
发行：0411-84708842　邮购：0411-84708943　传真：0411-84701466
E-mail：dutp@dutp.cn　URL：http://dutp.dlut.edu.cn
上海利丰雅高印刷有限公司印刷　　大连理工大学出版社发行

幅面尺寸：185mm×260mm　　印张：15.5　　字数：317千字
2020年11月第1版　　2020年11月第1次印刷

责任编辑：陈　玫　　　　　　　　　　　　责任校对：张　岩
封面设计：奇景创意

ISBN 978-7-5685-2676-0　　　　　　　　　　定　价：108.00元

本书如有印装质量问题，请与我社发行部联系更换。

总序

共建"一带一路"是中国提出的伟大倡议,也是中国与"一带一路"沿线国家的共同愿望。"一带一路"倡议出自中国,却不只属于中国,而属于"一带一路"沿线所有国家,乃至全世界。中国是"一带一路"的倡导者和推动者,沿线所有国家是"一带一路"的共商者、共建者和共享者。

为推进共建"一带一路"伟大倡议,让古丝绸之路焕发新的生机与活力,以新的形式使亚欧非各国联系更加紧密,互利合作迈向新的历史高度,中国政府于2015年3月28日发布了《推动共建丝绸之路经济带和21世纪海上丝绸之路的愿景与行动》,强调"一带一路"是促进共同发展、实现共同繁荣的合作共赢之路,是增进理解信任、加强全方位交流的和平友谊之路。中国政府倡议,秉持和平合作、开放包容、相互借鉴、互利共赢的理念,全方位推进务实合作,打造政治互信、经济融合、文化包容的利益共同体、命运共同体和责任共同体。

为贯彻落实《推动共建丝绸之路经济带和21世纪海上丝绸之路的愿景与行动》,2016年7月13日中华人民共和国教育部牵头制定了《推进共建"一带一路"教育行动》。该文件指出,推进共建"丝绸之路经济带"和"21世纪海上丝绸之路",为推动区域教育大开放、大交流、大融合提供了大契机。"一带一路"沿线国家教育加强合作、共同行动,既是共建"一带一路"的重要组成部分,又为共建"一带一路"提供人才支撑。中国愿与沿线国家一道,扩大人文交流,加强人才培养,共同开创教育的美好明天。

自共建"一带一路"倡议提出至2019年8月底,已有136个国家和30个国际组织与中国签署了195份共建"一带一路"合作文件。"一带一路"是一个多极的和多文化的世界,无论是政治、经济、文化、教育、生态还是种族、民族、宗教、习俗等,不同国家或地区之间存在这样或那样的差异。因此,只有全面了解民间需求与广泛民意、消除误解误判,只有国家的学者、企业家、政府部门、民间组织和民众充分理解各国的国际关系、宗教信仰、历史文化、风俗习惯、法律法规和民心社情,才能更好地推动"一带一路"建设。也就是说,"一带一路"沿线国家建立政治互信、经济融合、文化包容的利益共同体、命运共同体和责任共同体,必须根基于沿线国家间的"文化理解或认同",而这又与教育尤其是高等教育的交流合作密切相关。

教育政策法规是了解一个国家教育发展状况和治理水平的重要窗口，是各国之间教育合作交流的基本依据。为此，教育部牵头制定的《推进共建"一带一路"教育行动》呼吁沿线国家"加强教育政策沟通"，即通过开展"一带一路"教育法律、政策协同研究，构建沿线各国教育政策信息交流通报机制，为沿线各国政府推进教育政策互通提供依据与建议，为沿线各国学校和社会力量开展教育合作交流提供政策咨询；积极签署双边、多边和次区域教育合作框架协议，制定沿线各国教育合作交流国际公约，逐步疏通教育合作交流政策性瓶颈，实现学分互认、学位互授联授，协力推进教育共同体建设。

大连理工大学切实贯彻《推进共建"一带一路"教育行动》的精神，精心谋划和大力支持"一带一路"教育研究。该校原党委书记张德祥教授带领课题组成员克服文本搜集、组建团队、筹措经费等多重困难，充分发挥学校高等教育研究院、"一带一路"高等教育研究中心、中俄暨独联体合作研究中心以及教育部国别和区域研究中心"独联体国家研究中心"的优势和特色，积极参与和服务于"一带一路"的推进和共建，编译"一带一路"沿线国家教育政策法规，并在国内率先开展"一带一路"沿线国家教育政策法规研究，具有很好的教育发展战略意识和强烈的服务国家发展战略的责任感和使命感。中国高等教育学会大力支持这项工作，将"'一带一路'国家高等教育政策法规研究"立项为2016年高等教育科学研究"十三五"规划重大攻关课题，并建议课题组首先聚焦于编译"一带一路"沿线国家的教育法、高等教育法以及教育中长期发展规划等，及时为国家推进共建"一带一路"教育行动搭建教育政策沟通桥梁。该课题组根据中国高等教育学会专家组的意见，组织力量，编译了这套《"一带一路"沿线国家教育政策法规研究丛书》。作为中国高等教育学界的一名老兵，看到自己的学生们带领国内一批青年学者甘于奉献、不辞辛劳、不畏艰难，率先耕耘在"一带一路"沿线国家教育研究这片土地上，我由衷地感到欣慰。同时，大连理工大学出版社全力支持这套丛书的出版，不遗余力地为丛书的出版工作提供支持，使这套丛书能及时出版发行。最后，我真诚地希望参与这项工作的师生们努力工作，高质量、高水平地把编译成果呈现给"一带一路"的教育工作者。

是为序。

潘懋元于厦门大学高等教育研究中心
2019年9月10日

前言

2015年3月28日《推动共建丝绸之路经济带和21世纪海上丝绸之路的愿景与行动》和2016年7月13日《推进共建"一带一路"教育行动》的相继颁布,将"政策沟通"置于"五通"之首,让我们意识到编译《"一带一路"沿线国家教育政策法规研究丛书》的重要性和紧迫性。对我们来说,承担这一艰巨任务是一种考验,更是一种使命。

2016年中国高等教育学会组织申报高等教育科学研究"十三五"规划课题,将"'一带一路'背景下我国高等教育国际化研究"列入重大攻关课题指南。我们在这个框架之下组织申报的"'一带一路'国家高等教育政策法规研究",获得了中国高等教育学会专家组的认可和支持,这对我们是极大的鞭策和鼓励。2016年11月,我们认真筹备和精心谋划,参加了中国高等教育学会组织的开题论证工作,汇报了课题的研究设想。听取了专家组的宝贵意见后,我们及时调整了课题研究重心。我们考虑首先要聚焦于编译"一带一路"沿线国家教育政策法规,因为,我们对许多国家的高等教育政策法规还不了解,国内也缺乏这方面的资料。编译这些资料既可以为我们日后的研究打下基础,也可以为其他研究者和部门进行相关研究、制定政策提供基础性的资料和参考。于是,我们调整了工作思路,即先编译,然后再进行研究。同时,考虑到许多国家的高等教育政策法规常常包括在教育政策法规中,我们的编译从"高等教育政策法规"拓展到"教育政策法规",这种转变正好呼应了《推进共建"一带一路"教育行动》中的"政策沟通"。

主编《"一带一路"沿线国家教育政策法规研究丛书》,是一项相当繁重和极其艰辛的工作,其中的酸甜苦辣只有经历了才能体会到。第一,参与共建"一带一路"的国家相当多,截至2019年8月底,已有136个国家和30个国际组织与中国签署了共建"一带一路"合作文件。这套教育政策法规研究丛书虽然只涉及其中的69个国家,但即使是选择性地编译这些国家的教育法、高等教育法以及中长期教育发展规划等,也需要大量的人力、财力等的支持。第二,不少"一带一路"沿线国家的教育本身不够发达,与之密切关联的教育政策法规通常还在制定和健全之中,我们只能找到和编译那些现已出台的政策法规文本,抑或某些不属于政策法规却比较重要的文献。编译这类教育政策法规时,我们根据实际需要对某些文本进行了适当删减。由于编译这套丛书的工作量很大、历时较长,我们经常刚编译完某些国家旧有的教育政策法规,新的教育政策法规又出台了,我们不得不再次翻译最新的文本而舍弃旧有的文本。如此反反复复,做了不少"无用功"。即便如此,我们依然不敢担保所编译的教育政策法规是最新的。第三,"一带一路"沿线国家或地区的官方语言有 80 多种,涉及非通用语种 70 种(这套教育政策法规研究丛书涉及的 69 个国家,官方语言有 50 多种),我们竭尽全力邀请谙熟非通用语种的人士加盟,但依然还很不够。由于缺乏足够的谙熟非通用语种的人士加盟,很多教育政策法规被迫采用英文文本。在编译过程中,我们发现那些非英语国家的英文文本的表达方式与标准英文经常存在很大的出入,而且经常夹杂着这样或那样的"官方语言"或"民族语言"。这对编译工作是一个极大的挑战和考验,我们做到了尽最大努力去克服和处理。譬如,新西兰是一个特别注重原住民及其文化的国家,其教育政策法规设有专门的毛利语教育板块,因而文本中存有大量的毛利语。为了翻译这些毛利语,编译者查阅了大量有关毛利文化的书籍和文献,有时译准一个毛利语词语要花上数十天甚至更长的时间。类似的情况经常碰到,编译者们付出了难以计量的劳动,真诚地希望这套丛书的出版能给他们带来足够的精神上的慰藉。

为了顺利推进研究工作,我们围绕研究目标和研究重点,竭尽全力组建结构合理的研究团队,制订详尽的研究计划,规划时间表和线路图,及时启动研究工作,进入研究状态。大连理工大学积极参与"一带一路"建设,高度重视"一带一路"沿线国家教育研究工作,成立了"'一带一路'高等教育研究中心"、"中俄暨独联体合作研究中心"和教育部国别和区域研究中心"独联体国家研究中心"。大连理工大学、大连外国语大学、大连民族大学、杭州师范大学、广西民族大学、广西财经学院、广西职业技术学院、广西桂林市委党校、南开大学、海南大学、重庆大学、赤峰学院、天津市教育科学研究院等单位的有关专家、学者、教师、学生积极参与此项工作,没有他们的艰辛付出和辛勤劳动,编译工作将举步维艰。这项工作得到了大连理工大学出版社的大力支持,出版社的同志们不畏艰辛、不厌其烦、不计回报,为这套丛书的出版付出了难以想象的汗水和精力。对此,课题组由衷地表示感谢。

张德祥　李枭鹰
2019 年 9 月 8 日

目 录

巴勒斯坦 / 1

巴勒斯坦教育发展战略规划(2014—2019年) / 3

巴勒斯坦全民教育评估(2015年) / 74

以色列 / 199

以色列教育法规和教育系统结构 / 201

以色列教育法 / 218

附 录 / 223

附录一 推动共建丝绸之路经济带和21世纪海上丝绸之路的愿景与行动 / 225

附录二 教育部关于印发《推进共建"一带一路"教育行动》的通知 / 233

后 记 / 239

巴勒斯坦

巴勒斯坦是位于中东的一个国家,由加沙和约旦河西岸两部分组成。加沙地带位于以色列的西南部,埃及的东北部,有 40 公里长的海岸线,面积 365 平方公里;约旦河西岸地区位于以色列的中东部,约旦的西部,面积 5 884 平方公里,目前实际控制领土为 2 500 平方公里。巴勒斯坦属亚热带地中海气候,夏季炎热干燥,冬季微冷湿润多雨。

巴勒斯坦经济以农业为主,其他有建筑业、加工业、手工业、商业、服务业等。经济严重依赖以色列,巴以冲突持续对巴经济发展形成严重制约。2010 年底世界银行报告认为,巴勒斯坦经济已经达到建立独立国家的水平。2012 年,由于外部财政援助未能及时到位、以色列持续对巴封锁等原因,巴勒斯坦出现严重财政困难。

巴勒斯坦工业水平较低,规模较小,主要是加工业,如塑料、橡胶、化工、食品、石材、制药、造纸、印刷、建筑、纺织、制衣和家具等。巴勒斯坦四季分明,气候宜人,有大量的历史文化古迹,旅游资源较丰富。全国有各类公路 5 146.9 公里。2000 年以后,由于巴以冲突不断,巴勒斯坦交通建设陷入停滞。2009 年后,道路等基础设施建设有所恢复并得到一定发展。

注:以上资料数据参考依据为中国外交部官方网站巴勒斯坦国家概况(2020 年 10 月更新)。

巴勒斯坦教育发展战略规划(2014—2019年)

执行原则

第三个《巴勒斯坦教育发展战略规划(2014—2019年)》(以下简称《战略规划》)绘制了巴勒斯坦2014—2019年应该实现的教育蓝图。当前,约旦河西岸和加沙地带之间的协商合作未达成一致,仍然存在许多悬而未决的问题。但是,加沙的专家认为《战略规划》对教育部门而言是相当有效的方案,并对此持有积极的态度。需要指出的是,本教育规划不包括政府强调的预防种族隔离的内容。

在军事占领的情况下,尝试构建和运行一个教育系统,同时不涉及政治、领土争端以及行为自由等方面内容,将是巨大的挑战。虽然大多数学校仍由巴勒斯坦政府管制,但是约旦河西岸的C区、耶路撒冷和南希伯伦等地的很多学校仍然遭受着以色列军队的袭击。在这些区域,(巴勒斯坦)教育部无法通过直接管制来保护巴勒斯坦的学生,所以国际组织在确保教育建设、入学机会等方面发挥着越来越重要的作用。因此,《战略规划》明确提出,要继续提高教育协调发展的目标,保护巴勒斯坦公民接受教育的基本权利。

《战略规划》提出了"关于直接服务性课程结构"的倡议,这也是一项重要的教育改革方案。本文件对当前的状况、面临的挑战和战略选择以及每个主题的预期结论都进行了全面情境分析,其中"政策和结论框架"(参见下文)是本文件的一个核心内容。具体来说,这一部分主要是对巴勒斯坦的学前教育、初等教育、中等教育、职业教育、非正式教育以及教育管理等设定了具体的目标、任务以及年度指标。新的课程结构是由监测与评估系统提出的,并跟踪课程项目的进展,调整年度的政策方案。该课程结构致力于提高管理水平,增强责任意识,激励和确保系统性的教育改革,为巴勒斯坦民众提供高水平的教育。

巴勒斯坦公共教育系统包括一至四年级、五至十年级、十一至十二年级三个不同的阶段。作为最优先级别的改革项目,内容包括教学课程改革、教育管理改革、学校结构调整等,进而协调整个教育系统。这三个方面的改革项目是非常重要的,因为它们是确保公立教育体系能够良好运行的基础。其中,教学课程将从考试驱动型的教育模式转变为以学生为中心的教育模式,这种教学改革措施是一种深层次的结构性改革。巴勒斯坦从教学课程改革到教师教育水平的提升是为了提高以问责和结果为基础的教育管理水平。所有这些改革,要紧密结合教育体系的质量核心评估、监管、课程以及教师教育水平。这种系统性的概念模式，是基于第二次《教育发展战略规划纲要（EDSP-2）》实施所取得的重要经验，它解决了教育系统中存在的复杂的、相互冲突的关系，并根植于人们的教育期望之中。

在本次《战略规划》的总财政经费中，有 7.86 亿美元的教育发展预算经费（主要是教师的薪资）和依据学生人数增加而提供的教育补助，这六年的预算共计为 46 399 亿美元。对这些教育经费的管理，教育部将借鉴联合财政管理的经验，并不断提高实施的效果。这种方式经过了实践证明，是推动制度建设的重要激励因素，有助于加强责任感和自主权。

我们的共同目标是为所有的巴勒斯坦儿童提供优质的教育服务。为了实现这个目标，国家领导者需要团结所有的人员。因而，在这个时期，我们迫切需要严格执行巴勒斯坦的第三个《战略规划》。

第一部分

一、引言

（一）教育规划的不确定性：处于军事占领下的国家

2012 年 11 月 29 日，联合国大会以 138∶9 的投票率（其中 41 票弃权和 5 票缺席）通过了第 67/19 号决议，把巴勒斯坦从联合国的"观察国成员"升级为"非观察国成员"。尽管得到了国际政治上的巨大支持，但巴勒斯坦被以色列占领的现实并没有得到根本改变。以色列控制着巴勒斯坦外部边境地区的货物和人员的内部流动（因此把控着巴勒斯坦的关税征收并操纵转移），拥有数百个检查站、一个隔离墙以及遍布整个约旦河西岸的 50 多万的以色列定居者。在约旦河西岸的 C 区，有 60% 的土地完全处于以色列的民事和安全控制之下。而且，耶路撒冷也完全与约旦河西岸隔离，导致约旦河西岸没有任何巴勒斯坦的官方代表。

由于巴勒斯坦教育系统受政治、财政以及行动上的限制，且受许多无法控制的因素影响，所以不确定性成为学生、教师和管理人员日常生活的一部分。教育部也意识到这些无法控制的因素，因此基于对可控制的因素的考虑，尽力制定出为期六年的教育战略规划（2014—2019）。

当前，约旦河西岸是被以色列完全控制的 C 区和东耶路撒冷，属于敏感地区。在那里，人民的基本权利被以色列占领者所剥夺，他们的教育也遭到了破坏。因此，在这两个地区，教育部不得不依赖于国际组织的直接干预和协助，旨在为巴勒斯坦的学生和教师们提供必要的教育服务。

基于巴勒斯坦的教育状况，我们必须保持并加倍努力才能提高教育水平，利用新制定的规划框架来发掘机会，以解决持续存在的问题，把教育看作未来国家自由和经济发展的工具。巴勒斯坦基础教育部门制定的第三个《战略规划》，是对前期教育发展工作成果的传承，既平衡对外部世界的开放性，又保护巴勒斯坦国家的独立性。

(二)基础教育与高等教育的联系

在规划、监管、管理和实施等方面，教育部致力于基础教育和高等教育的全方位整合。在过去的政府改革中，基础教育和高等教育由不同部门所管辖，经历了反复的合并、分离，教育部将高等教育与基础教育完全区分开。因此，本发展战略仅涵盖巴勒斯坦的基础教育领域。尽管基础教育与高等教育部门分离了，但是基础教育和高等教育在一些重要领域仍然存在积极的合作和逻辑体系上的联系。

1. 中等课程和高中毕业考试改革

事实上，巴勒斯坦高等教育的注册人员中有75%的学生选择人文学科，这显示了现实劳动力市场需求与工作机会之间的明显不匹配，即25%的大学毕业生存在就业困难。为此，中等教育需要进行结构性改革。高中毕业考试的改革需要紧密结合高等教育的发展实际，例如咨询高等教育领域的专家有关大学入学政策和课程等相关问题，这样才能共同解决所面对的问题。

2. 教师教育战略

在教师教育战略方面，巴勒斯坦的11所大学中有7所实行了"教师教育战略"。大学在提供教师资格项目服务中发挥着核心作用，把教育模式从考试驱动型转变为以学生为中心的动态教育模式。在战略的实施期间，教师教育在大学中将完全被制度化，加强基础教育与高等教育之间的联系。下文的"部门现状分析和战略选择"，将更详细地讨论"教师教育"。

3. 职业教育与培训

教育部希望扩大十一至十二年级职业教育的学生规模，同时希望通过增加与升格技术学院来吸引更多的学生，从而满足不断增长的职业技术方面的市场需求。为了改变职业教育比其他教育低等的传统观点，教育部要求基础教育和高等教育之间密切合作。在此次规划中，新的课程结构提升了职业教育的地位，现在职业教育已经拥有自己的课程体系。为了达到更高的水平，对职业教育进行合理规划已成为教育部的工作重点，由此建立一个运行良好的、具有吸引力的职业教育与培训部门，是当前的战略选择。

(三)耶路撒冷和C区

尽管耶路撒冷和C区完全处于以色列的军事和民事控制之下，但是教育部仍将耶路撒冷和C区作为其规划和预算工作不可分割的一部分。根据联合国决议和其他国际立法文件，这两个区域都是巴勒斯坦国家的组成部分，因此，如无另加说明，本战略文件及其年度工作计划、预算措施以及干预政策等，都涵盖了耶路撒冷和C区。为了进行有目的的干预，本文件将会具体说明耶路撒冷和C区的情况。同时，这两个区域面临的具体挑战,也将在下文的"部门现状分析和战略选择"中提及。

(四)与加沙的协调

教育部对学校建设等诸多方面进行了规划,包括加沙地带。尽管约旦河西岸和加沙地带之间关于预期的和解过程仍然处于政治僵局,但是技术上的协调并没有终止。因此,这份战略规划文件已经与加沙教育部所共享,并收到其积极的反馈。加沙教育部对教育发展战略规划做了高度评价并予以采纳。

二、基础教育的基本特征和统计

在概览巴勒斯坦基础教育体系的基本特征和统计分析之后,主要从现状、挑战、战略选择以及预期成果等方面来概述教育体系。

(一)巴勒斯坦基础教育体系的基本特征

在巴勒斯坦教育体系中,官方教育部负责管理的公立学校(同时监管私立部门运营的学校)的学生占巴勒斯坦学生总人数的67.08%,联合国难民救济及工程局监管的学生占24.07%,私立部门监管的学生占8.85%。

巴勒斯坦基础教育主要包括以下几个部门:

1. 学前教育:学前教育是指为4~6岁儿童所提供的为期三年的教育服务。学前教育通常是由地方和国际组织提供的,不过越来越多的地方私立机构也开始提供学前教育。当前,教育部只是间接地监管学前教育。然而,教育部正着手规划在公立学校内部提供学前教育,从而使之成为本教育战略规划的一部分。

2. 初等教育:初等教育是指一至十年级的教育服务,属于义务教育。初等教育可分为:较低的初等教育阶段,即一至四年级;较高的初等教育阶段(被批准的),即五至十年级。

3. 中等教育:中等教育是指十一至十二年级的学术型教育和职业型教育。学术型教育包括科学和人文。职业型教育包括四个领域:商业、农业、工业和旅游业。

4. 非正式教育:教育部根据具体情况为非正式教育机构提供办学特许状。教育部提供两种非正式的教育课程:为已完成五至六年级的初等教育辍学者提供平行教育;为15岁以上读写技能较弱的人员提供识字课程和成人教育。

巴勒斯坦教育服务的提供者主要包括:

1. 政府:除了仍然处于以色列占领和控制的耶路撒冷城市外,约旦河西岸和加沙地带的大多数学校都是由巴勒斯坦教育部监管。在东耶路撒冷,有两种类型的公立学校:一种是由伊斯兰教学院监管、由巴勒斯坦教育部管理的公立学校;另一种是由以色列教育部所监管的公立学校。

2. 联合国难民救济与工程局:运行时间最长的是联合国机构,该机构负责巴勒斯坦的难民学校。除巴勒斯坦外,联合国组织还对黎巴嫩、约旦、叙利亚等地的难民学校负责。

3.私立部门:越来越多的教育服务提供者是由慈善机构、宗教团体、私立企业以及个人所资助和管理的组织组成。

(二)巴勒斯坦基础教育的统计

1.教育学生的统计

(1)巴勒斯坦基础教育的学生总人数,从2008/2009学年的1 109 126人增加到2012/2013学年的1 138 965人(如表1所示),平均每年增长0.67%。

表1 每个教育阶段的学生分布

年	一年级		初等教育		中等教育		初等教育及中等教育	
	人数	变化率	人数	变化率	人数	变化率	人数	变化率
2008/2009	100 268	2.02%	963 991	0.60%	145 135	3.50%	1 109 126	1.00%
2009/2010	102 953	2.68%	961 654	−0.24%	152 148	4.60%	1 113 802	0.40%
2010/2011	108 471	5.36%	967 300	0.58%	149 691	−1.60%	1 116 991	0.30%
2011/2012	109 953	1.35%	980 213	1.33%	149 325	−0.20%	1 129 538	1.10%
2012/2013	110 087	0.14%	992 470	1.25%	146 495	−1.00%	1 138 965	1.10%

(2)公立学校学生人数从2008/2009学年的771 864人下降到2012/2013学年的762 449人,平均每年下降0.30%(如表2所示)。

表2 公立学校各教育阶段的学生分布

年	一年级		初等教育		中等教育		初等教育及中等教育总人数	
	人数	变化率	人数	变化率	人数	变化率	人数	变化率
2008/2009	55 926	0.17%	632 769	0.13%	139 095	3.2%	771 864	0.67%
2009/2010	56 337	0.73%	620 209	−1.98%	145 981	4.95%	766 190	−0.74%
2010/2011	59 342	5.33%	622 724	0.41%	143 510	−1.69%	766 234	0.01%
2011/2012	58 549	1.34%	619 189	−0.57%	142 502	−0.70%	761 691	−0.59%
2012/2013	59 215	1.14%	622 787	0.58%	139 712	−1.96%	762 499	0.11%

(3)巴勒斯坦学校一年级的学生数量从2008/2009学年的100 268人增加到2012/2013学年的110 087人(如表1所示)。其中,公立学校一年级的学生数量也从2008/2009学年的55 926人增加到2012/2013学年的59 215人(如表2所示)。

(4)在2012/2013学年,巴勒斯坦初等教育阶段的学生人数达到992 470人(如表1所示)。其中,有622 787人是在公立学校注册的(如表2所示)。

(5)2008/2009学年至2009/2010学年期间,巴勒斯坦中等教育阶段的学生年增长率达到1.06%。相对而言,初等教育阶段的学生年增长率则仅为0.88%。另一方面,在2008/2009学年至2009/2010学年期间,中等教育阶段的学生人数每年都在增长,而在此后学生人数就开始下降。在2012/2013学年,中等教育阶段的学生总人数达到146 495人。其中,有139 712名学生就读于公立学校。

(6)2012/2013学年,在巴勒斯坦的约旦河西岸和加沙地带,平均每个公立学校的学生人数是374.1人。然而,当按照区域进行计算时,约旦河西岸和加沙地带的公立学生人数几乎相差两倍。

2. 教师和其他的学校人员

(1)研究学校人力资源现状,要求聚焦于学校中教师职位的实际人数,而非所聘用的职员人数,因为诸如校长等人员可能主要从事管理工作,很少从事课堂教学工作。从表3可以看出,巴勒斯坦学校中教学人员的总人数在增加,从2008/2009学年的33 468人增加到2012/2013学年的36 763人。其中,巴勒斯坦全境增加了2.39%;在约旦河西岸,教学人员增加了2.11%,从24 320人增加到26 714人;加沙地带增加了3.20%,从9 148人增加到10 049人。

表3　　公立学校的教学、管理和技术职位人员(依据地区和年份)

年	地区	管理人员	教学人员	技术人员	其他	总数
2008/2009	约旦河西岸	3 361	24 320	797	2 311	30 789
	加沙地带	1 167	9 148	282	777	11 374
	总人数	4 528	33 468	1 079	3 088	42 163
2009/2010	约旦河西岸	3 668	25 099	834	2452	32 053
	加沙地带	1 167	9 148	282	777	11 374
	总人数	4 835	34 247	1 116	3 229	43 427
2010/2011	约旦河西岸	3 824	26 156	907	2465	33 352
	加沙地带	1 328	9 711	413	1 485	12 937
	总人数	5 152	35 867	1 320	3 950	46 289
2011/2012	约旦河西岸	4 026	26 603	684	2 470	33 783
	加沙地带	1 234	9 951	464	1 601	13 250
	总人数	5 260	36 554	1 148	4 071	47 033
2012/2013	约旦河西岸	3 600	26 714	1 597	2 511	34 422
	加沙地带	1 296	10 049	557	1 553	13 455
	总人数	4 896	36 763	2 154	4 063	47 877

(2)在约旦河西岸和加沙地带,学校的师生比从2008/2009学年的1∶23.1下降到1∶21.6,表明每位老师所对应的学生人数有所下降。然而,比较分析每个区域的统计数据会发现,约旦河西岸和加沙地带的师生比在前四年呈下降趋势,第五年开始呈上升趋势。

(3)巴勒斯坦境内每个监管区域的学生分布情况如下(如图1~3所示):

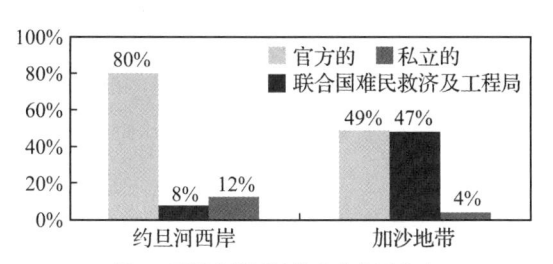

图 1　不同监管区域学生分布百分比

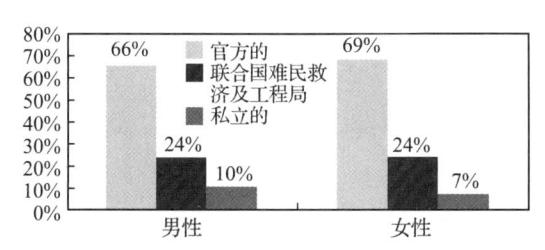

图 2　不同监管区域不同性别学生分布百分比

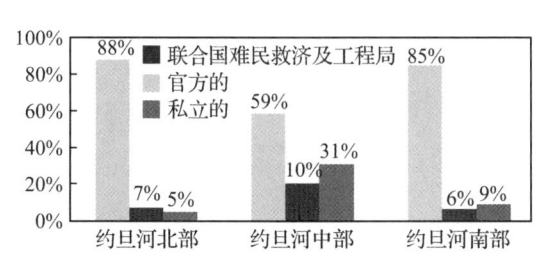

图 3　约旦河西岸学生分布百分比

3.学校和班级

(1)巴勒斯坦共有 1 881 所学校建筑物,其中 136 所为租用建筑,40 所位于耶路撒冷,70 所位于希伯伦和纳布卢斯;官方拥有的建筑总数达到 1 705 所,有 800 所是新建筑(在巴勒斯坦民族权力机构出现后),余下的大约 900 所建于 1990 年之前。

表 4　　　　　　　　　公立学校创建的情况　　　　　　　　　(个)

年份	学校建筑物		
	约旦河西岸	加沙地带	总数
2008/2009	1 465		
2009/2010	1 494	295	1 789
2010/2011	1 561	303	1 864
2011/2012	1 600	244	1 844
2012/2013	1 634	247	1 881

(2)在 2012/2013 学年,巴勒斯坦官方教室数量达到 23 252 个,自 2008/2009 学年以来增加了 1 792 个。其中,双班轮流制教室占 10.3%,租赁教室占 5.9%。

(3)在2012/2013学年,约旦河西岸的官方教室数量增加到19 391个。其中,0.1%为双班轮流制教室,7.1%为租赁教室。自2008/2009学年以来增加了1 739个教室,这个增幅导致双班轮流制教室和租赁教室数量开始下降,逐步符合第二个五年计划的要求。

(4)巴勒斯坦基础教育的主要统计指标如下:

表5　　　　　　　　　巴勒斯坦基础教育的主要统计指标

项目	约旦河西岸	加沙地带	巴勒斯坦总计
教育部门	16	7	23
学校数量	2 059	694	2 753
幼儿园数量	965	358	1 323
初等教育阶段学生数量	586 347	403 897	990 244
中等教育阶段学生数量	86 825	59 670	146 495
幼儿园儿童数量	69 588	41 869	111 457
辍学率	1.2%	0.6%	0.9%
平均每班学生人数	27.3	36.1	30.3
每位教师的平均学生数	20	25	22
教师数量	40 532	21 578	62 110
公立学校残疾学生人数	5 702	3 805	9 057
有辅导员的学校比例	65.3%	68.7%	66.2%
有电脑实验室的学校比例	73.6%	91.4%	78.1%
有科学实验室的学校比例	66.2%	69.3%	67.0%
有图书馆的学校比例	73.5%	83.5%	76.1%
职业教育的学生比例	2.8%	0.4%	1.8%
科学教育的学生比例	23.9%	22.4%	23.3%

三、第二次教育发展战略规划所取得的成就和经验教训

(一)EDSP-2的成就

EDSP-2(第二次教育发展战略规划)取得的主要成就如下:

1. 实现了较高的初等教育和中等教育入学率,缩小了各教育阶段的性别差距,减少了文盲率和辍学率。

2. 大力改善基础教育的基础设施和教育环境。

3. 通过实施全面发展战略,改革教师教育和教师资格体系,旨在影响教师职业的结构性变化,从而使教师拥有独特的职业生涯,并推动教师角色转变为学习过程的引导者。

4. 在教育政策及实施层面加强监管和评估体系建设。

5.学生成绩有所提高,这一点可以在巴勒斯坦全国和国际竞赛中体现出来,例如2011年"国际数学和科学评测趋势"。

6.完善教育程序和技术方面的管理体系和财政体系。

7.通过采用地方体系和程序实施一项新的资助模式,即"联合融资安排",并加强课程规划的管理实践和预算。

第二次教育发展战略规划是与巴勒斯坦相关公立机构和非政府组织合作的一个规范框架,同时,它也是为财政和科技发展提供支持的一个参照框架,目的是提升教育质量:从基于项目的预算模式转变为基于课程的预算模式,加强财政部批准的高等教育部年度规划和预算之间的衔接,以及高等教育部和财政部在财政管理程序上的连贯性。巴勒斯坦的第一项联合融资安排已经开始实施,五个主要的捐赠主体承诺按照SWAP原则[①],以一揽子融资的形式支持教育发展战略规划的实施,进而将国际支持和国家的优先项目统一起来,进一步推动"巴黎原则"。

总体而言,第二次教育发展战略规划所获得的主要经验教训如下:

1.要实现教育改革的深化,需要推进课程改革、教师教育以及监管体系与评估体系高度的协调和全面、整合性的改革。

2.如果课程不改革、监管角色不随着新的教学模式而发生改变,就不可能实现从记忆型为主的考试驱动型模式转变为以学生为中心的模式。

3.各部门不是横向的一体化,有时会出现冲突和重复性活动。

4.管理部门改革是实现深层次结构性教育改革的前提条件。

5.教育部主要是为教育体系提供输入,而非对结果进行管理。

因此,在最高优先等级的改革中,对于项目所确定的年度目标,以及推进建立提供直接服务型结构,应该充分考虑前期所取得的成就和经验教训。

(二)EDSP-2 的成就和经验

EDSP-2 的经验和教训主要来自联合融资安排。

联合融资安排是巴勒斯坦首创的、新颖的融资形式,体现了一种有效性原则,在很大程度上有助于建立多样性的制度形式,涵盖了从汇报咨询和管理到内部提升,以及规划、财政、预算、程序和监测与评估等方面的地方规程制度。在教育部的一些制度建设和管理升级方面,联合融资安排是一个重要的刺激因素。总体上,联合融资安排的成就和经验可归纳为以下两点:

1.需要实现的基础成就

(1)从基于项目到基于课程规划与预算的转变;全范围的采购规划、基于资源的规划、综合的监管和评估体系。

---

① SWAP是一种金融衍生品(也称为金融衍生工具),指交易双方约定在未来某一期限相互交换各自持有的资产或现金流的交易形式。多被用作避险和投机的目的(译者注)。

(2)组建管理团队和核心团队,作为决策和制度建设的主要力量。

(3)对基于课程的规划和预算、财务管理和评估,要进一步推动教育部基本规程的制度化。

2. 需要进一步解决的问题

(1)基于结果和问责的管理。

(2)执行能力和效率的提升。

(3)推进实施进程与采购和财务支出汇报相协调。

(4)分析大量用于报告和管理决策目的的可用数据。

(5)把所有发展相关者整合到教育部的规划和预算过程中。

四、规划方法论

(一)教育发展战略规划的逻辑和结构

财政部所采纳的基于课程的新规划和预算指导方针,充分体现了规划的内在逻辑。尽管各部门的政策主要都是围绕入学机会、质量和管理制定的,但是每个课程体系(诸如基础教育)都拥有关于各自课程层面上的政策内容。这些基于课程的政策必须是明确的,这就意味着它们必须是具体的,并且是能够达到目标的。基于课程层面的政策是依据长期目标(长期的,截止到2019年要实现什么)、中期目标(中期的,在一至三年内要实现什么)以及成效(输出)而组织起来的。在每个课程体系中,把要达到的成效与目标直接联系起来,这与以前的教育发展战略规划相比是一个重要的改进,因为规划的逻辑是在干预逻辑上要实现更大的连贯性,更加明显地确定要达到什么样的成效(输出),从而更有助于课程政策目标和任务的实现。

(二)证据来源和现状分析

任何规划的质量都依赖于两个主要因素:证据以及关于证据的分析。用证据取代观点,用分析取代猜想。

近二十年来,巴勒斯坦教育部逐渐完善数据库建设,已拥有丰富的、可以运用的信息资料。但是,如何有效地分析所有的数据,从而直接为学生、教师、班级和学校提供服务,是教育部能否成为高效的教育部门的决定性因素,也是教育部面临的一个严峻挑战。

2006/2007学年,世界银行与巴勒斯坦教育部合作,开展了第一次全面的数据分析,为制定与国家发展规划阶段相一致的教育发展战略规划(2008—2012年)奠定了基础。因此,现在实施一个新的全面数据分析是恰如其时的,从而为制定新的教育发展战略规划(2014—2019年)奠定了基础。本次巴勒斯坦教育现状分析是由教育部开展的,同时也得到了来自国际顾问的研究支持。

许多年以来,教育部的规划规程经历了若干个发展阶段:起始于1994年的应急规划,2000—2004年的第一个规划,2008—2012年第二个规划,这些不同文件的制定在规划、监管和评估等方面积累了丰富的经验。

2013年,教育部部门现状分析的目标是:

1.分析教育部门现状,指出优势和劣势,与既定目标和预期成果进行比较。

2.阐述当前值得关注的和需要干预的问题,以确定如何修订规程、处理问题以及制定具体的发展要求。

3.严格评估整体概念、内容和工具,以巩固教育发展战略规划(2014—2019年)。

详细的部门现状分析,可在教育部官方网站查询。

(三)规划编制的方法论

对教育发展战略规划过程的全面管理,是由规划总局(部门)总监负责的。不同阶段的利益相关者以咨询者身份参与到规划进程中,主要包括:

1.政策委员会,包括教育部部长、副部长及其助理;

2.管理团队,包括副部长及其助理、规划总局(部门)和公共关系总局(部门)的总监;

3.国家规划团队,包括公民社会的代表们和其他相关部门的部长;

4.发展伙伴,尤其是联合融资伙伴和教育部门工作小组的其他伙伴;

5.教育部所有总局(部门)的技术团队;

6.各区域的规划团队,包括区域副总监以及规划、监管和建设部负责人;

7.学校层面的规划团队,包括主管、学校校长、顾问和家长。

在开展现状分析时,主要采用以下方法:

1.内部评估和教育现实情况审查。通过审查监测与评估文件、现场研究、建立委员会,主要从三个层级展开。

层级一:实施进程及监测与评估文件审查

(1)审查和评估活动实施的进展情况和成效,旨在发现五年规划与年度规划偏离的程度。

(2)审查和评估三个重要部门的主要目标、结果和直接的绩效指标,并将其与2012年监测和评估中公布的年度目标进行比较。

层级二:2013年学校层面的审查

在约旦河西岸和加沙地带,所有的公立学校都开展了基于系统变革框架的学校审查研究,旨在分析影响质量评估的重要因素。调查对象主要包括学生、家长、校长、教师(涉及阿拉伯语、数学、科学和英语课程)。此外,调查对象还包括一些其他重要群体。

通过调查问卷对所有利益相关者进行面对面的评测调查,主要包括:

(1)学生在多大程度上拥有批判性思维、生活技能和核心价值观等基本知识和高级思维能力?

(2)教师和其他教育人员在多大程度上能够集中学习、交流经验和知识、进行同行监督?

(3)学校管理部门和地方社区在多大程度上参与了教育质量的推进?

(4)教育部和地区管理部门在多大程度上确保提高了教育质量?

调查参与者按照紧急等级对教育体系中一系列的质量和管理问题进行排序,然后将调查的结果汇编在一份长达100页的报告中,用于学校和地方的规划。

层级三:专题委员会分析教育体系的主要组成

在当局总部的指导下,成立了13个委员会:

①将技术融于教学;

②扩大职业教育并将其与劳动力市场联系起来;

③非正式教育;

④具有特殊需要的学生;

⑤重点关注位于C区的学校;

⑥课程开发;

⑦学前(幼儿园)教育;

⑧教师培训;

⑨重构学校的教育阶段(初等教育、中等教育);

⑩初等和中等教育入学机会;

⑪提高管理系统的技术应用;

⑫支持型教育课程(课外课程);

⑬行政管理。

规划指导总局监管这些委员会的具体工作,每个委员会通常配有一位协调员。

为了确保整个实践的连贯性,主要采取以下措施:

(1)规划指导总局在向委员会主席的报告中明确了教育分析的概念和战略,开始审查和诊断教育政策和战略,最后实施和执行规划。

(2)每个委员会与其协调员举行单独会议,明确工作机制和角色分工。

(3)举办座谈会来分享经验,明确委员会之间的分工和发展战略。

2.学校简况项目(仿真系统)。根据近五年的趋势规划指导总局,更新仿真系统的数据,为本次教育发展战略规划(2014—2019年)进行预测计算,并依据教育管理信息系统数据将巴勒斯坦中央统计局的数据整合到国家统计信息之中。

3.确定教育行政人员的培训需要。规划指导总局、国家培训机构和行政事务部门组成了一个工作组,他们通过开展一个为期两年(2011—2013年)的综合性研究和调查,分析教育部门工作人员的技能水平和可行性,确定每一项职能所要求的具体能力。该研究确定了教育部各项行政职能所对应的所有一般的和特殊的培训需要,作为员工绩效评估的重要参照依据。

4.一般性行政分析。与AMIDEAST组织合作开展行政分析,旨在确定学校、地区和教育部的行政与技术需要,以提高教育质量。为了实现这个目标,该项工作主要分为三个阶段:第一阶段是设立由不同部门组成的委员会,除了对学校校长、教师、顾问和家长进行访谈外,还要审查与学校标准和绩效评估相关的所有文件。通过第一阶段的结果揭示出一系列技术和行政方面的需要,由地区办公室将其归类为第二阶段可以实现的需要,第二阶段不能实现的其他需要在第三阶段提交给教育部。这三个阶段的结果将整合为教育部的第三个战略规划。

5. 教育部门的外部评估和研究[①]:在教育和财政领域不同专家的协助下,他们将对第二次教育发展战略规划实施后的教育状况进行研究。这些研究主要包括:

(1)教育发展战略规划(2008—2012年)的外部评估:委托外部教育专家进行独立的外部评估,并向政策委员会提交报告,其建议将是新规划的重要来源。

(2)公共支出审查:高等教育部认为这是制定第三次教育发展战略规划(EDSP-3)的重要来源。报告草案已于2013年7月完成,将在8月呈交给高等教育部,接下来将确定规划的终稿。

(3)课程审查:国际专家审查课程的总体框架、教科书以及课程的核心结构。该报告被分发到利益相关者、政策委员会和规划委员会。相关委员会和政策委员会将举行会议,吸取其中的经验教训,商讨应对举措,进而补充到第三次教育发展战略规划(2014—2019年)中。

(4)学校基础建设分析:由外部专家从组织和空间要求维度,报告学校的基础建设现状。

外部研究的问题、结论和建议等,都将整合到规划体系和新项目结构之中。

6. 基于第二次教育发展战略规划(2008—2012年),更新2007年的现状分析文件。

7. 年度部门审查。提供了部门开展形成性评估的机会,加强年度规划的咨询基础。在规划制定过程中,充分考虑了ASRs-2011、2012和2013的建议。

8. 教育部运用"问题树/解决方案树"的方法,来分析当前所面临的挑战,并提出适当的干预措施。"问题树"将现实问题的原因和解决方式、效果进行概括,明确所要实施的干预措施的背景。充分理解背景有助于揭示教育体系的复杂性,这对成功地发展与改革规划是很有必要的。一个"问题树"还涉及消极形式的书面原因(例如缺乏知识、没有足够的资金等)。"解决方案树"则是通过积极性陈述代替消极性陈述,形成"问题解决树"。一个"问题解决树"可以明确"手段-结果"之间的联系,对照"起因-效果",提供解决核心问题所需要的一系列干预措施的要点。开展这种"问题树/解决方案树"分析,可提供一种独特的方法,来审查对于特定问题的原因的固有理解,以及解决问题的对策。"问题树"可以揭示出核心问题的多种不同的解决途径(起因-结果)。这是非常有价值的,能够确定规划干预中不能解决的问题。

9. 以2013年作为基准年:教育部拥有2012/2013学年的所有最新数据,将它作为所有项目的基准年,来制定本战略规划。

10. 通过与规划部门的合作,保持本规划与国家发展规划之间的协调与联系。在现

---

① 巴勒斯坦2020年所使用的所有数据来源都可以在教育部官方网站获得。

状分析(规划)中,教育部应确保考虑到国家发展规划(2014—2016年)草案的目标和任务,以保证第三次教育发展战略规划(2014—2019年)和巴勒斯坦民族权力机构部门规划(2014—2016年)之间的完全一致。此外,还有来自各个部门、非政府组织(NAO)、联合国难民救济及工程局(UNRWA)、联合国教科文组织(UNESCO)、联合国儿童基金会(UNICEF)的国家规划团队,他们定期开会讨论第三次教育发展战略规划的进程和事项。

第二部分

五、愿景、目标、政策和优先事项

(一)教育发展规划的愿景

第三次战略规划的愿景是对第二次战略规划(EDSP-2)的拓展,并侧重于公民教育体系的类型形式。该愿景超越了第三次战略规划本身,明确了巴勒斯坦公立教育体系的发展方向和最终目标。

为宗教价值观、民族认同、国家以及巴勒斯坦、阿拉伯和伊斯兰教的文化做准备;为社会发展做出贡献;具有批判性思维,积极地寻求知识、革新和创造力;积极地推动科学技术发展,提高竞争能力;推动对其他文化和宗教的、国际市场的开放;有能力构建一种支持男女平等的价值观和尊重宗教信仰的社会;创建一个入学机会多样化的、灵活的、有效的、可持续发展的教育体系,以回应地方的需求,并确保教育质量。

为了实现上述愿景,根据第二次战略规划实施的外部独立评估所取得的经验教训,本文件涵盖了对现状的分析,包括地方的、区域的和国际层面上的教育创新,以及回应巴勒斯坦社会所面临的国民教育的挑战。基于第二次战略规划所取得的制度上的成就(基于课程模式、联合融资、SWAP制度化、加强地方程序和体系等),第三次教育部门的战略规划主要是在以下具体的愿景指导下进行的(例如,至2020年第三次战略规划结束时的状况,即《巴勒斯坦2020》):

建立以结果为导向、以学生为本、包容多样性的教育体系,为21世纪各个阶层提供一种高质量的、公平的、考虑个体需要的教育服务,这已经成为巴勒斯坦国家政治、经济和社会发展的核心任务。

《巴勒斯坦2020》的愿景体现了深层次的教育改革,特别是以巴勒斯坦课程改革为载体的教育发展过程,这个新的战略将在未来六年内逐步实施。这一愿景也回应了国家的优先事项和国际教育发展趋势,具体如下:

1. 国家优先事项

(1)确保免费的、安全的入学机会,尤其在耶路撒冷和以色列控制的边缘地区,例如C区;

(2)建立合作伙伴关系,推进教育作为国家进步的社会价值观;

(3)提高教育水平,尤其是各个教育阶段的基本能力和知识;

(4)推进民族认同感和公民意识,致力于巩固价值观体系和法律规则;

(5)提高教师的专业素质;

(6)确保巴勒斯坦教育体系的完整性;

(7)更加关注中等教育,实现学生的均衡分布,增加学前教育的入学机会。

2.教育发展领域的国际趋势

(1)关注学校的准入标准,确保学校的高质量;关注教学内容和教学质量,确保公平和良好的教学环境;

(2)强调所有利益相关者参与到教学过程的重要性,包括学习者自身和他们的教师;确保所有利益相关者的有效参与,推进教育体系的完善;

(3)在地方性和国际性测验中,扩大教育体系的绩效范围,把重点放在公民意识、21世纪的技能、以学生为本的学习上,从而增加创造、创业和获得幸福的机会;

(4)关注有利于加强教学事业和提升教师信心的相关事务,在学校和以学习者为本的发展框架中采用评估体系以改进教育,聚焦于形成性评估;

(5)关注科技的发展,使学习资源多元化;

(6)将教育领导力作为培养人力资源能力发展的永恒性要素。

(二)教育部门的目标

教育部门的三个目标是平等的教育机会、以学生为本的教学环境和加强管理。主要的政策和战略以及优先事项如下:

1.目标一:确保各级教育体系具有安全的、普遍的和平等的教育机会

(1)主要的政策和战略

①根据法律规定,接受教育是一项基本人权,应确保所有巴勒斯坦儿童享有接受教育的机会。应特别关注耶路撒冷等地区的儿童教育问题;

②关注所有群体,包括天才型儿童,通过各种方式提高具有特殊需要学生的教育水平,在国家战略框架内界定教育与利益相关者之间的关系以及所要达到的要求;

③扩大早期儿童教育规模,教育部应参与边缘地区的学前教育项目;

④保护以色列占领区的儿童接受免费的、安全的教育,制定相关的政策和规程。寻求有效的解决办法,确保以色列控制地区的孩子接受教育。

(2)主要的优先事项

①维持基础教育低年级阶段的入学率;

②跟踪教育体系中八年级以上的学生,提升初等教育高年级阶段和中等教育阶段的入学率;

③根据驱动性需求,扩大职业技术教育与培训的入学规模,尤其是女性学生;

④增加学前教育的招生人数;

⑤加强与国际组织的联系,维护巴勒斯坦C区和耶路撒冷地区学生的接受教育的权利。

2. 目标二:开发以学生为本的教学环境

(1)主要的政策和战略

①所有学生都将有机会获得早期教育的基本技能;

②推动以学生为核心的教育,尊重学生之间的差异性和多样性,在课程开发、教师资格认证和教学资源的适当提供等方面采取一些必要的措施;

③努力推进监管体系改革,在学校系统和教师职业学习区为教师提供技术上的支持;

④确保教育体系所提供的课程符合个体学习者的需要,允许他们继续深造或积极地参与地区发展活动,并在地区和全球层面上具有竞争力;

⑤全面深入改革基础教育课程和考核评估制度,使学生掌握21世纪所需要具备的技能;

⑥在学生和教师项目中加强创业精神和创造力培养;

⑦提高学生对自己学术潜质和职业能力的认识,扩大学生的选择权和学习机会,尤其是在中等教育阶段;

⑧为教师创造合适的支持环境,使教育职业符合国家标准;

⑨使所有的学生能够使用技术,以便支持教学性实践;

⑩发挥教育体系在增强民族认同感中的作用,开发必要的课程以加强民族归属感,保存文化遗产,帮助青年发挥他们的潜能;

⑪通过把职业教育与劳动力市场挂钩,提高职业教育的质量,提升学习创业的技能,为毕业生提供自主创业的机会。

(2)主要的优先事项

①各阶段教育课程改革都需要处理所面临的挑战、来自外界的建议以及内部的研究和分析结论,提高教学质量水平,符合21世纪所需要的技能要求;

②实施教师质量战略和教学人员资格认定;

③改革监管体系的实践,从要求和控制转变为对教师的授权;

④根据课程改革,更新教学评估体系;

⑤提高职业教育质量,形成需求驱动型。

3. 目标三:加强问责制和基于结果的领导、治理和管理

(1)主要的政策和战略

①制定巴勒斯坦教育法,审视相关的规程和指令;

②确保以课程为基础的战略规划,发展有效的合作伙伴关系;

③推行教育管理的分权化改革,采取措施将权力下放到地方和校本管理机构,促进社区在教育发展和管理方面的合作;

④维护约旦河西岸、耶路撒冷和加沙地带的教育,确保巴勒斯坦教育体系的完整性;

⑤制定规范和措施,提高教育体系的管理和财政绩效,旨在推进教育服务的有效性、透明性和问责性;

⑥完善教育体系的问责制度、监管和评估程序,使之与战略规划的各方面、各层次的工作一致;

⑦制定教育部、地区和学校层面上的组织结构,培训和提高现有的人力资源,使之与战略规划的课程服务目标一致;

⑧根据巴勒斯坦的教育等级,调整学校不同阶段的年级组成结构,并根据已确定的标准,保证学校教育等级的均衡分布;

⑨确保教育体系形成优秀的、创新的、卓越的文化,保障入学机会公平;

⑩形成一种基于证据的决策机制;

⑪确保利益相关者参与到教育的各个阶段,提升社区的参与度;

⑫在紧急时期,维持教育服务的连续性。

(2)主要的优先事项

①根据新的课程服务和项目结构,改革教育部的管理和运行机制;

②在教育部的各个层次,规划具体的管理方法与措施;

③重构学校层级结构,根据一至四年级、五至十年级、十一至十二年级的阶段,协调学校的类型结构;

④满足内外部对教育机会的期待,为包括耶路撒冷在内的C区提供一种安全的、平等的和高质量的教育服务;

⑤提高各层次教育内部和外部的效率。

六、教育体系的现状分析和战略选择

接下来的章节将阐述巴勒斯坦教育体系的现状,分析当前的教育发展现状、所面临的挑战、战略选择以及预期达到的结果。

(一)教育入学机会和学校基础建设

巴勒斯坦在保证所有学生的入学机会方面进展良好,尤其是在较低年级层次的教育上几乎达到完全的入学率。所有年满6岁的儿童都有入学的机会,基础教育的平均入学率约为95%。然而,辍学现象仍然是中等教育的一个挑战,尤其是男性学生。在第二次教育发展战略规划(EDSP-2)期间,学校的基础建设高效实施,增加了大量的学校,许多校舍得到改善和扩建,以容纳更多的巴勒斯坦学生,为他们提供适当的教育环境。诸如绿色建筑物和儿童友好型理念等,也逐渐被应用于学校的教学项目之中。

1. 当前的现状

(1)性别差异

第二个五年计划的数据表明,2011/2012学年,约旦河西岸和加沙地带的一年级学生毛入学率为100.6%(男生100.4%,女生100.8%),2012/2013学年为99.7%(男生99.3%,女生100.1%)。在第二个五年规划中,2012/2013学年初等教育的入学率为94.4%(男生93.1%,女生95.9%),中等教育阶段入学率为73.5%(男生64.9%,女生为82.5%)。

2012/2013学年,6岁儿童的净入学率为98%(男生为97%,女生为99%),7岁儿童的净入学率达到了100%,17岁的青少年为69%。在7~9岁,男性在入学率中占据优势,然而在10~11岁这种差异消失了,男女的入学率趋于平等。在12~17岁,男女性别差异较为明显,女性占据优势。这一点与中等教育阶段的男性辍学率较高是相联系的。

(2)教育需求-供应关系

通过比较分析教育需求(学生的增加量)和教育供应(教室、学校和教师的增加量)之间的关系,提高教育体系的容纳能力。从图4可以看出,比较分析2010—2013年公立学校的供需关系,主要包括以下内容:

①巴勒斯坦学校(所有的教育地区)学生的年均增长率约为0.9%(约旦河西岸为0.5%,加沙地带为1.4%);

②巴勒斯坦学校班级数量的年均增长率为1.7%(约旦河西岸为1.7%,加沙为1.6%);

③约旦河西岸和加沙地带班级数量的年均增长率(1.7%)高于学生的增长率(0.9%),意味着每个班级的学生人数提高,西岸的班级增长率高于加沙地带的班级增长率;

④巴勒斯坦学校聘用人员(服务人员和管理人员除外)的年均增长率为2.7%,超过班级数量和学生人数的年均增长率。加沙地带学校聘用人员数量的增长率(3.7%)高于西岸(2.1%)。

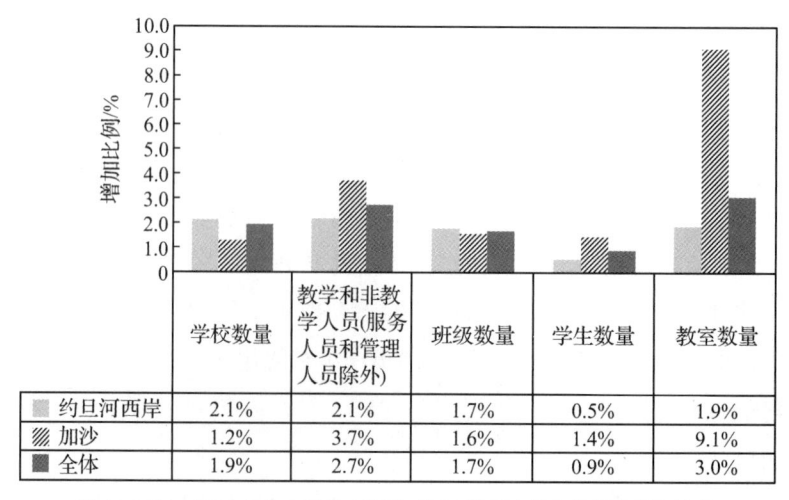

	学校数量	教学和非教学人员(服务人员和管理人员除外)	班级数量	学生数量	教室数量
约旦河西岸	2.1%	2.1%	1.7%	0.5%	1.9%
加沙	1.2%	3.7%	1.6%	1.4%	9.1%
全体	1.9%	2.7%	1.7%	0.9%	3.0%

图4 2010—2013年公立学校中班级、学生、聘用人员和学校的增加情况

依据教育计划目标,至 2013 年,约旦河西岸公立教育机构的教室数量将增加到 19 391 个,其中 0.1% 为双班轮流制教室,7.1% 是租赁教室。自 2008 年以来,教室数量增加了 1 739 个,这使得学校中的双班轮流制教室和租赁教室的数量开始下降,同时也符合第二个五年教育计划。

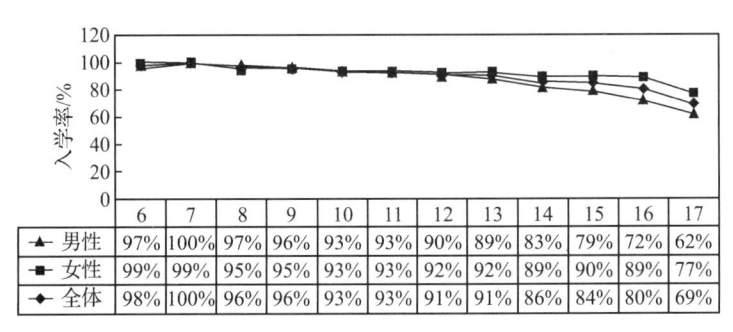

	6	7	8	9	10	11	12	13	14	15	16	17
男性	97%	100%	97%	96%	93%	93%	90%	89%	83%	79%	72%	62%
女性	99%	99%	95%	95%	93%	93%	92%	92%	89%	90%	89%	77%
全体	98%	100%	96%	96%	93%	93%	91%	91%	86%	84%	80%	69%

图 5　依据年龄和性别统计的公立学校入学率

(3)辍学情况

在约旦河西岸地区,公立学校学生的辍学率从 2008/2009 学年的 1.1% 增加到 2011/2012 学年的 1.4%。其中,初等教育阶段的辍学率从 2008/2009 学年的 0.76% 增加到 2011/2012 学年的 0.96%,中等教育阶段从 2008/2009 学年的 2.34% 增加到 2011/2012 学年的 3.50%。如表 6-1 和表 6-2 所示,加沙地带的学生辍学率高于约旦河西岸地区。

表 6-1　　　根据阶段和性别统计的西岸地区公立学校辍学率

年份	初等阶段	男性	女性	中等阶段	男性	女性
2008/2009	0.76%	1.01%	0.51%	2.34%	2.37%	2.31%
2009/2010	0.71%	0.98%	0.43%	2.32%	2.21%	2.42%
2010/2011	0.96%	1.37%	0.55%	3.47%	3.50%	3.44%
2011/2012	0.96%	1.36%	0.56%	3.50%	3.45%	3.53%

表 6-2　　　根据阶段和性别统计的加沙地区公立学校辍学率

年份	初等阶段	男性	女性	中等阶段	男性	女性
2008/2009	0.71%	0.74%	0.69%	2.65%	2.13%	3.13%
2009/2010	1.17%	1.21%	1.13%	1.45%	1.36%	1.53%
2010/2011	1.43%	2.04%	0.88%	2.88%	2.60%	3.11%
2011/2012	1.55%	0.96%	2.08%	1.01%	0.86%	1.14%

(4)陈旧的和不适宜的教室

在约旦河西岸地区,约有一半的学校是在 1994 年巴勒斯坦国家权力确立之前建成的。47%的学校建于1990年之前,24%的学校建于1960年之前,这意味着这些学校的寿命超过了53年。那些建立于1994年之前的学校条件不佳,因为在当初建造时缺乏工程监管,且不符合目前的安全建造标准,也没有任何公民防御条件和防地震工事。除此之外,这些建筑物还不符合空间和通风、照明以及带有屋顶的廊道等标准。

而且,许多学校受地区限制无法扩大规模(例如,在市中心),有些建筑物因设施太旧而无法铺设地板。这些因素导致学校的建筑和非建筑部分都在不断恶化,并产生了大量的房屋修缮费用,而有些即便能维持房屋的维修工作也是不够的。因此,重建这些建筑无论在财政上还是在教育安全上都是必要的。

巴勒斯坦约有1 881个学校建筑物(其中有136个是租赁的,40个位于耶路撒冷,70个位于希伯伦和纳布卢斯),政府所属的建筑物数量达到1 705个,其中800多个是在巴勒斯坦国家权力确立后建设的,剩下的近900个则建于1990年之前。根据时间表和个体条件,可能需要二十年时间才能更换完这些建筑物。

修缮工作的成本预算大概为每年1 000万美元,主要以定期或紧急维修的形式进行。维护的费用每年约为500万美元,可为100所学校提供修缮维护工作。有些学校除了整体定期维护外,还需要维修学校中的个别部分。这些工作增加了维护成本,因为这些不完整的项目会增加整体的维护成本。每年需要维修的学校共有20所,预算费用为每所学校/项目25万美元,也就意味着修缮20所学校的费用为500万美元。

(5)教育技术和学校设施

建有教育设施的学校数量如表7所示。

在所有学校中,有35%的学校至少有一个不适宜的教育设施/实验室,28%的学校至少有一个不适宜的图书馆,3%的学校至少包括一个不适宜的电脑实验室,17%的学校至少包括一个不适宜的科学实验室;62%的学校几乎没有一个教育设施/实验室,24%的学校几乎没有一个图书馆,16.2%的学校几乎没有一个计算机实验室,30%的学校几乎没有一个科学实验室。

表7　　　　巴勒斯坦建有教育设施的公立学校所占百分比

年	电脑实验室			科学实验室			图书馆		
	约旦河西岸	加沙	巴勒斯坦	约旦河西岸	加沙	巴勒斯坦	约旦河西岸	加沙	巴勒斯坦
2008/2009	61%	*	*	56%	*	*	64.1%	*	*
2009/2010	65%	*	*	58%	*	*	67.7%	*	*
2010/2011	68%	67%	68%	63%	72%	65%	71%	80%	73%
2011/2012	72%	79%	73%	66%	82%	69%	75.8%	91.2%	78.8%
2012/2013	73%	87%	76%	67%	80%	70%	76.4%	92.2%	79.5%

(6)学校结构

在约旦河西岸地区,目前的学校包括不同的学校类型和层次,如表8所示。

表 8   2012/2013 年西岸地区学校的当前状况

第一组/学校层次	学校数量	比例
(4—1)	137	8.35%
(9—1)	74	4.51%
(10—1)	122	7.44%
(9—5)	16	0.97%
(10—5)	14	0.85%
(12—5)	85	5.18%
(12—10)	72	4.39%
(12—11)	40	2.44%
第二组/学校层次	学校数量	比例
1—2,1—3,4—7,其他	*	65.83%

2. 当前的挑战

在入学率、辍学率、保持率以及学校结构等方面，当前面临的主要挑战如下：

(1)在一年级确保较高的毛入学率，在较低的教育阶段保持性别平衡；

(2)在约旦河西岸和加沙地带，尽管人口在增加，但约旦河西岸和加沙地带公立学校每个班级的学生人数并未有明显增加，学校教室非常拥挤；

(3)改善公立学校教室(尤其是西岸、加沙、耶路撒冷地区)在空间上过度拥挤的情况(每名学生的空间分配不少于1.2平方米)；

(4)减少初等教育阶段和中等教育阶段公立学校男女生(尤其是男生)的辍学率(尤其是西岸地区和加沙地带)；

(5)减少某些地区公立学校中双班轮流制教室的数量；

(6)根据教育标准，减少不适宜使用的教室数量；

(7)在公立学校中增设具有特殊需要儿童的班级数量；

(8)根据学校建筑物标准和要求，增加高质量的教育设施和实验室；

(9)提高学校办学标准，激发学习热情，吸引学生；

(10)减少学校在外部空间上的拥挤情况(例如操场等)；

(11)如果地方有要求，在五至十二年级采取男女生分开制度；

(12)维持和重建现有的学校建筑物，改善教育环境；

(13)在定位、安全、设备等方面改进学校环境，提供符合安全要求的设备；

(14)更换或扩大卫生设备以提高质量，并根据学校的学生人数进行调整。当前，每个班级都配备有卫生间，但许多卫生间条件很差，需要翻新。

3. 战略选择和预期结果

(1)入学和辍学

①增加中等教育阶段男、女生的毛入学率(尤其是男生)，具体而言，从 2012/2013

学年的94.3%增加到2018/2019年的96.1%;

②提高从初等教育阶段到中等教育阶段的升学率,具体而言,从2012/2013学年的73.0%增加到2018/2019学年的74.8%。

③提供返校课程,激励辍学者重新接受教育。

(2)维护

继续采用第二次教育规划(EDSP-2)的校舍维护措施,尤其是卫生设备。

(3)重构学校的教育阶段

最终建议的三个教育阶段主要包括:

第一组:一至四年级组成的学校;

第二组:五至十年级组成的学校;

第三组:十一至十二年级组成的学校。

为了达到这种理想的模式,教育部需要经过两个逐步转变的阶段。

①第一个转变阶段:

改变学校一至十年级和十一至十二年级两个主要阶段。

A. 重组初等教育阶段的学校,包括当前的十年级及以下年级(一至十年级)的教育学校,包括一至四、一至六、五至十、一至三年级的教育学校,总共有947所学校,其中57.7%的学校在约旦河西岸地区

B. 重组各种不同阶段的初等教育体系,当前共有649所这样的学校(占学校总数的39.6%)

C. 中等学校仅包括十一至十二年级的学校,以及那些通过各种学校转变而来的中等学校。

②第二个转变阶段:

把第一个转变阶段提到的学校重新拟定,与一至四年级、五至十年级协调一致,并逐步实施。

A. 一至四年级学校:处于当前这个阶段的学校约为137所(8.36%的学校在约旦河西岸地区)

B. 五至十年级学校:包括当前的14所学校(占所有学校的0.85%)

C. 十一至十二年级学校:包括当前的40所学校(占所有学校的2.44%)。

③负责实施分离过程的委员会,指出以下关于学校所在地的顺序:

A. 位于城市的学校

B. 位于农村(乡村)的学校

C. 位于小地区的学校

D. 位于弱势地区的学校,以及那些遭受武装占领和破坏威胁的地区的学校。

学校类型的重构,包括在战略规划中优先的改革干预,将在第六项中的优先改革部分中提到。

(二)职业教育

职业教育是教育的重要组成部分。在巴勒斯坦,职业教育遭遇管理真空,部分原因是由于教育部以及其他各部委过于关注高等教育和基础教育领域。而且,社会对于职业教育的态度通常是消极的,此外职业教育还受到教育部与高等教育部之间分离的影响。不过,职业教育在一些方面仍有所发展,诸如新的课程、教师资格框架、与一些私立部门保持密切的关系。无论如何,建立一个统一的、具有明确权利和责任的治理结构是非常重要的。

1. 当前现状

在巴勒斯坦,职业学校由教育部和高等教育部监管,为工业、农业、旅游、家政和商业等领域提供职业教育。学生在成功完成十年级的学习之后,进入这些行业领域再接受两年的教育。顺利毕业之后,学生们可以进入高等教育机构或者直接进入劳动力市场。此外,教育部监管技术学院,对顺利毕业的学生授予毕业文凭或者学士学位。劳动部监管职业培训中心,学生在这里接受一至二年的教育。其他部委分别监管各自领域的培训中心,诸如社会关系部监管那些为具有特殊需要的学生提供教育的培训和职业中心。此外,一些私立的中心和机构也提供多种多样的职业培训教育。

巴勒斯坦共有19所职业学校,其中14所为公立学校,4所为私立学校,1所为多功能中心。职业学校为学生提供十一至十二年级的两年制教育,学生也可以选择参加高中毕业考试。职业学校侧重于职业实践培训,因此大多数学生毕业后进入劳动力市场,而非高等教育机构。除了耶利哥和图巴斯以外,约旦河西岸各地都有职业学校。值得注意的是,耶路撒冷市区及其郊区以及伯利恒仅有私立的职业教育学校。在加沙地带,则有关于工业和农业教育的职业学校,且仅位于三个区域(北部、东部和加沙中心)。耶路撒冷地区只有三所职业学校,1所私立的、1所宗教的,还有1所是以色列控制的机构。

2011/2012学年,在公立学校完成十年级职业教育的学生比例大约是1.8%(不包括商业领域)。其中,2.7%在西岸地区,0.5%在加沙地带。在所有的职业教育专业(诸如工业、农业、旅游、家政、商业)中,入学的学生人数从2008/2009学年的8 200人增加到2012/2013学年的9 478人,增长率为15.6%。在前两年,学生人数的增长率相当高,达到12.9%,之后开始下滑,在2011/2012学年下降到1.3%,在2012/2013学年降为-2.7%。约有600名学生在私立机构就读。2008/2009—2012/2013学年公立职业学校的学生分布(不包括商学)情况如表9所示。

由于合适的课程资源比较有限,以及受社会文化条件的限制,接受职业教育的女性比例仍然是非常低的。就2013年而言,女性在劳动力市场上的参与度仅为14.6%,而男性为85.4%。

表 9　2008/2009—2012/2013 年公立职业学校的学生分布(不包括商学)

年	约旦河西岸			加沙			巴勒斯坦
	共计	男性	女性	共计	男性	女性	共计
2008/2009	1 649	1 504	145	333	254	79	1 982
2009/2010	1 882	1 694	188	331	233	98	2 213
2010/2011	2 121	1 868	253	308	283	25	2 429
2011/2012	2 051	1 793	258	372	322	50	2 423
2012/2013	2 094	1 814	280	305	234	71	2 399

2. 面临的挑战

职业教育面临的挑战主要有：

(1)在高级委员会中缺乏协调、统一的治理结构和中央决策权。

(2)私立部门的参与和责任分担有限。

(3)缺乏 AQAC 对于职业教育与培训课程的认证。

(4)在所有教育阶段制定国家资格框架以及巴勒斯坦职业分类。

(5)吸引更多的学生参与职业教育与培训，提高公民意识。

(6)由于合适课程的有限性和社会文化条件的局限性，职业教育的女性参与度低。就 2013 年而言，劳动力市场上的女性参与度仅为 14.6%，而男性为 85.4%。

(7)为职业教育与培训部门提供足够的资金。

3. 战略选择和预期结果

教育部顺应教育发展的总体趋势，制定了关于职业技术与教育培训的国家发展战略。该战略由专门的团队来审查，由来自公立、私立部门的广泛的利益相关者和社会合作者共同参与。该战略涉及四个重要的领域：

(1)形成职业技术培训体系的组织结构。

(2)形成职业技术培训机构的组织结构。

(3)形成体系内部运行的人力资源部门。

(4)提高职业技术教育的教学和培训质量。

职业教育与培训部门的治理结构将采取高等委员会的形式，这一点已取得共识，这是职业教育与培训工作取得的一个重要进展。继而，需要在高等委员会之下设立一个职业教育与培训机构，并把它作为一个自主运行预算和招聘人员的半自治机构。职业教育与培训机构应该对职业教育与培训中心和学校的要求做出快速而灵活的反应，以适应私立部门快速变化的需求。此外，职业教育与培训课程的认证，以及所有职业教育与培训机构和正式教育体系之间的连接是非常重要的①。

---

① 请参阅 2013 年 ASR 资助纪要。

截止到2019年底,教育部预期达到以下效果:

(1)提高在公立学校中接受职业教育的学生占所有十年级毕业生的百分比,从1.72%(男生为3.2%,女生为0.4%)增加到2018/2019年的2.3%(男生3.8%,女生1.1%)。这个数字不包括私立部门,也不包括商业领域。

(2)改革职业教育课程体系的模块结构,提高劳动力市场所需要的技能和知识。至2018/2019年末,四个专业领域的增长率要达到17%。

(3)为了充分重视所有人的能力,国家学历体系和巴勒斯坦职业分类正式施行。

(4)自2015年以来,职业教育与培训工作组已经开展工作,具有明确的职责范围,并作为2014年完成的教育部门工作组改革的一部分。

(5)在所有的职业学校中开始全面实施学徒制课程。

(三)耶路撒冷和C区的教育(略)

(四)教师资格项目和监管体系

教师教育战略是改善巴勒斯坦教育体系和提高学生成绩的核心要素。教师教育战略涵盖了在职培训和职前资格认证项目。2009年,教育部设立了"发展教学职业委员会",在实施资格框架和标准方面,该委员会发挥着越来越重要的作用,而4所大学(职前)和国家教育培训机构(在职)已经建立并实施了教师培训项目。独立的外部评估的结果证明教师教育战略是第二次教育发展战略规划(EDSP-2)的重要成就。当前,教师教育战略措施对教师职业发展产生了积极影响,最显著的是由国家教育培训机构所主导的优秀的在职培训项目。当前,校长和主管者主要负责课堂教学质量的提升,然而校长应逐渐承担起常务监督员的责任。在未来几年,巴勒斯坦应采取全面的监督者行动,教师应充当"被授权"的职员,而非单纯的被控制者。

1. 教师

(1)当前的现状

2009年,教育部设立了发展教师职业委员会,该委员会负责协调教师教育战略涉及的所有利益相关者,并负责建立运行机制,授予教师从业执照,制定全面具体的教学职业标准,提高教师的社会地位。近年来,由于教师的工资水平较低和工作条件较差,教师的社会地位和职业认可也逐渐恶化。

①教师教育战略认定的合格教师应获得如下资格证书:

A. 初等教育阶段(一至四年级)的教师:获得学士学位、课堂教师、高等教育毕业生

B. 初等教育阶段(五至十年级)的教师:持有某专业(一个学科或多个学科)的学士学位、高校教育毕业生;或者持有某专业的学士学位、教育教学资格证

C. 中等学校的教师:持有具体学科的学士学位、教师教学资格证

②2009/2010—2012/2013学年教育进展情况:

在2012/2013学年,公立教育部门的教师人数已达到27 310名。在教师教育战略

的资格标准框架内,约旦河西岸地区的合格教师比例从 2009/2010 学年的 27.3%(男性 22.9%,女性 30.7%)增加到 30.6%(男性 26.4%,女性为 33.7%),平均增长率为 12.1%(男性为 15.9%,女性为 9.8%)。根据约旦河西岸地区的教师教育战略,公立学校新招聘的合格教师的比例达到 46.0%(42.4% 为男性,女性为 49.4%),2012/2013 学年该比例达到 60.1%(58.8% 为男性,60.9% 为女性),增长率为 30.7%(男性为 39.3%,女性为 23.3%)。教师教育战略要求,合格教师的就业申请必须自 2014/2015 学年开始实施。

教师教育战略的目标是,至 2019/2020 学年对所有的教师进行培训。当前,共有 30.6% 的在职教师被认为是合格教师。通过与大学的合作,教育部为在职的非合格教师提供教师资质培训课程。此外,还为教师提供可持续的职业发展课程。

③两门主要的在职培训课程是:

A. 从事一至四年级教学的教师资质培训课程:该项目的目标是,在三年内(2012/2013—2014/2015)完成对 2 500 名教师的资格培训。在 2012 年,该项目开始为约旦河西岸和加沙地带的 697 名教师提供资格培训,在包括阿塔尔、比尔泽特、希伯伦以及艾资哈尔的 5 所大学中开展,参与这项培训工作的还有其他加沙大学(伊斯兰大学、艾资哈尔大学)。自 2012/2013 学年起,该项目开始全面实施。在 2012/2013 学年第二学期,共有 400 名教师毕业,预计在 2013/2014 学年第一学期将有 297 名教师毕业。这个项目主要培训教师的基本教育能力和技能

B. 从事五至十年级教学的教师资质培训课程:该项目的目标是,在 2012/2013—2015/2016 学年完成对 300 位校长和 2 700 名教师的培训。该项目于 2012/2013 学年第二学期开始,参与培训的包括四个区域(杰宁、库巴提亚、拉姆安拉以及希伯伦南部)中的 547 名教师和 94 位校长,并包括 5 个学科(阿拉伯语、英语、科学、数学、科技)。该项目着重提升教师某方面的专业技能

为了提高公立学校中合格教师的比例,高等教育部与高校共同合作,提供了教师职前培训课程。在 4 所大学(伯利恒、阿拉伯裔美国大学、阿塔尔、艾资哈尔)为初等教育阶段一至四年级的教师提供培训。该项目始于 2012/2013 学年,已招收了 301 名学生,将在所有的巴勒斯坦大学开设。教育部决定,自 2014/2015 学年以后不再招聘不合格的教师

此外,一项教师职业状况研究调查显示,56% 的教师认为教学职业对于学生不具有吸引力。这是因为,尽管国家为就读教育专业的学生提供了奖学金和学费减免政策,但目前仍缺乏吸引优秀学生加入教学职业的激励政策。

④为了支持教师职业发展,教育部提供了一些可持续的职业发展项目:

A. 学校领导力项目 LTE:该项目是为学校的校长而设置的,包括 340 个小时的培训,为期一年的面对面式的学习、座谈会式的学习以及网络学习。

B. 示范性学校网络项目:为四个地区(伯利恒、拉姆安拉、杰宁、希伯伦)学校的 40 位校长和约 2 000 名教师提供阿拉伯语、英语、数学和科学方面的培训

C. 2012年和2013年,在教育部提供的培训课程中,由国家教育培训机构对151所学校的校长进行培训

D. 在教育部规划中实施关于管理者的教育战略,约有200名处于不同管理层级的管理者在2011年和2012年接受教育培训,涉及管理领域和能力建设方面。

⑤发展教学职业委员会成立之后,要与有关合作方协商取得如下成果:

A. 教师(新教师、首任教师以及专家)和校长的职业标准①

B. 撰写有关教师职业道德和教师行为规范的章程②

C. 制定一个培训者标准的草案③

D. 从业者基准④

E. 招聘考试与相关的考试题库⑤

除了教师教育战略所要求的正式培训外,还要通过特定的级联⑥方式和集群⑦方式提供额外的培训。这些集中的专门培训,有助于教师更好地应对地方的挑战。这些培训由DG监管负责,并由国家教育培训机构提供必修或者选修课程,该课程侧重于领导力、批判性思维、主动性学习等方面的培训。然而,根据近期对学生和教师的调查可以发现,课堂上实际应用的课程很少。最后,职业教育与培训机构正在与GIZ合作,以开展教师教育战略规划和人力资源体系建设。

(2)面临的挑战

①国家教育培训机构和资格监管总局彼此未相互协调,因而导致矛盾和冲突;

②建立统一的教育体系,从而对教师进行在职和职前资质培训;

③制定明确的政策,招聘优秀的教育学院毕业生;

④由教育部制定统一的管理架构,作为教师培训项目的参照;

⑤扩大师资培训项目所涵盖的内容,除了公立教育部门外,还应该包括如幼儿园、非正式教育以及职业教育等教育部门;

---

① 教师职业标准是指知识和理解、职业能力、职业态度和价值观;学校校长的职业标准是指教学过程的领导力、职业能力和实践、学校作为教育机构的管理。

② 该章程旨在推进教师对于职业及其使命的责任感,提高教师的社会和学术地位,促使教师在教学实践中遵从价值观和道德规范,确定教师保证道德责任的参照框架。

③ 这些标准是为培训、培训者、培训资料和培训机构而设置的明确的标准,在一个特定的统一体系中需要满足职业标准框架中教师、校长以及其他群体的需求。

④ 设置教学行业许可体系,其申请在2013/2014学年开始实行(包括公立教育部门和职业培训机构)。

⑤ MoEHE为新教师设置招聘考试。这些考试的试题每年都会更新,以满足教育过程的需要和课程发展。教育部当前正在进行招聘考试的题库建设,将于2014年以电子版形式完成题库建设。关于校长的招聘,MoEHE每年会面向那些拟申请学校校长职位的候选人组织培训课程。在公布职位空缺通知之后,先通过考试测评申请者在专业和管理上的能力,然后是个人面试环节。

⑥ 级联在关联映射中是个重要的概念,当主动方对象执行操作时,被关联对象(被动方)是否同步执行同一操作,还指用来设计一对多关系。

⑦ 集群这一概念应用于无线电通信系统,把信道视为中继。

⑥扩大培训和资格认证项目,以涵盖各个不同阶段的教师,尤其是十一年级和十二年级的教师;

⑦制定战略政策,扩大战略项目,将具有特殊需求的群体包括在内,如耶路撒冷地区,弱势的、边缘的地区,以及开展全民教育的校长、监管者、辅导员和教师;

⑧所有教育部门和教育群体都应适用从业者许可证体系,同时强调教师培训项目的作用,以及在该体系中提供教师职业的激励措施;

⑨以统一的、包容的、现代化的信息系统为基础,应用监测、评估和问责体系,开展和实施教师教育战略;

⑩扩大教师教育战略及其要素和项目课程的宣传力度;

⑪有助于提高教师的社会经济地位。

(3)战略选择和预期结果

①TEIP和其他教师教育项目正处于初期试验阶段,尤其需要强调教师教育改革对于教师和其他教育者的重要性,这是建立高质量和有效性的巴勒斯坦教育体系所不可或缺的;

②国家教育培训机构和巴勒斯坦总局监督部门的培训活动,需要加强审核和全面协调(包括两个培训数据库之间的整合),以提供符合国家教育培训机构的教育学知识内容的集中培训LTD和TEIP;

③国家教育培训机构和监管部门之间的职责划分如下:

国家教育培训机构的职责:对不合格的在职教师进行培训;校长的领导力项目;管理人员与工作职责有关的能力建设项目;国家教育培训机构或巴勒斯坦总局监管的持续职业发展项目。

监管部门的职责:提高学校内部教师的绩效;完善教师评估体系;高职院校职前的实习。

④审查新教师标准并检查标准是否包括积极的学习方法;

⑤在初等教育阶段,根据教师教育战略标准,合格教师人员和支持性人员的比例从2013/2014学年的40.5%增加到2018/2019学年的99.9%;

⑥在中等教育阶段,根据教师教育战略标准,合格教师人员和支持性人员的比例从2012/2013学年的40.5%增加到2018/2019学年的88.5%;

⑦教师教育战略的监测与评估系统已经完成并全面投入使用。

2. 现状、挑战与战略

(1)当前的现状

校长是学校提升教育质量的重要因素。教育部开展了多项教育培训项目,涉及学校教育领导力培训、学习群体的主动性培训,以及常驻监管者的培训等,这是一个旨在支持教育监管角色的新内容。校长人数从2010/2011学年的171人增加到2012/2013学年的1 612人,可以看出,参加校长常驻监管员项目的校长人数有明显的增加。

监管人员接受了教育监督、技术应用和教育评估等方面的培训。学员人数从教育规划培训的 22 人增加到教育监管培训的 1 704 人。其中,部分培训是选修的,而另外一些是发展性的。

(2)面临的挑战

①根据以学校为基础的调查来分析学生、教师和家长的看法,以及培训对于课堂和学校的影响,结果表明,将培训内容转化为现实中的变化,仍是一个挑战。

②部分校长和监督员抱怨,由于培训次数太多,占用了许多在校的时间。

(3)战略选择和预期结果

①确保培训的内容和方法能够转化为学校实际的变化,如果可能,应采取必要的质量控制措施。

②实现校长常驻监督员角色的制度化,对监督员实行全面跟踪的新方法。

3. 改革监管体系

(1)当前的现状

教育监管被认为是教育监管员与教育机构的组成要素(校长、教师、学生和课程)之间的交互式过程,致力于提高学生和教师的绩效。监管的主要假设是,教师被认为是 T/L 过程的重要因素,应该坚持信任、授权和反思的原则。

教育监管在两个层面上开展工作,即常驻教育监督和综合跟进。作为常驻监督员,通常采取一定的观察工具和互动方式,需要投入较多时间考察教育问题,纠正教师的态度和行为,并赋予教师(尤其是新教师)权力。按照不同类型,教师可分为新教师、普通教师、首任教师和专家教师,且每个类型的教师所分配的任务有所不同。常驻监督员作为质量协调员,负责与学生成绩相关的技术问题,通过提高教师的能力来提高学校的教育质量。为了方便监督,所有地区的学校都被重组归属于不同的教育区域,每个教育区域包括 4~6 个教育群组,每个教育群组包括 5~10 个学校,这些教育群组构成了一个完整的教育单元。

"综合跟进"涵盖了对所有学校实际情况的监管,主要集中于学校领导的绩效、教师和学生以及学习环境等内容。通过测评一所学校的绩效并对此进行分类管理,以改进其运行表现。综合跟进团队由监督部门领导,5 位专门从事阿拉伯语、数学、英语和一至四年级初等教育阶段的监督员所组成,基于上述四个主要领域,依据 T/L 过程的专门报告而开展工作。每个领域都被分为绩效测量指标、协助学校自我评估、协助综合跟进团队、测评学校实际情况四个主题。需要注意的是,学校领导力领域的分值为 20%,教师(教学人员)的分值为 30%,学生的分值为 40%,学校环境区域的分值为 10%。学校在一个学年开始时进行审查,并同时考虑学校的类型和规模、地理分布、学生成绩等因素。全区每年至少有 30%的学校接受"综合跟进监管"。

监督员的主要任务是制订专门的教育规划,在地区和学校的层面上对教育规划的实施情况进行跟踪调查,评估教师的绩效并向教师提供反馈意见,支持教师通过学习社区和研讨班来实现他们的职业期待,提交对于教师任命的建议,确定学校的专业需求,协调群组内学校的教育质量,并支持学校校长作为常驻监督员在学校内开展工作。

2007/2008—2012/2013 学年约旦河西岸教育监督员统计情况如表 10 所示。

表 10 2007/2008—2012/2013 学年约旦河西岸教育监督员人数统计情况

年	监督员人数(名)	常驻监督员(名)	教师人数(名)	教师/常驻监督员的百分比
2007/2008	360	*	24 333	67.6
2008/2009	400	*	25 090	62.7
2009/2010	457	381	26 091	68.5
2010/2011	474	382	27 178	71.1
2011/2012	492	400	27 530	68.8
2012/2013	502	410	27 999	68.3

如表 10 所示,2007/2008 学年—2012/2013 学年,巴勒斯坦的教育监督员增长率约为 39.4%,年增长率为 7%,这与教师的年均增长率是不太一致的。尽管 2008/2009 学年教育监督员的法定人数较少,但是该年的综合跟进团队要开展两项任务(综合跟进和监督),因而给教育监督员带来沉重的工作压力。在此期间,教师人数和常驻监督员人数的比值从 62.7 增至 71.1,这与第二个五年规划的期望目标不相符,主要是因为任命限额等相关问题所导致的。

由于采用了新的监督模式("综合跟进"),每个学科的教师人数和监督员人数的比例仍然高于预期目标,比值超过 69.2。这个数值与上一个五年规划的评估报告相一致,但由于任命限额等问题而与第二个五年规划的期望目标不相称(50 个教师)。

2012/2013 学年每个学科领域监督员的分配如表 11 所示:

表 11 2012/2013 学年按学科领域分配的监督员数量(不包括综合跟进团队)

学科/专业化	监督员数量(名)	教师数量(名)	教师/常驻监督员的百分比
伊斯兰研究	30	2 051	68.4
阿拉伯语	44	3 945	89.7
数学	38	3 038	79.9
科学	42	3 120	74.3
英语	49	3 762	76.8
社会科学	36	2 451	68.1
技术	24	1 424	59.3
体育/运动	32	1 078	33.7
家庭经济/艺术	23	713	31.0
基础教育	83	6 580	79.3
语言(法语)	3	27	9.0
管理和商业	12	590	49.2
合计	416	28 779	69.2

如表12所示,综合跟进小组除每个学科的监督部门负责人(6名成员)之外,还包括了5名监督员。但是,杰里科区域的监督员设置并不是这种模式,而是由另一个部门的小组协助监督。尽管如此,对于一些大规模的地区来说,以上人数仍是不够的,诸如希伯伦南部、拉姆安拉以及纳布卢斯地区,由于这些地区学校的教师人数较多,需要增加额外的基础教育阶段的监督员。

表12 2012/2013学年约旦河西岸综合跟进的监督员分布

学科/专业化	监督员(名)
监督部门负责人	16
阿拉伯语监督员	15
数学监督员	15
科学监督员	15
英语监督员	15
基础教育监督员	16
合计	92

(2)面临的挑战

尽管教育监督体系运行良好,但它是建立在"指挥-控制"模式的基础上,而不是建立在教师授权模式的基础上,因而有时会造成不适当的教师激励措施(诸如只是在形式上完成课本教学,而不是关注实际的学习效果和较高的思维能力,且对于两者差异的界定耗时较长)。

①把常驻监督员的工作从"综合跟进"的工作中分离出来;

②监督员和教师的比例不符合第二个教育发展战略规划(EDSP-2)的目标。

(3)战略选择和预期结果

第三个战略规划期间的教育监督的重点应该包括如下内容:

①降低教师与监督员的比例,达到50:1;

②增加综合监督员的人数,尤其是基础教育阶段;

③在群组(学校)开展或实施教育培训;

④在教育中启动和运用信息通信技术;

⑤根据教师的分类(首任教师、专家等)实施教师教育战略,并授予相应的资格许可证;

⑥要求学校的教师、专业人员与家长彼此团结、相互协作,以便协调和整合学生家长的力量,使之积极地参与到学习和教学过程之中;

⑦推行以学生为中心的教学观念、标准和目标,尤其是对有特殊需要的学生(通过对教育现实的审查与研究,2013);

⑧减少教师的法定人数和手写负担。此外,禁止教师教授与其专业无关的课程,禁止教师、辅导员和健康从业人员在多于一所学校兼职;

⑨提高教师(以及辅导员、校长等)的工资,根据客观基础推进教师教育战略所提议的项目,加快教师授权的过程;

⑩设计一种物质性或道德性的激励制度,激发教师参与的积极性和创新性。制定一种具有包容性、多样化并涉及所有学习方面的评估方法,同时考虑学生之间的个体差异,包括有特殊需要的学生。有效地应用评估结果,改善教学和学习的过程;

⑪通过实施主动性学习战略,改善教育发展规划和实践,为所有学生选择合适的教育方法,包括有特殊需要的学生。教育规划应该是建立在对学生评估的结果之上(对于当前现状诊断的结果),这就要求在较低阶段的基础教育中设置一种主动性课堂的学习环境,该课堂应有一个指定的图书馆、课堂工具,并配备具有电子学习辅助工具的教室,以及游戏区域和助理教员等;

⑫为教育过程选择合格的专业教师,建立一种激发教师创新性、主动性的制度,为不合格的教师提供教育培训;

⑬跟踪师生关系的进展,避免教师的不当行为(诸如殴打、侮辱和威胁);

⑭开发教师培训项目,包括规划、实施和跟踪,以满足教师的实际需求。

(五)课程改革

教育改革依赖于四个相互联系的驱动因素:学生和教师评估的变化、监管、教师教育和课程设置。考试结构和课程内容对于教学有巨大的影响。当前课程鼓励机械学习,无法支持较高的思维能力(诸如批判性思维和研究能力)、生活能力。此外,还有很多学科不利于儿童掌握基本技能(尤其在一至四年级),这可能使他们在整个教育年限中都处于落后位置。之所以存在这种现象,一个主要的限制是狭隘的观念——"课程等于教科书"。教育部人员、家长以及其他利益相关者都有一种强烈的共识,即在未来几年中,各个年级应该开展一次全面而深入的课程改革。截止到2019年,由于实施第三个教育战略规划,巴勒斯坦将实施新的课程体系。

1.当前的现状

在第二个教育发展战略规划(EDSP-2)期间,教育部门委托有关专家对巴勒斯坦课程体系进行了分析研究。该研究的主要发现如下:

(1)课程观念被同义为"教科书",限制对教科书的改革采取恰当的干预,未能将课程作为教育系统的"载体"进行全面的课程改革。

(2)45%的八年级学生缺乏最基本的数学能力,部分原因可能是课程内容太多,包含大量的信息,并且是以死记硬背为主的。

(3)除了传统的考试之外,学校没有使用其他方式和工具来评价绩效。

(4)动机、信任、创造力和创新等领导力概念不是课程和学生课堂实践的核心。

(5)教师没有充分使用多媒体工具和技术,以一种更为灵活有效的方式来教授课程。

(6)78%的教师认为,一些课题超出了学生的理解水平,使得教师无法利用短暂的课堂时间来教授足够的学科知识,以实现既定的教育目标。

基于各种重要考试的学生绩效：

(1)国际竞赛

国际竞赛是指"国际数学和科学研究趋势"竞赛，在2003年、2007年和2011年，巴勒斯坦参与了该项比赛。为了实现这个国际指标，巴勒斯坦以2007年的国家评估指标为基准，每四年选拔一批八年级学生作为指导对象。在比分中，以均值500分为规范的分数标准，100分为标准偏差，由此巴勒斯坦学生的数学平均得分为404分，科学平均得分为420分。在历年的国际数学和科学研究趋势中，2011年巴勒斯坦学生的数学和科学成绩高于2007年。其中，数学成绩增加了37分，被认为是一个明显的进步，因为这是所有参加研究的国家中最高的成绩。在2011年，科学成绩增加了16分，但是仍然低于2003年的分数。

(2)国家考试

国家考试代表了教育成就的第二个层面的指标。自2008年开始，教育部每两年进行一次测试。国家考试样本包括四年级和十年级的学生，主要测试阿拉伯语、数学和科学。考试结果表明，四年级学生的阿拉伯语平均分数为59分(基于100分的数值范围)，数学为33分，科学为47分，而十年级学生的阿拉伯语为51分，数学为29分，科学为43分。

(3)标准化测验

标准化测验是指学生成就的第三个层面的指标。在数学科目上，四年级学生的平均成绩(基于100分的数值范围)为46分，八年级学生的平均成绩为39分。在阿拉伯语科目中，七年级学生平均分数为60分。九年级学生的科学成绩平均分为35分。

2. 面临的挑战

(1)对于"课程"的理解需要拓展，要超越"教科书"的概念。课程应是根据教学规定的内容、资料、资源，推动学生之间的互动，进而评估教育目标实现的过程。对于"课程"概念的明确，体现了规划课程结构改革的深度。

(2)教育部自身的监测与评估系统研究了课程内容和方法在多大程度上满足了巴勒斯坦社会对于生活技能等重要领域的教育需求。对2010年教科书分析的结果表明，科学、阿拉伯语和地理学中包含的生活技能要素是不完整的、随机的和无组织的，在很大程度上取决于教师的教学能力和时间。分析结果表明，学生所需掌握的批判性思维和生活技能等远远不够。

(3)重构课程，使其与新的教育发展趋势保持一致，尤其要以学生为中心。

(4)为了着重培养学生的能力和21世纪所需技能，需减少学科知识的数量。

(5)在课程本身以及教学和评估过程中，强调高级思维能力的培养。

(6)改革课程发展中心结构和组织，使其与新的课程改革规划相一致。

(7)提高课程发展中心与其他所有部门的协调与合作，以确保教学质量。

(8)制订统一的、综合的、全面的规划以评估和提高课程质量，并要包括所有的相关变量,诸如教师教育战略、信息化教育方案、电脑化课程,在任何教育改革措施中都要包括幼儿园和非正式教育。

(9)形成一种明确的愿景,发展当前的中等教育和考试体系。

(10)改革课程体系,减少学科数量,减少所需教师的数量,这也有助于加强教学质量、优化资金和人力资源的有效使用。

3. 战略选择和预期结果

课程改革的战略选择和预期结果如下:

(1)重新界定课程的总体概念,建立一个包括理念、愿景、主要目标在内的基本框架,同时建立一个培养生活技能、公民意识、国家认同和人性特征等的概念框架。

(2)重构巴勒斯坦在每个年级和每个教育阶段的目标。

(3)在课程、考试结构和教学中引入高级思维能力培训,在所有的教育阶段重视21世纪所需技能的培养。

(4)使课程与学生的特殊需要相适应,包括学前教育。

(5)制定准备阶段课程的发展规划战略,包括所有的教学相关要素(教科书、教师、评估过程)。规划将实施"综合教育"模式,减少学科数量,但仍然保留学生应该掌握的基本概念和能力。

(6)制定教育规划战略不同阶段(制定、实施、评估和重构)的进展时间表。

(7)着手组建课程委员会,明确其任务、责任和许可(监督和执行委员会)。

(8)提出改革PCDC现有结构框架的具体"观点",使其符合教育发展新趋势和新功能。

(9)设立"中等教育特别委员会",专门负责师生的流动性、年限和学科等相关事宜。事实上,现在已开始着手开展委员会的组建工作。

(10)设立"教育质量委员会",组建相关的单位和部门。

(11)今年已经制定了五至十二年级的技术课程,五年级和六年级的新技术课程将在2013—2014学年开始投入使用。

(六)教育技术和设施

教育技术和设施(图书馆、计算机实验室、科学实验室)为教学过程提供了重要基础设施,以实践的方法取代了占有主导地位的理论讲授。IT是一个快速发展的领域,对教育产生了显著的影响。教育部在EDSP-2期间启动和实施了一些IT措施,目的是在未来几年的T/L进程中引进和深化IT的使用。在T/L过程中教育技术和设施的整合仍然是一个重大的挑战。

1. 当前的现状

巴勒斯坦67%的学校拥有科学实验室,70%的学校有图书馆,大多数学校拥有不同的教育工具和学习教具。然而,这些设施并未按预期的那样被很好地使用,正如前几年的年度监测与评估结果所显示的那样。

根据监测与评估结果，在 EDSP-2 期间，图书馆在教育过程中几乎不发挥作用。2012 年，计算机实验室的使用量下降到了 33%，而 2011 年这一比例为 41%。其原因在于缺少足够数量的计算机服务于学生，或者教师将教学时间更多地用于理论和实践解释上而非使用计算机。另外，在科学实验室使用方面，参加科学实验活动的学生比例从 2011 年的 47.1% 下降到 2012 年 42.4%。教师开展的大多数教学活动都集中在理论层面上，导致学生很少有时间在实践中使用这些工具。2012 年与 2011 年相比，传统工具的使用增加了，而使用技术手段和教具的机会减少了。

虽然巴勒斯坦支持科技在教育中的使用，但教科书和教学手段却没有体现出这种支持。教育部已经开始通过诸如英特尔项目、SEED、BTC 信息化学习、WLAR 和学校领导项目等多种干预措施，来提高教师在教育中使用技术的能力。然而，这些项目缺乏彼此之间的整合，在项目结束时缺乏可持续性的替换方案。

对于在线学习，教育部通过在线论坛以支持学生获得在线服务（诸如巴勒斯坦学校的教育网络的 Zajal 网站、教育邮箱、在线论坛以及 SEED 论坛）。然而，因为缺少统一标准的论坛和全面的教育信息化战略，所以在线学习并未如所要求的那样被学生使用。

2. 面临的挑战

(1) 在教育过程中，使用最低条件的教育设施，诸如图书馆、科学和计算机实验室等。

(2) 少数合格的教师能够将教育技术应用作为教学的一部分。

(3) 教育战略整合了所有的必要措施，但缺少连贯性的教育信息化战略。

3. 战略选择和预期结果

(1) 制定系统的政策，明确在教育过程中使用信息技术，以公平的方式为所有学校重建一个清晰的信息技术基础设施。（重构 IT 课程）

(2) 提高教师和家长对教育中使用技术的认识程度，减少他们对本领域变革的抵抗情绪。

(3) 通过改善工具、教育设施、计算机实验室和无线网络，改变技术和物理的使用环境，提高技术和网上学习在教育中的广泛使用。使用互联网连接所有学校是 2019 年的目标。

(4) 为教师提供激励因素，激发教育技术应用中的创造力，提供适当的教育工具和计算机供学生使用。90 位信息技术培训者将作为"技术先锋支援学校"。

(5) 提供合格的专业人员和资源，通过定期维护和改进（计算机及其配件、实验设备、教具等），激发技术在教育中的应用。

（七）支持性教育项目

支持性教育项目主要有三个，即教育辅导、学校健康与课外学生活动。教育部想要进一步扩大教育专业化辅导，将其作为教育服务不可分割的一部分。就学校发展而言，教育指标和学生成绩之间存在明确的相关性。教育部提供直接的健康服务(诸如接种疫苗和医学检查)和营养支持,以及学校环境卫生条件的改善。课外学生活动是教育实践的重要补充,有助于增强学生幸福感,且为学生提供一个加强社会锻炼的机会。

1. 教育辅导

(1)当前的现状

教育过程涉及学生的个性培养和发展。教育辅导服务是学校教育过程的重要补充,也是教育体系的重要组成部分,有助于学生个性的培养和发展。

学校教育辅导员的数量从1996年的115名(平均每三个学校有一个辅导员)增加到2013年的694名。教育辅导涵盖了1 050所公立学校(396 791名学生),占约旦河西岸公立学校总数的64%(1 639所公立学校)。这表明一些学校仍然没有实现教育辅导项目,部分辅导员可能被迫同时在两所学校开展工作。在提供教育辅导服务的学校中,有32%的学校聘用了全职辅导员。

资源的缺乏是所有公立学校缺少教育辅导员的主要原因。为了解决这个问题,教育部制定了一些标准,即按照学校规模、临近重点区域(定居点、隔离墙、绕行公路)以及学校的需求类型等对学校进行分类。教育部还通过了一套教育辅导员认证标准,将在教育心理学等相关领域获得学士学位作为最低要求。此外,还可以按照辅导项目、课程要求或设置专门课程对教育辅导员进行在职培训。大多数辅导员都具有学士学位,获得研究生学历的辅导员在过去五年中大幅增加,在2013年达到103人。

教育部将组织开展减少暴力、消除冲突、精神健康、心理辅导等多项培训项目,以提高教育辅导的专业水平,为学生、辅导员和学校提供必要的支持。这些培训项目的对象是学生、教师、行政管理人员、家长及其他相关人员,重点服务于八至十二年级的学生。

(2)面临的挑战

①缺少单独的辅导教室和工具。2012/2013学年,约旦河西岸地区共有1 639所公立学校。其中,拥有单独辅导教室的学校数量达到1 037所。对于教育辅导的专门化工作而言,单独辅导教室是非常重要的。只有当有单独教室可供使用时,才可以为更多的学生提供教育辅导。而且,如果有更多可供使用的单独教室,教育辅导员追踪个体案例的能力可以得到更大的提升,辅导员单独见学生及其家长的机会也会有所增加。除缺少单独辅导教室之外,可供使用的教学设备和工具以及教学游戏资源也是有限的。这些资源有助于激发和支持教育辅导员工作,更有利于师生之间面对面地互动,了解学生的需要,提高学生的自我表达能力。然而,教学工具和教学设备的缺乏,限制了教育辅导员工作的开展;

②教育辅导员的资质。教育辅导员既需要具备学术研究的资质和能力,又需要具有协调高等教育部和高等院校开展心理咨询和社会实践工作的经验,这是教育辅导员从业许可的先决条件;

③重组教育部内部机构和角色,更好地指导教育辅导职业。

(3)战略选择和预期结果

教育辅导的战略选择和预期结果如下:

①为每所学校分配一位教育辅导员,必要时设立教育辅导中心,以方便教育辅导员开展工作;

②开展对教育辅导员绩效和监督的研究,确定教育辅导员的教育培训需求、对教育辅导职业的满意度,以及影响其工作效率的障碍性因素;

③上述研究应对教育咨询和目标群体的有效性产生直接或间接的影响;

④对教育项目和课程实施评估,以便教育部将其作为可采纳的政策内容;

⑤发展C区和耶路撒冷的教育辅导工作;

⑥在教育部辅导监督部门任命领导人员,以便与本领域的教育辅导监督员一起合作;

⑦为负责招聘教育辅导员的候选人提供教育培训项目,并确定工作手册。

2. 学校健康

(1)现状

学校健康干预是以"全面健康"概念为基础的,包括教育的、意识的、直接的健康服务,学校环境,学生营养,心理的和社会的健康,体育教育和运动。当前学校内出现学生吸烟等不健康行为的比例仍然很高(为40%[①]),22%的学生在学校内受到过其他学生和教师的暴力侵害,51%的巴勒斯坦儿童在家庭内受到过家庭暴力[②]。

在第二个教育发展战略规划期间,卫生部为学生和教师提供了健康改善项目,在疫苗接种方面的覆盖率达到100%,在检查测试中超过90%。尽管已经取得了这些成就,但是健康检查结果显示,七年级有29.35%的学生患有蛀牙和其他牙齿问题,五年级的学生有视力问题的达到8.5%。因学生间的暴力冲突以及交通事故等原因,约有2%的学生受伤。

在第二个教育发展战略规划期间,巴勒斯坦共组建了291个环保俱乐部,有5 236名学生参与,614名教师负责监督,25%的学校建有环境良好的俱乐部。在此期间,大多数学校改善了环境,加强了对卫生设施的监督,已有超过50%的学生意识到洗手可以预防痢疾。尽管47%的卫生设施始终保持清洁,但是仍有44%的学生持有消极态度[③]。

2011年,巴勒斯坦开展了一项关于学校环境卫生标准的研究。此项研究发现,一部分学校的卫生间数量不足(低于标准),在男女混合的学校缺乏男生、女生分开的厕所或独立卫生间;有些学校缺乏足够的水源,尤其是C区和加沙地带水资源贫瘠的学校。在约旦河西岸,约有三分之一(32.9%)的学校周围存在水资源浪费现象,该百分比略低于加沙地带(41.2%)。此外,14%的学校位于加沙地带的城市区域,在学校附近拥有净

---

① 巴勒斯坦健康部,2009年GETS关于吸烟的调查。
② 巴勒斯坦关于社会暴力的调查。
③ 教育部关于学校卫生情况的调查。

水区。女性厕所的数量远远不足(每 40.46 名女性拥有一个卫生间),相对而言,每 28.9 名男性拥有一个卫生间。在加沙地带,平均 76.11 位女性拥有一个卫生间,平均 59.11 名男性拥有一个卫生间。国际标准是建议每 25～30 名女性拥有一个卫生间,每 50 名或 60 名男性拥有一个卫生间。约旦河西岸 15% 的学校和加沙地带 18.3% 的学校,卫生间都不能保持清洁,而且大多数卫生间缺少卫生纸。

教育部为所有学校提供了 6 000 个灭火器,平均每个学校拥有 3 个灭火器。然而,仅有 50% 是可以使用的,其他都需要更换。每个学校也都配备了急救箱,但至少 50% 的学校没有提供急救箱的实施说明。

在营养方面,79% 的学校拥有单独的食堂。在 C 区,56% 的学校食堂符合卫生标准。教育部的战略是,将食堂的管理权移交到女性公司所有者的手中,这大幅度降低了学生食用非健康食物的比例。

教育部为不在家里吃早餐的学生(约 40%)提供食物。在整个学年里,数千名学生获得过牛奶。尽管如此,营养比例失调的情况仍然存在,高达 30% 左右的学生有贫血症状,超重和肥胖的学生比例几乎占了四分之一。

(2)面临的挑战

学校面临的主要挑战如下:

①强制执行国际卫生标准,相应地调整并改善学校环境;

②确保向所有学校提供与健康安全相关的基本工具,如灭火器和急救箱;

③降低学校暴力发生的比例;

④通过一个更负责任的机构监管学校食堂,避免非健康食物的摄入,诸如薯条和软饮料。

(3)战略选择和预期结果

①制定并明确国家健康标准,确保水的质量和定期供应,增加卫生设施的数量:建设新的水源设施、卫生保健设施,尤其是在加沙地带;

②确保提供符合卫生要求的设备,包括提供卫生纸张、清洁材料等;

③开设教育健康信息课程,培养全体教师的健康意识和技能;

④启动和实施现有的健康政策(诸如减少暴力政策,学校禁止在校内、食堂内吸烟的规定,关于校内安全防护的指令);

⑤对在校工作的医务人员进行培训,提高他们对学生进行医疗检测的能力;

⑥完善健康转诊系统,加强家长在儿童健康后续行动中的作用;

⑦进一步拓展女性公司和食堂管理之间的关系,确保健康食物的供应;

⑧继续提供校园牛奶和其他富含维生素的食物,以满足学生每天所需的热量;

⑨将非暴力政策纳入教师培训标准以及相关的社会心理项目中。

3. 课外学生活动

(1)现状

巴勒斯坦拥有悠久的童军活动的传统,有助于促进个人生活技能的发展。表 13 显示了在第二个教育发展战略规划期间童军运动的增加情况。

在童军活动指导团队中,有728个女性指导团队(19 444名女性签署成员),751个男性指导团队(19 741名男性签署成员),104个男女混合指导团队(2 555名签署成员)。其中,在约旦河西岸,有96.58%的公立学校拥有童军运动团队。

表13　　　　　　　2007—2013年学校童军活动指导团队及其领导人的数量

学年	公立学校数量(所)	团队数量(个)	领导者数量(名)	团队增加比例(%)
2007/2008	1 460	1 405	1 310	
2008/2009	1 485	1 422	1 323	1.19
2009/2010	1 534	1 449	1 442	1.54
2010/2011	1 573	1 476	1 471	2.21
2011/2012	1 609	1 557	1 541	5.48
2012/2013	1 639	1 583	1 569	1.66

除了童军活动之外,学校还开展了各类体育活动。在第二个教育发展战略规划期间,专业体育教师人数显著增加,约旦河西岸的活动教室也从502间增加到657间,相当于每年新增的学校数量。才艺俱乐部的数量从28个增加到36个,夏令营则从70个增加到150个。除了体育运动外,学校还在艺术、文化和音乐等方面增加了课外服务活动,通常在学校有供学生练习的俱乐部。但是,在学校开展这些课外活动的空间既不够大,也不够充分,未来几年需要给予更多的关注。

(2)面临的挑战

在未来六年,面临的主要挑战如下:

①缺乏合格的专家和专业教师人数:艺术活动领域所需要的合格专家仅有40%,音乐领域的合格专家仅有10%;

②亟须更多的课外活动设施以开展学生活动,包括为残疾学生提供的课外活动设施;

③为了增加普通课程,随意取消学生活动课程。

(3)战略选择和预期的结果

①增加专业教师的数量,根据每周的课程安排,合理分配学校的艺术和音乐类教师;

②提高学生对课外活动重要性的认识,避免因其他课程重新规划体育活动的时间/课程,允许学生在课余时间进行课外实践活动;

③加强巴勒斯坦的民俗学教育,诸如达科舞蹈以及传统刺绣等;

④扩大课外活动教室、操场、音乐室,以方便学生开展课外活动和相关培训,并且要满足残疾学生的需要;

⑤要求合格教师参与学校所有的活动,防止他们去其他学校兼职;

⑥提供包括为残疾学生服务的课外活动工具和设备。

(八)有特殊需要的学生

有特殊需要的个人通常会面临一些困难和障碍,需要调整和确保他们与其他人一样平等而有效地参与到社会之中。对有残疾的个人(尤其女性)而言,他们通常缺乏社会认同感,导致被歧视、边缘化以及与社会的隔离。近年来的调查研究表明,大多数家长不愿意他们的孩子与残疾学生被安排在同一班级。尽管1997年实施的全纳教育政策是全民教育政策的一部分,但是残疾学生仍然没有完全被纳入教育体系,需要进一步改进和适应。

1. 现状

2011年,巴勒斯坦中央统计局对巴勒斯坦残疾人进行了调查统计。结果显示,根据对残疾人的狭义界定,巴勒斯坦的残疾人比例为2.7%(男性为2.9%,女性为2.5%);如果根据对残疾人的广义界定①,那么这个比例则达到7%。首先,杰宁地区的残疾率最高(4.1%)。其次,是希伯伦地区(3.6%)和耶路撒冷地区(1.4%)。该调查还表明,在运动方面的残疾率最高(48.5%),其次是影响学习能力方面的残疾(24.7%)。

教育部根据《残疾人权利法案》,实施了全纳教育项目,要求公立学校接收残疾学生,确保残疾人权利,包括受教育权。然而,巴勒斯坦法律缺乏监督问责制,也缺乏确保该项目执行的机制。

根据2011年巴勒斯坦中央统计局的相关数据,不同教育阶段和地区的残疾人比例见表14。

表14　　　　　　　　不同教育阶段和地区的残疾人比例　　　　　　　　(%)

教育状况	约旦河西岸	加沙地带	平均
文盲	51.5	56.3	53.1
中等阶段教育以下	36.6	29.3	34.2
中等阶段教育	6.7	8.7	7.4
高等教育	5.2	5.7	5.3

尽管巴勒斯坦公立学校实施16学年的全纳教育,但是仍有37.6%的残疾人(包括精神障碍者)没有接受教育,仅有33.8%接受过部分教育,还是在接受中等阶段教育之前就辍学了。

如表15所列,在2012/2013学年,共有5 684名有特殊需要的男生和女生被纳入约旦河西岸的公立学校。在2009/2010学年和2012/2013学年期间,有特殊需要的学生年平均增长率为13.33%。其中,约旦河西岸公立学校中有特殊需要的学生占所有

---

① 由于缺乏对残疾儿童的标准定义,在许多情况下界定残疾是有争议的。根据世界卫生组织和华盛顿残疾统计组织的定义,采用下面的标准来界定任何社会的障碍或残疾问题:"身体或精神受到伤害的人。"

学生总数的 0.96%。

表 15　　　　　　　　　公立学校不同类型残疾学生数量　　　　　　　　（人）

学年	残疾类型					总数
	视觉	听觉	行动	言语	轻度精神障碍	
2009/2010	1 018	762	984	1 578	554	4 896
2010/2011	910	645	867	1 290	492	4 204
2011/2012	1 088	814	1 055	1 589	473	5 019
2012/2013	1 426	864	1 076	1 768	550	5 684

(1) 全纳教育辅导员

教育部为全纳教育设置了辅导员职务(被称为全纳教育辅导员)。尽管对辅导员的需求在不断增加,但全纳教育辅导员的数量却从 36 人(约旦河西岸平均每个地区有 2~3 名辅导员)下降到 27 人(每个地区平均拥有 1 名辅导员)。在专门的教育领域,全纳教育辅导员接受各种培训课程,然而,这些培训不是以特定的残疾类型为基础的。

(2) 适宜的物质和教育环境

实际上,大多数环境不太适合残疾人士,包括行动方面的残疾。尽管约旦河西岸的 1 013 所学校都配备了扶梯,但仍有 492 所学校没有配备类似设施,还有 64 所学校不能配备这种设施。

尽管教育部为残疾人提供了相应的教育方法和支持性工具(助听器、轮椅、眼镜及盲文书籍等),但是对于残疾学生来说,仍然缺乏相应的教学设备。诸如,缺乏准确识别具体残疾类型的诊断工具(中度的、严重的精神残疾,自闭症,听力困难等),导致教师不能使用恰当的评估工具,不能判断和确定个体之间的差异和能力。而且,除了一至三年级拥有数学盲文书籍外,其他课程的教材并没有进行改编,不能满足有特殊需要的学生的需求。

巴勒斯坦教育部与 AED 合作,设计了针对残疾学生的中学测试,该测试仅限于在听力、视力和行动方面有残疾的学生。

(3) 专门教室资源

专门教室资源是指配备必要的教学游戏和适当设备的教室,在这些教室中,有特殊需要的学生可以参加阿拉伯语和数学的部分课程,剩下的课程则只能在普通教室学习。在教育过程中,并没有明确的使用和整合教室资源的相关政策。2004 年,巴勒斯坦启动了专门教室资源项目,最初是为阿拉伯语和数学科目成绩不佳的学生设置的,有 3 个专门教室。2006 年,专门教室增加到 23 个,至 2013 年各个地区专门教室的数量持续增加,达到 82 个。

(4) 资源中心

2005 年,资源中心作为巴勒斯坦的一个区域试点项目在拉姆安拉和加沙建立,2009 年又在希伯伦南部地区建立了一个资源中心。资源中心通过语言障碍治疗、功能性治理、辅导等，为专门教育领域的专家团队提供了支持性服务。团队以流动的方式运行，开展现场工作、个体评估、教师培训和家长活动等，以提高对残疾学生的服务质量。

2. 面临的挑战

事实上，现实中的残疾率超过了官方的统计数字，原因如下：

(1) 部分残疾者没有上报，尤其是女性，因家庭和社会原因没有注册为残疾者。

(2) 缺少对残疾的统一界定，缺少解决巴勒斯坦残疾人问题的应对策略。

(3) 缺少统一的官方（如社会关系部、健康部、教育和高等教育部等）数据库，没有成立全国性的残疾人工会以便注册残疾案例，分析、研究和制定有关政策。

(4) 在严峻的经济形势下，为了便获得经济上的支持和援助，部分家庭提供了一些不真实的数据。

(5) 立法上的不协调：《劳动法》要求公共部门至少雇用5%的残疾人员，而《公务员法》第24条规定，申请者必须健康、没有任何障碍和疾病。这就解释了为什么残疾人失业率高达87.3%。

(6) 残疾学生面对的一个主要限制因素是，学校在很大程度上是为行动障碍的学生提供服务的，却很少能够为患有精神疾病的和其他残疾的学生提供服务。

需要指出的是，所有教育机构都是国家需要驱动型的，缺少一致性的和完整的资金支持，从而导致以下劣势：

(1) 全国教育服务和经费支持的分配缺乏公平性。

(2) 项目的周期短，残疾人服务缺少可持续性，进而导致相应服务的终止和资金的断裂。

(3) 项目缺乏一个包含所有合作者、利益相关者和受益者的总体战略。

(4) 缺少明确而具体的转诊系统，以便处理公立、私立部门中不同类型的残疾患者。

(5) 所提供的服务仅限于轻度残疾的个体，精神或智力疾病以及自闭症患者可获得的服务很少。

(6) 缺乏综合的团队与合格的专家，以便协助进行残疾人员的诊断和确定。

(7) 缺少安全、适当的交通条件与资金支持，这导致学生时常辍学。

(8) 在考试设计方面，中等阶段教育考试对所有学生均采取完全相同的方式。对于残疾学生，没有专门的或特定的考试形式，诸如为盲人学生提供盲文印刷的试题和答题机器。而且，对于残疾人教学评估也没有专项、具体的指导原则。一些残疾学生群体（如聋哑学生）面临着听力、写作、理解方面的挑战，而且缺乏一种替代机制来进行测试，例如在电脑上打字。此外，课程是以材料记忆为基础的，这给有特殊需要的学生参加考试增添了许多困难。因此，调整课程内容，以适应有特殊需要学生的学习特点，是课程改革的一部分。

3. 战略选择和预期结果

2014—2019年战略选择和预期结果如下：

(1)为所有适龄儿童包括适龄残疾学生制定全纳教育政策,建立统一的国家数据库。这项政策需要明确资源教室和资源中心的使用。资源中心运行包括所有相关数据的数据库,并提供辅导服务、咨询和培训项目。

(2)建立一个完整的、涉及所有相关政府机构的诊断中心,并与社会关系部在残疾者身份认证方面开展合作。

(3)培训特殊教育领域的人才,增加各类残疾专家,包括天才型学生、学习障碍学生和自闭症学生等。

(4)修订关于具体权利和实施形式的法律。

(5)扩大心理、教育和社会支持方面的服务,以提高公立学校中残疾学生和特殊需要学生的比例。

(6)将专业文凭课程纳入高等教育机构的特殊教育领域,并扩大相关教师、监督者和辅导员的专业许可度。

(7)制定具体的程序和方法来挖掘天才型学生,在学校为他们提供后续的支持和发展项目。

(8)通过提供适当的教育和卫生设施改善学校环境,为教育过程提供必要的途径和设施。

(9)建立明确且具体的机制,在有特殊需要学生的教育过程中充分发挥学校和家长的作用。

(九)学前教育

有数据表明,接受过学前教育的儿童在以后整个学习生涯中表现得更好。学前教育是幼儿发展和社会化的重要组成部分,早期的干预可以及早发现教育问题,这对加强巴勒斯坦教育系统具有特别重要的意义。教育部计划到2020年底开设学前教育课程,实现学前教育毛入学率达到60%的目标。

1. 现状

目前,巴勒斯坦4~6岁儿童中上幼儿园的有43.1%,这些幼儿园分别由委员会、慈善组织和个人倡议等机构来管理。事实表明,幼儿园正在使用不同类型的课程。教育部可以对幼儿园发挥监管作用,但是不能干涉所有的幼儿园,这反映出对幼儿园的监管还缺乏系统的规划。在这一阶段,教育部并没有详细的发展规划和管理体系,导致官方对学前教育的支持方式不连续。此外,缺乏全面的发展战略,导致对官方机构的监督和控制存在弱项,阻碍了现代教学方法的引进。

教育部近期开始了一项试点项目,在约旦河西岸开设了零起点的8个班级,并于2013/2014学年在加沙开设14个这样的班级。在2012/2013学年第二学期,这8个班级开始作为试点课程向公众开放,主要设置在4个区域,分别是南希伯伦、杰里科、萨尔菲特、杰宁,其中8名教育工作者是由教育部任命的,联合国儿童基金会为其提供了儿童玩具和教具,并且承担了学前教师培训的工作。

此外，教育部建立了 4 个幼儿教育中心，其中 2 个分别在纳布卢斯和伯利恒，其他 2 个在加沙地带。耶路撒冷购买了一个教育中心，但尚缺乏必要的设备。这些教育中心为在职幼师提供教育培训。教育部还在希伯伦设立了一个培训中心，旨在为希布伦、南希伯伦和北希伯伦的理事会提供服务，并计划在杰宁建立一个服务于三个地区（杰宁、卡巴蒂亚、图巴斯）的培训中心。

2. 面临的挑战

学前教育面临的主要挑战有：

(1)缺乏标准化的学前教育课程。

(2)许多私立学校缺乏实施教育服务的许可证。

(3)物质基础设施不足（除了学前教室外，一些学校缺少户外游戏设施和花园，卫生标准也不符合要求）。

(4)幼儿学校的部分育婴人员不合格，他们缺乏相关的教育和专业经验。

3. 战略选择和预期成果

(1)教育部计划在所有学校中建立或运营幼儿园，每所新建的学校还要设置一个学前教室。

(2)该发展战略的一个关键目标是统一课程体系和解决对策，加强数据的可用性并制定可行的筹资措施。

(3)修建学校，在需要的地方提供设备和用品。

(4)编制教师培训材料，提升幼儿园教师的能力。

(5)培训育婴人员、一年级的老师、学校的校长、学龄前儿童相关学科的辅导员。

在教育战略结束时，教育部预计在学前教育方面取得以下成果：

(1)评估和改革现有的课程内容，在 2018/2019 学年末之前建立一个满足巴勒斯坦儿童需要的官方课程体系。

(2)实现幼儿园（幼儿园和学前班）的毛入学率从 2012/2013 学年的 45.3% 增加到 2018/2019 学年的 60%。

(3)根据教师教育战略的要求，到 2018/2019 学年末，将幼儿园（主要是公立幼儿园，也有私立幼儿园）的合格育婴人员、行政人员和监督人员的比例由 65.2% 提高至 70.0%。

(4)为 32 所公立幼儿园的所有儿童（平均每年有 800 名儿童）提供特定的教育服务。

（十）非正式教育

巴勒斯坦的非正式教育是指成人和青年教育，旨在使他们获得正规教育之外的基本计算能力和识字技能。当前，非正式教育方案发挥着重要的安全网和再社会化作用。非正式教育方案面临的最大挑战之一是创建一个全面的、综合的数据库，以收集所有非正式机构所提供的服务内容、标准以及人力资源能力，从而使教育部能够制定出更有价值的非正式教育发展战略。

1. 现状

非正式教育的概念包括巴勒斯坦成人教育的狭义概念①。由于失业率上升和数以千计的青年被拘留和监禁，非正式教育在巴勒斯坦扮演着重要的角色。巴勒斯坦中央统计局 2011 年人口和住房调查数据显示，15 岁及以上人口的文盲率达到 4.7%，其中男性为 2.9%，女性为 9.1%。虽然巴勒斯坦人口与该区域其他国家相比识字率相对较高，但当前的社会、经济和政治环境迫使许多国家停止开展正规教育。提供非正式教育项目和活动的机构包括教育部、劳动部、社会关系部、民间社会组织、文化中心和私营部门。

教育部提供以下非正式教育课程：

(1) 扫盲课程，提供给那些没有掌握阅读和写作技巧、数学能力，且从未接受过任何形式教育的人，或者那些只完成一至二年的基础教育就辍学的人。经过两年的学习之后，可获得相当于第六等级教育(普通小学毕业)的证书。

(2) 平行教育，提供给那些完成五至六年基础教育然后步入职业生涯的辍学者。经过这两年学习后，可获得相当于第九等级教育(初中毕业)的证书。

(3) 晚间教育课程，提供给那些在家中学习或表现不佳的高中生。

劳动部和社会关系部提供半正规的职业培训课程。其中，劳动部在约旦河西岸的 9 个中心和加沙的 4 个中心共设置了 37 门课程，这些课程主要涉及农业、工业技能以及贸易和服务等方面。这些中心主要是对 16 岁以上的学生开放。社会关系部为青年康复中心的 12~18 岁的学员提供职业培训课程，其中有 7 个在约旦河西岸，有 12 个在加沙。这些课程是为那些有社会问题的辍学青年、残疾人和在社会关系部登记过的家庭所设计的。联合国难民救济及工程局、非政府组织和慈善组织等也为社会处境艰难者和辍学者提供各种培训方案。此外，在管理、计算机技能和其他劳动力市场的相关专业领域，有私营部门运行的许多营利性培训中心(其中 91 个在约旦河西岸获得许可，80 个在加沙获得许可)。

2. 面临的挑战

(1) 巴勒斯坦非正式教育的目标群体、性别、年龄、受教育程度、入学人数、教师人数和能力、就业率等基本数据是分散的，没有整合到中央数据库之中。因此，从课程体系的框架可以看出，2014 年应为非正式教育制定若干基准线。

(2) 基于非正式教育面临的第一个挑战，巴勒斯坦的非正式教育和成人教育形式，应该在战略规划中明确包含一个针对非正式教育教师的专业资格计划。

(3) 非正式教育机构和课程缺乏可持续的资金、原材料、设备和基础设施。

---

① 非正式教育有多种定义，从阿拉伯教育、文化和科学组织(ALESCO)通过的相当广泛的定义到 DVV 通过的"终身学习"理念。联合国教科文组织对非正式教育所下的定义为："获得专业资格，造成态度和行为变化的教育，消除文盲是教育的最低目标。"在巴勒斯坦，后一种定义是首选。

(4)社会对职业培训中心和一些非正规教育机构的看法仍然是负面的,这限制了符合条件学生的入学人数。

(5)没有成立对所有非正式教育和成人教育实施监督的国家组织或管理机构。最近成立的全国委员会正在组建非正式教育部门,这一点可能会另有说明。

3. 战略选择和预期成果

(1)为非正式教育的战略规划开发一个全面的国家数据库,其中应包含制定非正式教育战略所需要的必要数据。

(2)授权非正式教育发展战略①,解决资金和基础设施缺乏的问题。

(3)提升非正式教育的地位是一项更有意义的工作,旨在吸引更多的教员和学生,并帮助他们克服非正式教育所带来的社会歧视。

(4)促进网络学习和终身学习习惯的养成。

(5)降低文盲率的重点在于降低文盲率较高地区的女性文盲率。在2018/2019学年末,要使这些地区的女性文盲率从4.7%降至2%,15岁及以上女性的平均受教育人数从260人增加到860人。

(十一)行政、管理和财务

在第二个教育发展战略规划期间,巴勒斯坦教育管理和行政部门取得了重大进展,通过采用当地独创的联合融资安排,引导外部援助以及基于项目的规划和预算等,教育部更加关注其内部程序和操作。而且,这些部门已经针对规划、预算编制、财务管理和评估制定了三个操作手册,使管理团队以及核心小组的管理运作和支持功能得到改善。此外,巴勒斯坦教育部还制订了第一个"部门采购计划"。自2014年以来,教育部最高优先级别的改革项目是管理改革,经过管理改革,新的直接服务性课程与教育部的组织结构和运作完全一致,并开始制度化。然而,教育数据库和管理信息系统在多样化方面仍然存在许多挑战,需要更加紧密地结合在一起,而不是继续采取独立的方式。此外,第三个教育发展规划纲要的主要目标是:要在规划、财政和管理方面真正做到权力分散,以及对区域、学校和公众进行更加公开和透明的决策和报告。尽管这些工作已经取得一些进展,但与私营部门和联合国难民救济及工程局的协调仍然存在不足,需要在未来几年加以解决与应对。

1. 现状

教育系统的行政和管理包括以下几项内容:

(1)教育法、条例和指导方针

教育法包含了所有与教育相关的法律、条款、权利和责任,以及教育改革方案(如教育战略),旨在进一步提高所有儿童的教育水平,规范教育制度。截至目前,该法正在等

---

① 非正式教育发展战略草案可以从部门网站下载。

待总统的批准。在条例方面,该法要求家长和学生在规定时间外,更多地在学校进行补习活动。

(2)行政组织结构和职务说明

自2005年以来,巴勒斯坦人事局已经批准教育部在行政组织结构上和七个区域内增加发展教学职业委员会、投诉单位、性别单位、监测与评估系统等行政单位,并为单位制定了职务说明。

(3)教育信息系统

教育部拥有丰富的数据、数据库以及教育信息系统。这些数据是至关重要的,有助于教育部采纳更具有实证基础的规划和决策系统,并能够为所有利益相关者提供研究数据,其主要作用在于规划指导全局。教育统计部门在整个部门中发挥着核心组织作用。其中,学校编号是关键的编码工具。

主要的教育数据库由三个部分组成:普通的学校数据(学生人数、教师人数等);专门的学校数据(卫生单位、图书馆等);定性的学校数据(教育表现、年度国家考试等)。

教育部有众多数据库和信息系统,如下所示:

①预算和会计系统(财政部,Bisan系统);

②人力资源管理系统;

③学校和幼儿园调研系统;

④地理信息系统(学校地图);

⑤国家教育培训机构的培训数据库;

⑥监督培训数据库;

⑦学校卫生数据库;

⑧设备和用品数据库;

⑨教育设施数据库;

⑩教育项目数据库;

⑪测试数据库(国家,标准化和国际);

⑫残疾学生;

⑬对C区定居者和军事侵犯行为进行实地跟踪;

⑭学校管理信息系统(准备中);

⑮规划和项目管理系统;

上述数据库建设进度良好,另有一些数据库在未来几年需要进一步改进。

(4)用于管理的信息技术基础设施

教育部最近成立了一个数据库中心,有可能整合和协调所有部门的计算机网络、服务器和数据库。中央部门在不同位置提供各种无线接入点,所有工作人员都拥有带Windows软件的现代化办公桌面。虽然很多学校都拥有计算机中心,但目前有70%以上的学校没有联网。尽管已经规划了各种信息技术系统,如电子学校、电子考试等,但在第二次教育发展规划纲要期间并没有全面实施通信与信息技术政策。

(5)权力下放和应急计划

除了在紧急情况下,第二次教育发展规划纲要并没有确定的系统化步骤和明确的权力下放政策。这是受一些历史和政治因素的影响,还与财政部的高度集权和过度控制的财务管理制度有关。然而,教育部已经开始组建学校群组,这样就有 5~7 所学校相互支持,并能够进行自我发展和改进。关注学校的总体绩效,有助于学校制定改善措施,以更好地解决自己的弱点,甚至可弥补高水平学校和低水平学校之间的差距。加强学校层面的改革,是以学校领导力和学校群组为基础的专业化发展的举措之一。评估结果表明,校长担任着重要的角色,并有权力决定学校教育的发展方向。这样的校长需要获得更大的自主权和灵活性,并能够获得副校长和专家教师的支持。

在学校教育多次受到战争影响的情况下,教育部授权这些地区及其学校就影响教师和学生的问题进行交涉,并与当地社会保持互动。巴勒斯坦国际关系总干事要求对相关的紧急救援计划进行更详细的规划和安排。

(6)与私营部门、民间团体、地方社区、捐助者和联合国难民救济及工程局的关系

私营部门的参与对职业教育发展来说尤为重要。然而,与私营部门的协调和沟通机制相当薄弱,这是由于双方互不信任造成的。此外,非政府组织通常会实施小型项目,但这些都不具备较大的影响力。尽管有证据表明,父母的参与度越高,教育效果就越好,但是家长在参与教育活动和学校事务等方面仍然是不够的。

联合国难民救济及工程局是教育的第二大提供者,它提供的是同样的课程,所以教育部与联合国难民救济及工程局的关系也是至关重要的。两者在教科书、课程和学生活动等方面,具备一定程度的协调关系。然而,联合国难民救济及工程局拥有丰富的经验,但巴勒斯坦教育部在教师培训和长期规划方面的协调能力仍然显得很薄弱。

(7)年度工作计划、预算和财务管理的准备和实施

在制订年度工作计划和预算方面,教育部已经取得了技术和管理上的突破。报告系统与教育工作计划和预算的实现是密切相关的,主要包括年度和半年度的进展报告、监督与控制报告、采购报告以及季度财务报告等。虽然巴勒斯坦教育部的报告质量得到了改善,但教育部还需要进行更多的分析,以便指导教育部门更好地进行决策,确保更多利益相关者的参与。另外,将执行报告与财务支出报告结合起来,取决于将 Bisan 系统与新的基于项目的经费预算和规划逻辑相统一,从而将教育效果与政策目标联系起来。

2. 面临的挑战

(1)教育法:确保不断更新和完善教育法案并得到总统的批准。

(2)组织结构和职务说明:根据绩效管理的原则,对新的组织结构和职务说明进行调整,新的组织结构需要对现有的职务说明和职权范围进行彻底的审查和修改。

(3)教育信息系统:标准化数据收集方法、分类和索引是一个重大的挑战。换句话说,就是在所有数据库中使用相同的语言,以便利用变量之间的相互联系来生成定量和

定性的报告,避免重复性工作。员工需要接受有关信息技术软件的使用和数据库分析方面的培训。同时,需要更多的工作人员更有效地使用数据。确立明确的行政责任和角色是另一个挑战。此外,将教育数据库与国家数据库联系起来也很重要。

(4)信息技术设施的管理与使用:通信与信息技术部门和计算机网络的分离,即软件和硬件的分离,导致教育政策方向碎片化。因此,制定涵盖政府和学校的通信与信息技术政策仍然是一项重大的挑战。

(5)权力下放和应急计划:这对学校的要求非常高。学校不再需要向多个部门提交有关设备、统计、培训、人员配备等方面的申请信息。教育部应该考虑在各学区设立"重点"部门,负责协学校之间、地区与中央部门之间的信息流动。

(6)与捐助者、民间团体、当地社区和联合国难民救济及工程局的关系:在联合国难民救济及工程局和教育部之间应建立一种更加系统的沟通机制,以分享彼此的经验和专业知识,这是一个亟待解决的难题。这一点,在巴勒斯坦学生开始就读公立学校以后(九年级以后)尤为重要。与其他部门一样,非政府组织和私营部门都是相对独立的,这使真正的内部沟通成为一项艰难的挑战。

(7)年度工作计划和财务预算管理的制定与实施:只要那些外部的捐助者在进行预算时不披露相关的财务信息、Bisan系统不包含用于报告目的的支出信息,发展报告与财务报告在时间和数据方面的调整就仍然是一项重大的挑战。这样的改进,能够推动财务管理系统与规划系统之间建立联系。

3. 战略选择和预期成果

(1)提供的直接服务性课程结构与中央部门管理的改革相一致,以实现高效、负责任的规划制度。

(2)在2014年制定全面信息技术管理政策,作为计算机化干预的基础。

(3)在教育部、区域和学校层面开展人力资源能力建设并使之制度化,以此来内化新的结构。

(4)制定并规范各级教育部门的法律和制度框架。

(5)改善各级教育管理体制所需的物质环境,有效地利用教育体系。这包括把所有的学校都连接到互联网上。

(6)健全决策平台,落实各级问责制,大力推进对地方学校的授权进程(政策制定、管理和财务权力的下放)。

(7)在实证基础上制定一项关于权力下放的综合性政策,并明确其作用和相关人员的职责。考虑更好地让学校进行人员配置(不是招聘),在一定程度上确保预算控制和学校管理的灵活性,包括在学时设置等方面有更大的自主权,尤其是项目选择、活动自由、课程组织、财务和管理问题等。

(8)对学校和地区的人力资源进行规划、决策,在紧急情况下对教育进行保护,起草报告文本,为当局实施权力下放做好准备。

(9)因为这些地区经常遭受战争的影响,所以应在教育部、地区和学校之间建立一个"危机小组",以应对C区和耶路撒冷地区面临的问题。

(10)在包容、协调和统一的基础上,加强与国家、国际伙伴和利益相关者的伙伴关系。

(11)与联合国难民救济及工程局建立联合委员会,负责处理共同面临的问题和政策。

七、优先等级高的改革和提供直接服务性项目

(一)优先等级高的改革

教育部认为,第三个教育发展战略计划中优先等级高的改革具有系统的联系性,会对教育系统其他领域的基础性改革产生影响,具体如下:

1. 课程改革

全面深入的课程改革至关重要。课程的类型和内容对教师行为、考试结构和内容、监督制度和学习方法都会产生直接的影响。批判性思维、研究技能和其他21世纪所需的技能与课程是相互依存、相互关联的。因此,如果课程改革不符合21世纪所需技能的要求,那么教育系统的其他组成部分——教师培训、监督和评估等将受到阻碍。换言之,课程是教育制度的核心,深刻而严肃的改革有可能成为其他素质教育改革的催化剂,其中包括监督和学生评估。对后者来说,改革高中毕业考试也是一项优先考虑的问题。

教育部将采用循序渐进的课程改革方法,从2014年的第一、二年级开始,当第三年级和第四年级正在进行改革的时候,第一、二年级在接下来的一年里进行测试。每一年都将有两个年级进行改革,目标是在六年教育发展战略结束时,全面完成课程改革计划。这正是从基于记忆和考试驱动型的模式转变为以学生为中心的动态教学模式的核心所在。

2. 部门管理改革

直接提供服务性项目和以课程为基础的规划,都需要对组织结构和管理运行进行重大改革。直接提供服务性项目侧重于结果,而不是投入,需要交付给可以对结果负责的项目主管。在中央部门结构方面,新项目结构的改革使教育部向区域和学校下放权力。教育制度的层次和服务类型(子部门)与项目变得一样,就可以确保预算、规划和管理更加透明和开放。与课程改革相似,由于它与其他行政改革(如学校结构改革和权力下放)相互关联,因此教育部的管理改革是基础。各种外部研究发现,各部门之间的横向协调较为薄弱。为了克服这个弱点,预期的管理改革将重点放在结构和行动上,即确保一体化的运行和统一的决策结构。

3. 重组学校系统

巴勒斯坦的学校体系非常"不均匀"且非常分散。就层次而言,有81种不同的学校

类型。在第三个教育发展战略规划期间,教育部将实行较低的初等阶段(一至四年级)、较高的初等阶段(五至十年级)以及中等阶段(十一至十二年级)的校级全面改革。

重组学校层次的主要益处在于:

(1)在全国范围内,协调学校等级与新课程结构之间的预算、项目分配和监测等。从长远来看,教育技术的使用成本将显著降低。

(2)在相应的学校层面和学校管理层面实行成果管理制。

(3)协调学校的结构体系,使学校能够拥有更大的自主权。

(4)提高学校的透明度和增强学校的责任感。

(5)每一所学校都将根据提供直接服务性课程结构与特定项目联系起来。

(6)教育改革和干预的重点是在学校层次和课程等方面更公平地分配。

(7)教师部署:一至四年级的班级教师、高年级学科教师。

(8)以更有效、更集中的方式进行监测与评估。

(9)较低的初等阶段、较高的初等阶段和中等阶段之间的分离导致学生之间发生暴力事件。

这三项改革旨在改变地区、学校和教室的基本结构、惯例和文化,从而对与教师、学生、课程以及教育部、学区和学校之间的关系产生积极的影响。

(二)问责制、成果管理制和课程结构

采用新的服务性课程结构可以使思想和实践从输入驱动型系统转变为成果管理型系统。这种转变将加强各级的内部问责制,能够将成效与政策目标联系起来。此外,公众将会更多地参与进来,更加透明地执行教育部规划和承诺的内容。由于新课程结构使学校更加"可见",教育部与地区之间的权力下放以及学校的发展在政治上和组织上就更为可行。

财政部的相关指导方针和程序都支持教育部的成果管理体系制度化,这种成果管理体系是以对课程的规划和预算为基础的。由于项目管理人员直接参与了规划和日常实施方案,所以新课程管理人员的角色至关重要。新课程结构的一个主要优点是克服了决策者和改革层之间的分离,确保项目的实施,这样就避免了决策者和项目执行之间的利益冲突。

通过今后几年的培训和研讨会,将在各部门的各个层面简化成果管理制。

八、教育项目:政策和预期框架

(一)提供直接服务性课程结构

采用提供直接服务性课程结构的决定具有战略意义,是影响组织结构和日常管理的最重要一步。这种转变与部门结构和绩效改革的既定目标相一致,是一种基于结果和问责制的管理制度。财政部还要求所有的职能部门在2013年发布具有约束力的相关准则。

提供直接服务性课程结构的主要优点之一，是能够更清楚地突出教育部所提供的不同教育类型（也称为分部门）。换句话说，教育制度的结构成为向巴勒斯坦学生和公民提供主要服务的代名词。此外，向提供直接服务性课程结构的转移，有可能成为重大管理改革的催化剂，促进教育部和地区之间的权力下放，使更多的财务和管理自主权下放到学校层面。为了使新的方案结构正常运作，传统的垂直运作模式将得到支持，从而推动不同学科和部门之间的横向整合。主要优点在于：

(1)确保财政部与教育部之间更紧密的运作关系。

(2)从注重过程转变为结果问责。

(3)教育体系更加透明，更容易规划和预算(视不同学校而定)。

(4)增强真正的校本自治和管理问责的可能性（例如：校本融资）。

(二)第三个教育发展战略规划的政策结构(图6)

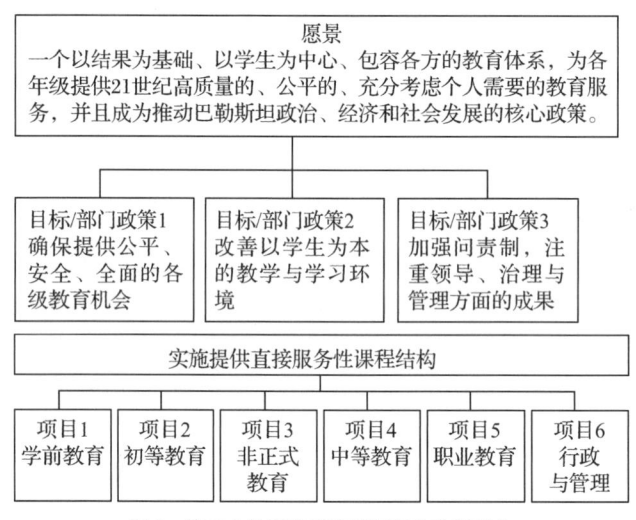

图6 第三个教育发展战略规划的政策结构

(三)项目政策结构

教育项目成果框架包括每个项目的长期目标、中期目标、基准和指标，主要特征如下：

1.通过总体项目的长期目标、中期目标和年度目标之间的干预逻辑，每个项目都是以矩阵式排列的。

2.项目层次的指标在介绍框内，采用数字编号的形式；项目中期目标与长期目标相关，有对应的编号，但并不是每个长期目标都有与之对应的中期目标，在某些情况下可能与中期目标没有直接的联系。

3.2014年将建立相关的基准线，随后可能根据预设目标进行相应的调整。

4.优先等级高的改革领域和相关的基本改革措施，以深橙色突出显示。

5.一般来说,对所有项目(除项目6以外)而言,项目1涉及入学,项目2涉及教师资格,项目3涉及以学生为中心的服务,项目4涉及课程改革。

6.每一个项目都采取简短的概述,突出重点。

目前,针对每一个项目,制定详细的审查机制和协议,由教育部负责内部的问责制管理,并制定"支出的联合指标"体系作为激励机制,以达到实现项目中优先等级高的改革效果。

如上所述,该教育的规划逻辑与财政部引入的新项目是密切相关的。这些项目的政策必须是明智的,也就意味着政策是具体的,可以通过明确的目标而实现。各层次项目的政策主要包括长期目标(到2019年可以实现的目标)、中期目标(在一至三年内可以实现的目标)、年度目标等。因为规划逻辑在干预逻辑方面获得了更多的一致性,所以将输出直接与每个最终目标联系起来,是对之前的第二个教育发展规划的重要改进。战略侧重结果(例如输出)有助于实现项目策略中的长期目标和中期目标。但具体的输出不属于本战略文件的一部分。

项目1:学前教育

教育部采取战略决策,扩大学前教育的入学机会,增加公立学校的数量,并根据学前儿童的发展战略来增加学前教育工作者的人数。提供学前教育服务是全面发展儿童教育的一项重要内容。有明确的证据显示,参加过学前教育的儿童在以后的学校生活中会表现得更好。在六年战略中,一个关键目标是开发一套经教育部批准的学前教育课程,增加合格的学前教育学校数量,以满足专业、安全和健康的标准。

总体的项目目标(成果):为所有的学前儿童提供服务,为进入初等教育阶段做好准备,促进他们全面发展。

项目2:初等教育

将初等教育体系从以记忆为基础、以考试为主导的教育模式转变为一种以学生为主导的动态教学模式,这是六年教育战略的核心内容。这种深刻的转变需要一种系统的方法,它是课程、评估、监督和教师教育进行实质性改革的方法。将监督的作用从控制转变为赋予教师权力,运用实用的而不是传统的评估方法,是教育改革成功的先决条件。教育部将着力于改革过程,将校长的作用从仅是处理行政事务转向处理教育质量相关事宜,使其成为常任的监督员。教师教育战略将扩大实施范围,以便在六年战略实施结束时确保所有的在职教师都获得合格证书。教育部还积极响应信息技术领域的快速变化,利用其潜在优势提高学生的自主学习能力。但是,提高整个教育制度的包容性、提供特殊教育服务仍将是教育部密切关注的重要内容。此外,与国际社会建立强有力的合作机制,保护所有的巴勒斯坦人,尤其是C区和耶路撒冷地区人民的受教育权仍然是一个重要目标。最后,六年战略的一项主要的系统性改革,是根据一至四年级、五至十年级、十一至十二年级的分段,对学校的层级结构进行重组。

总体的项目目标(成果):为所有小学生提供以学生为中心的、公平的和包容性的教育服务,提供更好的思维能力和技能训练,全面激发他们的潜能。

项目3:中等教育

初等教育涉及的主要改革和干预措施(尤其是课程、监督和学校改组)也涉及中等教育。教育部致力于全面恢复高中毕业考试改革,并把它作为课程改革和评估改革的一部分。另外,需制定更有效的政策以解决男孩儿辍学率较高的问题。六年教育战略涉及的初等教育和中等教育的重要目标是,在2019年底实现课程、评估、教师教育和监督制度的相互融合。

总体的项目目标(成果):提供以学生为中心的、公平的和包容性的教育服务,为高等教育或职业生涯的第二阶段培养合格的毕业生。

项目4:职业教育

通过高等委员会的形式,职业教育与技术培训部门同意学校治理结构的灵活化,以解决长期存在的管理上缺乏协调的问题。新的学徒制计划纳入职业学校,这将极大地提高两者的关联性,可吸引更多学生就读职业学校。此外,确立国家学历体系/框架(NQF)和巴勒斯坦职业分类(POC),是专业发展的重要里程碑,为许多专业人士提供了亟待认可的和就职的机会。职业学校的其他目标,是吸引和增加职业教育中女生的数量。

总体的项目目标(成果):为职场、劳动力市场和大学培养合格毕业生。

项目5:非正式教育

在巴勒斯坦,成人教育的对象是所有15岁以上的人,而平行教育则允许14~40岁的学生参加两年的课程学习,并获得相当于九年级教育(初中毕业)的证书。教育部在非正式教育部门的权力是有限的,需要与其他五个部门和机构开展密切的合作。教育部将协助制定非正式教育战略,并通过明确的概念、类别和干预措施来管理和组织整个非正式教育部门。在这方面,在该战略实施的第一年将建立全国成人教育委员会,推动全系统的协调工作。

总体的项目目标(成果):完善和发展非正式教育,以确保教育的连续性、公平性和质量性。

项目6:行政与管理

在六年战略中,最优先的工作是进行综合部门的管理改革,以反映新采用的直接服务性课程和项目管理者的新功能。这一项重大改革的目标是,将部门的运行从主要基于输入驱动型转变为基于结果的问责制管理,并为更大程度的权力下放和社区参与度开辟了空间。这样一项综合性的管理改革,将伴随着一系列密集的在职培训、创新能力及其运行项目。教育部将制定"正式教育法",并在战略的前两年内获得批准。在公平性方面,教育部将审查全国范围内教育税收的征收办法,确保所有学校的干预措施得到均衡分配。通过联合融资安排的催化,进一步深化和制度化 SWAP 的原则和程序,这是未来几年的一个明确目标。

总体的项目目标(成果):一个以成果为基础的、高效的教育管理制度,具有完善的体制和优秀的人力资源,以及高度的问责制和社区参与度。

第三部分

九、财政规划

(一)主要的假设

未来六年的财政规划和预测是基于以下六个相互关联的假设:

1. 新的改革方向是提供直接服务性课程项目,从而大大提高了管理执行的效果,与 EDSP-2 相比增加了支出。到 2014 年,部门管理改革已成为首要议题。

2. 金融危机一直是影响教育内部风险的主要因素,并影响了 EDSP-2 的实施和支出,尤其是在内部财政收入和财政部发展融资缺乏的情况下。财政部认为,在这一六年战略中,财政赤字和金融危机不会一直持续下去,而巴勒斯坦则能够增加其内部收入。

3. 先前的假设造成了这样的观点,即教师和公共部门的雇员不会进行长时间的罢工,但这种观点在 2012 年和 2013 年却造成了重大的影响。

4. 教育部、财政部以及联合融资合伙人都熟悉了联合融资机制,联合融资机制在加强地方系统的财务、采购、计划、报告和监测与评估方面发挥了关键的作用。因此,在 2012 年和 2013 年,捐助者的协调和内部问责制以及自我管理的发展都是提高绩效的基础。

5. 与之前第二个教育发展规划的目标相比,现在每个目标的年度绩效和财务目标是更加现实的、适度的和可控的。

6. 财政部预计,由于援助管理改革和 SWAP 的扩大(教育部门工作小组改革等),教育部期望,"内部发展预算"与地方政府体系提供的资金,在 6 年期间将逐步增加,并在战略结束时增加幅度达到 80%。

(二)第二次规划战略的公共支出

在 2013 年,第二次教育发展规划战略(EDSP-2)的公共支出审查①被委托给财政部。公共支出审查的主要结果如下:

1. 教育支出在实质上是有所增加的。在过去几年里,教育支出的增长超过了政府总支出的增长,这使公共教育支出的份额高于 8 年前。在 2012 年,教育占公共支出的 15.7%,而 2005 年为 13.1%。

---

① 完整的 PER 报告可从部门网站下载。

2. 按国内生产总值的百分比衡量,巴勒斯坦的教育支出与该区域中其他中低等收入国家的平均水平相当。教育费用占国内生产总值的 4.9%,占公共支出总额的 15.7%。

3. 尽管对于发展外部伙伴的优惠融资已有所减少,但教育支出仍有所增加。

4. 非工资支出占教育总支出的比例从 2005 年的 12.9% 上升到 2012 年的 20.2%。2012 年非工资支出是 2005 年的两倍多,其中各类学校的运营支出和投入以及新学校和教室投资是这一变化的主要部分。

5. 在 2005 年至 2012 年期间,分配给学校教育预算的份额越来越多。与高等教育体系的管理和行政相比,分配给教育服务的资源逐渐增多。

6. 教育税征收存在不公平现象。2012 年征收的教育税中六个市镇占 91%,只有约旦河西岸的城市征收教育税(在 352 个城市中只有 27 个)。这种形式的税收和支出分配方式在缩小学校和地区之间的差距方面带来了额外的挑战。

根据公共支出审查,巴勒斯坦政府的生均支出和人均 GDP 的比例如图 7 所示:

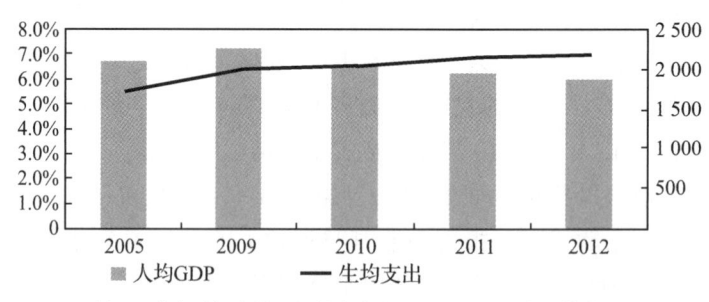

图 7 政府对每个学生的教育支出和人均国内生产总值份额

(三)筹资模式和预算方法的重大改革

在教育财政、筹资模式和预算方面,教育部改革了成本核算和预算编制方式,并采取了以下重大的改革措施:

1. 联合融资安排

除了能够产生明显的效益之外,联合融资安排在确立基于资源型的预算模式方面有着重要的影响,并且不再假设一个永久性的资金缺口,以满足实际需要,这是在发展合作中常见的违约行为。以资源为基础的年度预算,可以使财政部对其进行优先考虑和权衡,以较少的资源取得同样的效果,由此引进绩效压力,就财务问题开展实质性的政策讨论。

2. 项目预算

最近,在项目预算方面已经取得进展,可以核算每项产出、SMART 目标和最终目标的成本。2014 年,教育部将与财政部密切配合,以完善项目预算的方法和手段。

3. 成本计算方法和仿真模型

战略规划的成本是基于历史数据和对未来的预测。统计局(DG)和供应部门收集数据,以获得大部分投入项目(如设备、学习工具、建筑材料、电脑以及咨询服务)的标准化单位成本。一旦政策参数达成一致,为每一项输出、中期目标和长期目标来设定最终的目标,就可以通过产出进行成本预算。

教育部正在使用一个复杂的仿真模型。该模型是一种适用于规划过程的工具,由三个变量组成,基准参数使用的是来自学校的最新数据,由政策制定者和规划者提供政策参数,以产生结果参数。该系统模型使用内部公式将基准参数和政策参数相关联,然后输出结果参数,最终得出的是学校未来的需求。

仿真模型适用于学校,并且数据和预测项目涵盖学生[提升、重复、辍学和转校(官方、私立等)],其他领域包括学校数量、教室、家具、教科书、实验室、计算机实验室、图书馆、监督、学生辅导员、教师和工资。

当前,在教育部和地区两级已经开始应用这个模型,规划部门编制了该模型手册。该模型是实施情景规划的工具,用于测试教育和发展战略的可行性,提出替代性方案,以应对持续性的变化。这是一个战略规划和管理工具,使基于证据的政策对话在政策委员会的层面上开展,有助于确保教育部对教育战略发展方针的总体把握。

根据联合国教科文组织国际教育规划研究所提供的投影技术和仿真模型培训,可以由规划部门在"Excel"环境(工作手册)中运行,而政策委员会已为该策略制定了预测标准。该系统完全依赖于教育管理系统的信息数据库。

模拟的结果,是年度工作计划和六年战略所需要的投入。

预算方面的两个挑战,分别是学校和地区分配的公平性和执行力。教育部很清楚这两个挑战,并迫切希望与所有的伙伴合作,确保教育干预措施在整个系统中公平地分配,并做出符合其执行力的现实假设和预测。

(四)2014—2019 年财政框架

2014—2019 年教育战略的预计年度成本见表16。

表16　　　　2014—2019 年度教育战略的预计年度成本　　　　千美元

类别	2014	2015	2016	2017	2018	2019	总计
现有	595 758.9	613 631.6	632 040.6	651 001.8	670 531.8	690 647.8	3 853 612.5
资金	129 420.8	140 907.3	136 249.6	131 193.7	125 841.4	122 686.3	786 299.1
总计	725 179.7	754 538.9	768 290.2	782 195.5	796 373.2	813 334.1	4 639 911.6

"现有"一词是指当前的经营/运营成本,而"资金"一词是指"发展预算",这在很大程度上取决于外部融资。在发展预算方面,六年教育战略的总财政预算达到了 78 630 万美元,加上运营成本(主要是教师工资),并且考虑到学生人数的增长,六年的预算总额可达到 4 639 911.6 万美元。

2014年,每个基础教育学生的预期成本约为8 573美元,见表17。

表17　　　　　　　　　　　2014年预算的学生成本

计划	现有	资金	总计	学生数量(人)(2014)	每个学生成本(美元)		
					现有	资金	总计
学前教育	551.8	1 854.37	2 406.08	1 536	359.2	1 207.3	1 566.5
初等教育	420 821.3	88 987.19	509 808.53	629 220	668.8	141.4	810.2
中等教育	110 999.9	22 181.44	133 181.37	134 500	825.3	164.9	990.2
职业教育	6 519.6	3 943.58	10 463.21	2 370	2 750.9	1 664.0	4 414.9
非正式教育	912.8	238.98	1 151.76	1 641	556.2	145.6	701.9
管理计划	55 953.5	12 215.25	68 168.71	763 720	73.3	16.0	89.3
总计	595 758.9	129 420.81	725179.66	1 532 987	5 233.7	3 339.2	8 573.0

表18展示了2014年以来每个项目的年度预算和总预算。

表18　　　　　　　2014—2019年项目年度预算预测　　　　　　　千美元

年份	类型	学前教育	初等教育	中等教育	非正式教育	职业教育	管理计划	总计
2014	现有	551.71	420 821	111 000	912.77	6 519.63	55 953.46	595 758.88
	资金	1 854.37	88 987.19	22 181.44	238.98	3 943.58	12 215.25	129 420.81
	总计	2 406.08	509 808.53	133 181.37	1 151.76	10 463.21	68 168.71	725 179.66
2015	现有	568.26	433 445.98	114 329.93	940.16	6 715.22	57 632.07	613 631.63
	资金	3 640.61	90 690.40	22 988.24	181.37	10 048.60	13 358.04	140 907.27
	总计	4 208.88	524 136.38	137 318.17	1 121.53	16 763.82	70 990.11	754 538.89
2016	现有	585.31	446 449.36	117 759.83	968.36	6 916.68	59 361.03	632 040.58
	资金	184.61	92 570.90	23 826.37	175.97	8 927.40	8 906.32	136 249.58
	总计	2 427.93	539 020.26	141 586.20	1 144.34	15 844.08	68 267.35	768 290.15
2017	现有	602.8737	459 842.84	121 292.63	997.41	7 124.18	61 141.86	651 001.79
	资金	1 848.91	86 254.55	27 860.02	157.97	8 284.60	6 787.66	131 193.71
	总计	2 451.78	546 097.39	149 152.65	1 155.39	15 408.78	67 929.52	782 195.50
2018	现有	620.96	473 638.13	124 931.40	1 027.34	7 337.90	62 976.11	670 531.85
	资金	1 838.91	91 163.91	23 942.49	160.97	2 021.40	6 713.72	125 841.40
	总计	2 459.87	564 802.04	148 873.90	1 188.31	9 359.30	69 789.83	796 373.25
2019	现有	639.588777	487 847.27	128 679.35	1 058.16	7 558.04	64 865.40	690 647.80
	资金	1 846.91	88 654.59	24 269.97	240.97	1 201.60	6 490.24	122 686.28
	总计	2 486.50	576 492.86	152 940.32	1 299.13	8 759.64	71 355.63	813 334.08
总计	现有	3 568.72	2 722 004.94	717 993.07	5 904.20	42 171.65	361 929.93	3 853 612.50
	资金	12 872.32	538 312.52	145 059.53	1 156.25	34 427.18	54 471.23	786 299.03
	总计	16 441.04	3 260 357.46	863 052.60	7 060.45	76 598.82	416 401.15	4 639 911.53

(五)预计未来六年的资金来源

战略规划的资金来源于财政部、当地捐款、联合融资安排以及外部捐助者。至于外部的援助者,有些人的工作是属于"预算外"的(意味着是当地金融系统之外的采购和会计方面,也有的是规划的),而另一些人的工作则是属于"预算内"的。

根据教育部的援助管理目标(见管理项目的目标5.6),要减少来自政府体系之外的外部资金及对其的管理。预计在六年战略结束之时,总体目标是政府提供的援助占总资金的80%,并通过联合融资安排和统一的国库账户,或至少利用当地的采购程序、年度规划和监测评估等系统报告作为双边干预措施的基础。

一个相关的"内部发展目标",是财政部和联合融资安排下的约51%的资金专门用于国家政府系统,而不是用于任何援助。在过去,财政部的贡献一直不可靠,在2014年被认为保持在较低的水平,但在接下来的几年达到了过去的平均水平(每年20~25亿美元)。如果财政部发展的预算水平持续低迷,那么财政部将与其他合作伙伴及捐赠者努力扩大联合融资安排。

由于教育部并未批准使用教育税(这是在市政府的控制下实施的),因而所制定的财务预测也不包括教育税。但是,正如"公共支出审查"报告所指出的,教育税的概念和极度不公平的实施状况正在遭受审查。项目六中2014年度的目标是制定一项提案,也是作为"教育法"的内容。根据"教育法"规定,如果地方政府在与财政部协商修改教育税的过程中掌握控制权,则可能使教育税成为年度预算内部收入的一部分。

学校唯一直接控制的资金是每年的学费收入,约为2 000万谢克尔(NIS),这可以说是来自地方的收入。但是,学校可控制的学费约为80%(一小部分转入地区政府),另一部分则用于紧急的小额采购,例如粉笔、黑板或小型维修(如窗户破损)等。虽然教育部每年都正式批准地区学校的学费预算,但由于学费预算每年几乎都是一样的,因此并没有发生实质性的改变。

整个六年战略的财政资源预算见表19,每一年的资金来源以饼状图的形式表示(图8)。请注意,由于在2013年底将签订大量的协议(在采购过程中签署的协议书或投标书),这些捐赠的资金都将投资在2014年,因此2014年联合融资资金将大幅增加。

表19   六年战略规划财务资源

年份/比例	资金来源(千美元)					资源预算的开发(千美元)	通过地方政府体系引导的金融资源
	外部捐助1	外部援助0	当地援助	内部开发			
				财政部开发	联合融资		
2014	23 454.8	35 208.8	1 558.8	10 216.8	58 981.6	129 420.8	92 653.3
比例	18.12%	27.20%	1.22%	7.89%	45.57%	100%	72%
2015	35 973.625	36 339.984	3 114.051	21 981.634	43 498.073	140 907.266	101 453.2
比例	25.53%	25.79%	2.21%	15.60%	30.87%	100%	72%
2016	36 828.261	32 413.774	3 011.116	22 617.430	41 378.996	136 249.576	100 824.7

(续表)

年份/比例	资金来源（千美元）					资源预算的开发（千美元）	通过地方政府体系引导的金融资源
	外部捐助1	外部援助0	当地援助	内部开发			
				财政部开发	联合融资		
比例	27.03%	23.79%	2.21%	16.60%	30.37%	100%	74%
2017	36 091.389	28 587.109	2 899.381	20 466.219	43 149.661	131 193.709	99 707.2
比例	27.51%	21.79%	2.21%	15.60%	32.89%	100%	76%
2018	35 160.087	24 904.013	2 781.095	19 631.259	43 364.947	125 841.401	98 156.3
比例	27.94%	19.79%	2.21%	15.60%	34.46%	100%	78%
2019	35 677.170	21 825.889	2 711.367	19 139.059	43 332.794	122 686.279	98 149.0
比例	29.08%	17.79%	2.21%	15.60%	35.32%	100%	80%

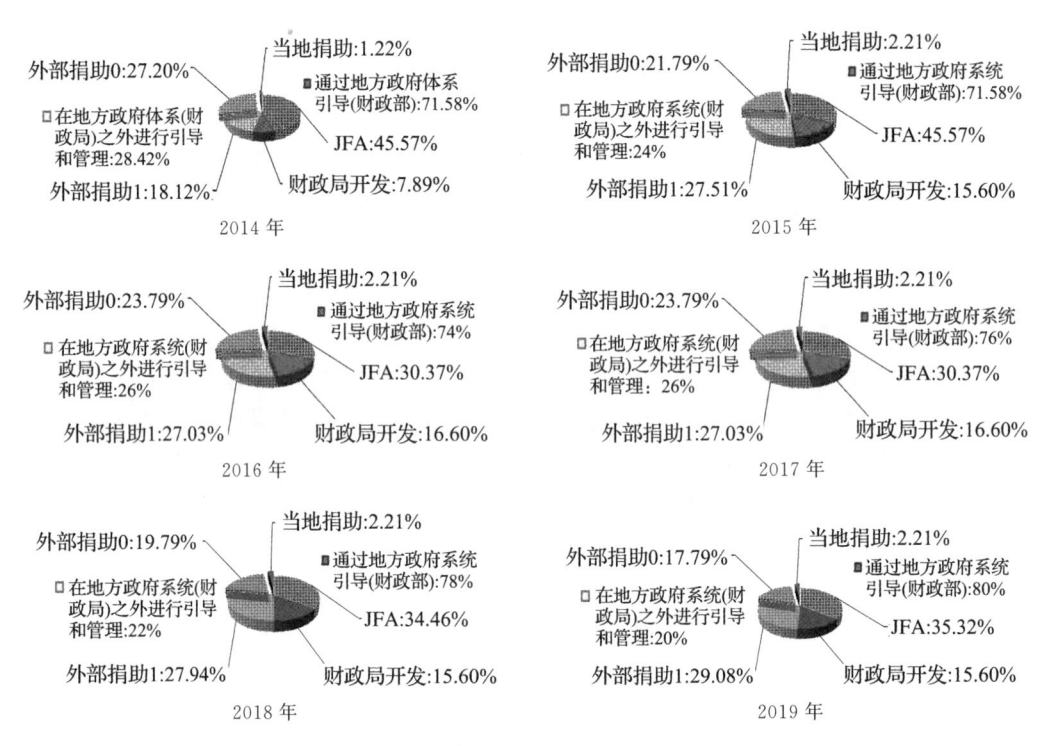

图 8　2014—2019 年资金来源

根据预计成本和融资需求，教育部正在实施援助资金管理和部门协调的标准和原则，这些标准和原则将在下文进行概述。

十、部门管理和部门之间协调援助

(一) 部门管理的战略导向

教育管理部门的指导标准和部门协调援助，与以下阐述的"部门范围和项目方法"的原则密切相关，如图9所示。

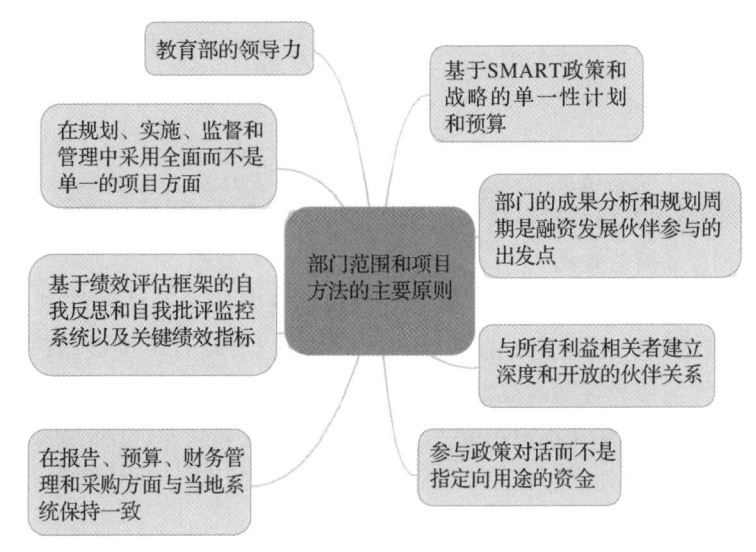

图 9　部门范围和项目方法的主要原则

正如公共支出审查报告所提到的,目前有关教育部门的援助现状是支离破碎的,并不是所有的国际捐助者都在和当地的国家系统进行合作,特别是在预算、支付程序、采购方面,以及在所有权和部门协调方面,教育部一直在鼓励所有的发展伙伴坚持履行巴黎原则。

2011 年,第一个筹资机制是采用联合融资的安排形式,这是援助实效性原则得以制度化的、最具有战略性的决定,特别是在部门管理和协调援助的所有权和统一性方面。联合融资安排允许教育部在管理、决策和运营方面逐步确立更多的体制独立性,以使教育系统受益。

在未来六年内,为了进一步深化体制独立性,以下工作机制和工具至关重要。教育部鼓励所有伙伴利用这些系统的工具和报告,为所有教育干预措施的规划和实施提供相关信息。

1. 年度部门审查

在每年的上半年(通常是 5 月),教育部邀请所有相关人员参加上一年的绩效评估。这次审查主要讨论教育部门所面临的严峻挑战,并共同商定解决这些挑战的干预措施。

2. 监测与评估系统

教育部的监测与评估系统涵盖整个发展战略,并根据每个项目的结果、长期目标和中期目标的指标开展。监测系统是在 EDSP-2 的基础上开发的,而评估系统最近刚建成的,将在 2014 年投入使用。

3. 叙述实施进展报告

教育部每半年提供一份关于年度工作计划和预算的叙述性报告,以确定项目实施的进展和面临的挑战。

4. 季度财务支出报告

每隔 3 个月,财政部会直接从系统获取整个年度工作计划和预算的季度财务支出报告。

5. 采购报告

每 6 个月,教育部根据采购计划提供采购进度报告。

所有报告都是教育部和发展伙伴的管理工具,可以向巴勒斯坦国际关系总干事获取,也可通过教育部网站查阅。

教育部迫切希望通过部门协调努力以提高援助效率:

1. 所有发展合作伙伴的干预措施都将完全符合所有项目政策概述的 SMART 目标和长期目标,并按照教育部的规划和预算周期进行干预。

2. 所有发展合作伙伴在本地系统之外及时提供财务和采购进度信息。

3. 所有发展合作伙伴都可使用系统范围内的报告进行进一步校准和协调。

(二)教育部门的改革小组

该部分是关于如何改革教育部门工作小组。教育部和合作伙伴,特别是联合国教科文组织、法国、联合融资合伙人和"核心小组",已经开始为教育部门工作小组制订改革方案。该方案建议在关键挑战和优先事项的基础上建立技术专题小组,或者在 2014 年实施新项目。技术专题小组将更加关注"设备"技术知识,并反馈到教育部门工作小组的论坛上。这样的设置将确保更深层次的理解和更高层次的信息质量。

根据提供直接服务性课程结构以及所需要的、具体的专题小组(如课程改革小组),教育部热切希望与教育部门工作小组的新形式达成一致。2014 年初,教育部和核心小组就如何改进和改革现有的协商机制进行磋商,并做出相关决定。

十一、年度计划与预算执行

(一)年度计划、预算与采购计划

实施教育干预措施的重要参考是年度工作计划和预算,因为它与战略框架和项目政策目标是完全一致的。教育部制订的采购计划是一项重要的管理工具,该计划是根据年度工作计划和预算而制订的。自从建立资源型年度工作计划与预算(其中包含年度现金流动需求,相当于项目的全部成本,而不是作为一个或多个项目的产出)以来,采购计划涵盖了 2~3 年的招标过程和重要的时间表信息,反映了项目期间现金需求的流量。至 2014 年,无论资金的来源如何,采购计划满足了所有的采购需求。联合融资安排没有指定具体的用途,有利于将各种产出中类似的投入(如家具、信息技术、设备等)归入集体招标中,使其能够批量采购,从而比其他部门更有效地降低运营成本。

(二)部门实施和管理结构

如上所述,教育部将着手进行重大的管理改革,以达到提供直接服务性新课程结构的要求。这项重要的改革将加强目标问责制与管理实践,从而促进每个教育机构提供更好的教育成果。

管理方面的主要创新之处,是课程管理人员在教育子系统中发挥新的作用。因此,这里将会有小学、中学、非正式学校、普通学校和职业教育的项目负责人以及行政和财务项目主管。与过去三年一样,教育部将继续拥有一个管理团队和一个核心团队。管理团队是由新任命的项目管理人员组成的,他们将按照各自的计划进行日常管理,并实施干预措施。

在规划和预算过程中,管理团队定义并应用优化框架,这个优化框架确定资源的分配量,并决定各项目之间的调整情况,从而制订以资源为基础的年度工作计划和预算。核心小组由规划、预算、财务、监测与评估、采购和国际关系领域的基本业务人员组成,它将继续作为部门和项目改革的催化剂,为教育部高级部门的改进提供建议。核心小组成员是运营的核心,他们对业务和技术难题的了解和洞察力是实施改革举措的关键因素。

为了确保年度工作计划与预算及时高效地实施,每一个管理部门都为其所参与的干预措施制订了执行计划。该执行计划与年度工作计划和预算相关,并包含采购和项目管理的相关信息。如上所述,教育部制定了一套系统的年度和半年度财务、实施进度和采购的报告,这些报告将提交给决策管理部门,为其决策提供参考。

(三)操作手册

教育部制定了三本操作手册[①],并将其主要程序和操作进一步制度化。

1. 基于项目的规划和预算——制订年度工作计划和预算
2. 财务管理与财务部的关系
3. 评估

这三本手册都提供了关于如何实施和内部安排的基本操作(包括工作和决策步骤)的步骤说明。如果有新的指导方针或其他经验教训(例如《2013 年度基金计划预算指南》),这些手册将每年更新一次。除了使部门的基本操作制度化之外,为了加强部门管理,这些手册还进一步确立了更为健全的执行程序和问责制度,以便在所有教育部门中都取得更好的教育成果。

(四)报告

如上文"部门援助管理"一章所示,教育部在过去的 3 年中制定和完善了一系列的总体报告。这些报告从财务支出、产出、招标和监测与评估角度详细介绍了实施进展情况,并涵盖了所有的年度工作计划与规划中的干预措施。所有报告均以阿拉伯文和英文形式公开发表,这是完善财政部的内部问责制以及所有国家和国际利益相关方的重要组成部分。这些实施进度报告构成了重要的信息来源,概述了教育系统的新干预措施所面临的主要挑战和可能采取的对策,并且在年度规划和预算周期中发挥着特别重要的作用。

---

① 所有手册均可根据要求提供。

第四部分

十二、风险和薄弱环节分析

风险分析提出的根本问题是,什么可能阻止我们,什么可能超出我们可控制的范围,从而影响目标宏伟的教育战略。其中,有两个主要的挑战和制约因素对计划的实施造成了极大影响,分别为政治上以色列的占领和金融上巴勒斯坦权力机构的流动性危机。教育部将优先采取缓解措施和风险管理措施,这与第二次战略中采用的框架类似,有助于在资源分配和执行阶段按照重要性顺序排列优先级1、2或3的输出。总体上,风险包括内部因素和外部因素。

(一)外部因素

1.政治环境可能会迅速发生改变,从而对巴勒斯坦高度依赖的外部资金产生影响。

2.以色列的占领行为以及谈判的失败,可能会进一步加剧紧张的局势,阻碍教育部门提供适当的服务。

3.全球金融危机可能迫使一些发展合作伙伴在地域和部门层面上转移其优先事项。

(二)内部因素

1.部门管理改革在实施和支出方面的进展可能比预期的要长。

2.约旦河西岸与加沙之间的持续分裂可能影响并进一步促使教育系统开始分化,形成两个价值观和目标甚至相互冲突的体系。

3.缺乏一个有效运行的议会(立法机构)来减小来自公众的压力,以提供更好的教育成效和更高的教育水平。

4.2014年教师罢工可能会一直持续,这不仅会减缓改革的干预效果,还会影响到整个世界的教育。

5.日益加剧的经济危机可能迫使一些巴勒斯坦人移民,包括合格的教师,并可能进一步影响职业学校毕业生的选择。

十三、监测与评估系统

(一)基于结果的监测系统

本部分是关于第三个教育发展战略规划(2014—2019年)基于成果的监测与评估系统,该系统是根据第二个教育发展战略规划(2008—2012年)而构建的。监测与评估系统帮助所有利益相关者了解项目何时不能正常工作、何时情况发生变化等问题,并提出影响干预措施的建议。最重要的是,在未能及时发现原因的情况下可以提供预警,并提出修正意见。

2009年,教育部在规划指导总局建立了监测与评估系统的专门机构。该系统帮助所有利益相关者、合作伙伴和决策者积极推动教育体制改革,并使公民获得良好教育,进而使公民在劳动力市场上具有一定的竞争力。在过去几年中,监测与评估系统在运营和报告方面逐年得到加强和完善。中央教育部每年都会发布报告,涵盖整个教育系统以及每个地区,重点是学校、教师和学生的表现。

教育部的监测与评估工作通过审查2014—2019年战略,调整了系统的新规划逻辑,使得其产出、长期目标、中期目标、成果和影响都具有有效的指标。将监测与评估系统直接与服务性课程结构相联系,这将使得部门成果管理方法制度化,教育部已经开始在所有的操作和管理中逐步采用。所有以SMART方式设计的项目产出、长期目标和中期目标,都可以受到完全的控制,而结果的程度只能受到影响。这个影响超出了每个项目的范围,并受到外部因素对整个系统绩效的影响。

1.监测与评估系统的主要目标是:

(1)加强整个教育体系的成果管理和问责制;

(2)通过验证实施和结果(长期目标、中期目标和项目成果)之间的相关性,来评估政策的适用性,并在出现问题时提供解决方案;

(3)监督项目的成效、中期目标和长期目标的成就水平;

(4)在年度规划和政策制定及管理过程中,使用年度监测与评估作为参考依据。

教育部采用了提供直接服务性的课程并制度化,重组监测与评估系统,监督每个项目的成效,即长期目标和中期目标水平以及每个项目的产出水平和支出水平,2014—2019年度战略计划(基于结果)监测与评估系统如图10所示:

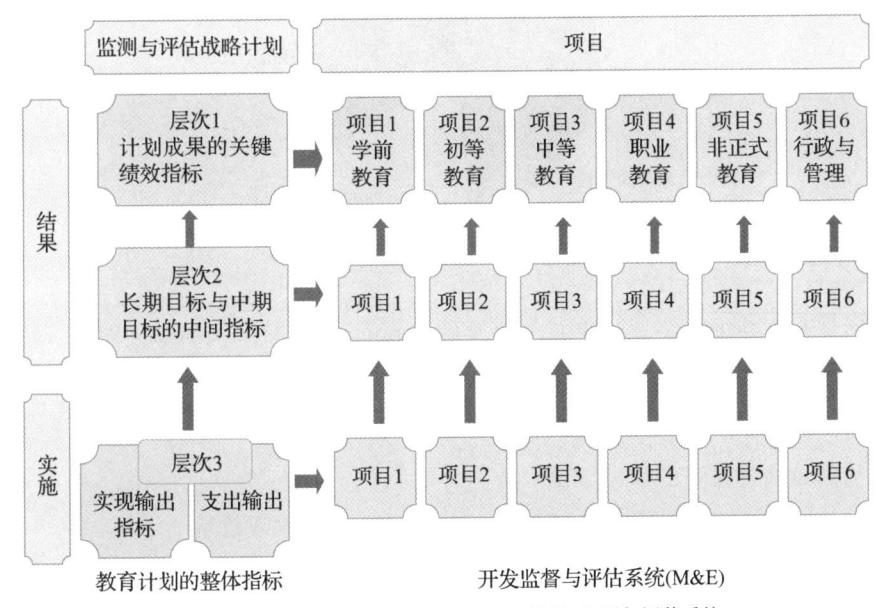

图10 2014—2019年度战略计划(基于结果)监测与评估系统

2.监测与评估指标根据结果分为三个层次:

第一个层次包括与项目成效相关的每个项目的关键绩效指标;第二个层次是在项目的长期目标和中期目标方面提出的指标;第三个层次是处理输出和支出的指标。

3.教育部的监测与评估方法具体包括三个步骤:

(1)在收集真实数据的基础上测量指标(是什么);

(2)分析实际数据和目标的差异,在未完成目标的情况下确定原因,分析瓶颈问题(为什么);

(3)为年度规划制定政策和干预措施(怎么做)。

除了指标分析和评估之外,教育部还将开展年度全系统评估工作。

作为2014年目标的一部分,教育部正在完善部分指标,为学前教育、小学教育、中学教育、职业教育、非正式教育和行政/管理的监测与评估水平搭建概念框架。在C区、耶路撒冷和薄弱地区的所有项目都要进行薄弱环节分析。

(二)脆弱性指标监测

位于C区、耶路撒冷和希伯伦老城的巴勒斯坦学校的教育受战争的影响经常发生不可预知的违规行为。在C区,官方学校的数量达到187所,大约是约旦河西岸官方学校的10%,它们为约旦河西岸公立教育系统中9%的学生(48%的男性和52%的女性)提供教育服务。教育部将C区的学校分为六组,如图11所示:

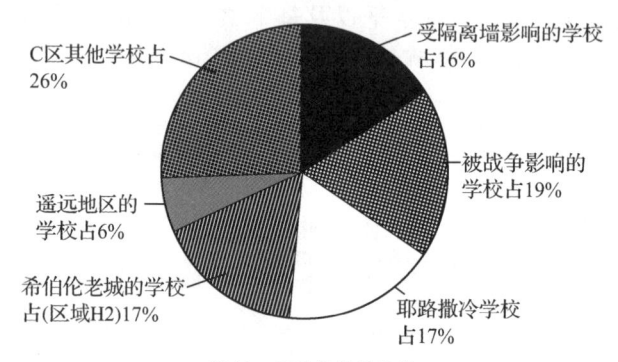

图11 C区学校的分类

脆弱性指标详细介绍了战争对学校基础设施的破坏、对学生和教师的侵害情况,以及由于违规行为导致的教育时间的流逝。

脆弱性指标

1.基础设施被破坏的学校数量

2.受战争影响(如交通事故、逮捕、受伤等)的学生和教师数量

3.由于侵犯而导致的学生和教师平均迟到时间(教育损失)

4.C区辍学率

5. C区学生常见的心理和行为问题

6. 根据耶路撒冷地区的教育标准,数学、科学和阿拉伯语的课堂研讨,不是由专门教师(五至十二年级科目的教师)教授

7. 由教育部监督的耶路撒冷地区的学生比例

8. 按照C区和边缘化地区的年度需求,计划建造新教室的比例

9. 位于耶路撒冷并符合教育标准的学校建筑物的舒适水平

10. 在薄弱地区实施的教育项目的数量

11. 当地和国际机构有效应对战争的程度

12. 学生安全入学的比例

13. 在耶路撒冷地区的学校实施满足需求的职业教育项目的数量

(三)加强教育部评估职能

我们意识到,基于实证的规划与教育改革的程度是直接相关的。管理人员和利益相关者需要了解实施活动的运行情况,了解其有效性、可持续性、公平性以及与实际教育需求的相关性。通过监测可以很好地指出计划在哪些方面表现得不太好,或者在哪些方面确实取得了有针对性的效果。但是,监测本身并不能指出如何改革,也不能让人们更深入地了解进程或存在的问题。为此,我们需要深入了解计划对教育制度产生的结果和影响,并对此进行评估,探寻原因和如何工作,并通过评估结果,为未来规划提出建议。

基于项目的方法和部门范围方法实施的关键是评估功能,该评估功能得到联合融资安排的支持。此外,"巴黎援助效率性原则"将监测与评估系统定义为基于项目方法的关键元素。基于项目方法的目的是采取系统的观点,使部门能够设计和实施整个系统范围内的干预和改革。有证据表明,基于项目的方法需要制度化的决策和内部问责机制,这是基于"结果管理"的方法来规划和实施未指定的和预先设计的活动。尤其在项目的产出、交付和取得成果之间仍然存在较大的差距。转向以结果为重点,要求认真对待关于实施情况和活动影响的调查结果。因此,需要进一步加强评估与监测系统,为管理决策提供依据,这有助于构建整个组织的评估文化。

一个强大的评价功能将会:

1. 为改革提供更深入和更广泛的证据和建议

2. 实现年度绩效评估

3. 加强现有监测结果

4. 加强内部问责制和成果管理制

表20是基于评估标准提供了与项目相关的一系列的评估问题。

表 20　　基于评估标准的评估问题

标准	评估问题
相关性	1.干预措施的实施在何种程度上与长期目标、中期目标和结果相关？ 2.基于证据的年度工作计划的干预在何种程度上取决于"监测和评估报告""叙事进度报告""ASR"和"教育部门工作小组援助记录"？
连续性	1.学校和地区级的年度计划在多大程度上与年度工作计划和预算相协调？ 2.EDSP 的年度干预措施是如何达成一致并进行内部协调的？
持续性	项目的中期目标和长期目标在何种程度上给教育系统增添了价值？
有效性	1.年度产出是否按计划实施？如果不是，为什么？ 2.每个项目实现的一级和二级结果绩效指标是否达标？如果没有的话，是什么原因？
效率	1.最大限度地利用现有资源达到年度产出的程度如何？ 2.教育系统的定量内部效率如何？
公平性	1.干预措施的优先顺序在何种程度上是明确和公平的？ 2.在多大程度上支持 C 区、耶路撒冷和加沙地带？ 3.教育输出（项目）和财政资源在多大程度上是在维护公平和满足需求的基础上分配的？

附件　仿真模型及政策参数

教育部在联合国教科文组织的帮助下更新了 ANPRO 仿真模型，该模型是在第一个五年计划期间（2000—2005 年）建立的，它已被用于计算获取与教育相关的量化输入，如学生人数、入学率、新课程数量和教师数量等。根据对特定年龄层的人口预测、前六年的实际数据和比例等变量，预测未来六年的数据，这取决于一系列的政策和假设。

其中，主要政策是确保所有巴勒斯坦儿童都能依法享受教育，这是人民的基本权利，尤其关注生活在以色列控制下的耶路撒冷、C 区和其他边缘地区的儿童。

1. 入学率

（1）计划结束时，实现初等教育阶段毛入学率从 94.3%（女性为 95.7%，男性为 92.8%）提高到 96.1%（女性为 97.5%，男性为 94.7%）。

（2）中等教育阶段的毛入学率（主要关注男性）从 73%（男性为 64.5%，女性为 82.1%）上升到 74.8%（男性为 66.1%，女性为 84%）。

（3）小学到中学的男女比例从 90.9%（男性为 89.2%，女性为 92.3%）上升到 92.9%（男性为 91.1%，女性为 94.5%）。

（4）在计划结束前，将入学率维持在 99.6%。

（5）在 2012/2013 学年，不同教育监管部门的学生分布情况如下：政府（53.9%），联合国难民救济及工程局（30.8%）、私立部门（17.5%）。

(6)学生的年均增长率为1.9%。

(7)提供初等教育阶段的教室,维持每年增加338个房间的增长水平,在约旦河西岸和加沙地带维持中等教育阶段每年增加104个房间的增长水平。

(8)在初等教育阶段,约旦河西岸公立学校中有特殊需要的学生占总数的比例从2012年的1%上升到1.2%。

(9)在中等教育阶段,约旦河西岸公立学校中有特殊需要的学生数量占总数的比例从2012年的1.4%上升到1.6%。

2. 学生-班级比

(1)约旦河西岸

①初等教育阶段,公立学校的学生-班级比为28.5%;

②中等教育阶段,公立学校缩减后的学生-班级比为23.7%。

(2)加沙地带

①将初等教育阶段,公立学校的学生-班级比为从2012/2013学年的36.2%降至2018/2019学年的36.1%;

②中等教育阶段,公立学校的学生-班级比保持在35.1%。

3. 空间拥挤

(1)巴勒斯坦

①从2012/2013学年到2018/2019学年计划结束时,改变初等教育阶段空间过度拥挤的状况,将拥挤的教室从4 364间减少到3 836间(每年减少88间);

②从2012/2013学年到2018/2019学年计划结束时,将中等教育阶段空间过度拥挤的575间教室减少到364间(每年约减少35间)。

(2)约旦河西岸

①从2012/2013学年到2018/2019学年计划结束时,将初等教育阶段空间过度拥挤的3 783间教室减少到3 455间(每年约减少55间);

②从2012/2013学年到2018/2019学年计划结束时,将中等教育阶段空间过度拥挤的271间教室减少到180间(每年约减少15间)。

(3)加沙地带

①从2012/2013学年到2018/2019学年计划结束时,将初等教育阶段空间过度拥挤的581间教室减少到381间(每年约减少33间);

②从2012/2013学年到2018/2019学年计划结束时,将中等教育阶段空间过度拥挤的304间教室减少到184间(每年约减少20间)。

4. 双班轮流制

(1)巴勒斯坦

①从2012/2013学年到2018/2019学年计划结束时,将初等教育阶段双班教室的2 040间减少到1 492间(每年减少91间);

②从 2012/2013 学年到 2018/2019 学年计划结束时,将中等教育阶段 349 间晚间教室减少到 149 间(每年减少 33 间)。

(2)约旦河西岸

①从 2012/2013 学年到 2018/2019 学年计划结束时,将初等教育阶段双班教室 27 间减少到 0 间;

②直到 2013/2019 学年计划结束,保持中等教育阶段没有双班教室。

(3)加沙地带

①从 2012/2013 学年到 2018/2019 学年计划结束时,将初等教育阶段双班教室 2 013 间减少到 1 492 间(每年约减少 87 间);

②从 2012/2013 学年到 2018/2019 学年计划结束时,将中等教育阶段 349 间双班教室减少到 149 间(每年约减少 33 间)。

5. 辍学率

巴勒斯坦

①初等教育阶段,公立学校的辍学率从 2012—2013 学年的 0.63%(男性为 0.85%,女性为 0.35%)降至 2017—2018 学年的 0.54%(男性为 0.81%,女性为 0.29%);

②中等教育阶段,公立学校的辍学率从 2012—2013 学年的 1.95%降至 2018—2019 学年的 1.47%(男性从 1.49%降至 1.47%,女性从 1.96%降至 1.48%)。

6. 专门教室

(1)在初等教育阶段,拥有专门教室的学校每年增加 52 所。

(2)在中等教育阶段,拥有专门教室的学校每年增加 10 所。

(3)不适宜的教室

减少巴勒斯坦不适宜的教室数量,初等教育阶段每年减少 106 间,中等教育阶段每年减少 37 间。

(4)租赁的教室

减少巴勒斯坦租赁的教室数量,初等教育阶段每年减少 80 间,中等教育阶段每年减少 7 间。

7. 职业教育

(1)在 2012/2013 学年,公立学校中成功进入职业教育十年级的学生比例从1.7%(男性为 3.2%,女性为 0.4%)上升到 2.3%(男性为 3.8%,女性为 1.1%),以每年 0.1%的速度增长。

(2)将专业学科的数量从 2012/2013 学年的 23 个增加到 2018/2019 学年结束时的 35 个。

(3)将农业职业学校的数量从 2012/2013 学年的 2 所增加到 2018/2019 学年结束时的 3 所。

(4)将职业学校的数量从 2012/2013 学年的 13 所增加到 2018/2019 学年结束时的 17 所。

(5)将职业学校研讨会的数量从 2012/2013 学年的 96 个增加到 2018/2019 学年结束时的 126 个。

巴勒斯坦全民教育评估(2015年)

第一部分　前言

一、国家背景和全民承诺

(一)国家背景(略)

(二)全民承诺

教育部门是社会最重要的部门之一,政府特别关注这一领域,并把它作为对国家未来的重要投资。在许多国家、地区和国际会议上,包括巴勒斯坦解放组织参加的宗甸会议上,学前教育都已被优先考虑。在2000年,巴勒斯坦教育部和其他教育机构作为代表参加了在塞内加尔达喀尔举行的世界教育论坛。该论坛通过了六个目标,并且成员国承诺在2015年之前通过制订全民教育计划来实现这些目标。全民教育计划包括五个方面:幼儿保育、初等教育、中等教育、识字与成人教育和继续教育。

为了贯彻实施世界教育论坛上倡导全民教育的"达喀尔框架",教育部建立了由正式机构、民间社会组织、私营部门和国际机构的代表所组成的全国委员会。该委员会分析了巴勒斯坦在三个主要领域的教育情况:幼儿保育和初等教育;非正式教育和继续教育;文盲和成人教育。

全民教育的目标是完善和保护幼儿保育,除了让所有孩子尤其是失学儿童享受义务的、免费的、高质量的初等教育之外,还为儿童提供基本的生活技能教育,提高他们的教育质量,减少文盲,尤其是女性文盲。

教育部将充分考虑国家和国际的相关政策和文件,以确保全民教育、教育部发展规划和国家改革发展战略可以相互兼容。这些文件包括:

(1)巴勒斯坦发展和改革规划(2008—2012)和巴勒斯坦发展和改革规划(2014—2016);

(2)教育部战略规划:第一个规划(2000—2004),第二个规划(2008—2012),第三个规划(2014—2019);

(3)2013年儿童早期发展国家战略;

(4)2013年成人教育的国家战略;

(5)2008年教师资格培训战略;

(6)年度发展目标;

(7)阿拉伯国家十年教育计划;

(8)职业和技术培训教育的国家战略。

在巴勒斯坦,人们应更加重视儿童的受教育权利。无论儿童的信仰、社会经济状况如何,所有的适龄儿童都应享有接受免费初等教育的权利,并在获得教育的基础上实现全面可持续发展。

教育部在巴勒斯坦第一个、第二个和第三个战略规划中,诠释了其项目和行动的远景和战略。这些规划是基于巴勒斯坦北部各省(西岸)和包括耶路撒冷在内的南部各省(加沙地带)所面临的教育挑战而制定的,都是有意识的、系统的和持续审查的结果。这些规划概括了应对当前挑战的政策,实现了巴勒斯坦于2000年签署"达喀尔公约"时所承诺的全民教育目标。取得的主要成就如下:

1. 接受幼儿园教育的儿童人数从2004/2005学年的29.9%增加到2012/2014学年的55.1%,增幅为25.2%。

2. 初等和中等教育的入学率达到了可接受的水平。初等教育的总入学率从2004/2005学年的93.2%增加到2013/2014学年的95.3%,增加了2.1%。2004/2005学年中等教育的总入学率为71.6%,而在2012/2013学年为73.5%,增幅为1.9%。

3. 各个层次教育的性别差距已经缩小。

4. 文盲率已经下降,青年和成人的识字率从2004/2005学年的92.3%上升到2012/2013学年的95.9%,增幅为3.6%。

5. 教育体系的基础建设已经取得很大发展。除了教育环境的改善和可用于教育的财政资源之外,还建立和改造了学校。

6. 教师的培训和资格认证已经由教育部和大学根据具体的战略而进行了改革,从根本上改变了教育职业:教师成为一名娴熟的实践者,并承担了教育过程中推动者的角色。值得注意的是,2009年底巴勒斯坦为了发展教育事业而建立了一个委员会,它在高等教育部是作为一个永久的半独立单位而运行的。在巴勒斯坦教师能力建设战略的建议中,总结了该委员会的建议并认识到建立干部队伍的必要性。该委员会正在为教师和校长的任职资格及其职业发展规划制定标准,同时它还负责实施战略的一个关键部分,以提高教师的能力。目前,教师正在开展幼儿园、识字班、成人教育、职业教育标准等方面的工作。

巴勒斯坦教育系统通过深入调查研究,认识到发展教育以及提高教育质量的重要性。从战略发展的角度和2015年以后教育的新趋势来看,巴勒斯坦教育工作仍然面临着一些严峻的挑战,因此对于所有可获得的机会都需要投资。

全民教育是从初等教育开始,并能够扩大到学前教育(幼儿教育)的一项人权。在中等教育阶段,提高入学率是未来面临的主要挑战之一。其他挑战还包括:提升教育质量要有持续性,顺应时代发展的趋势,以及在国家和地区层面上开展创新型的实践。所有的这些努力都必须在社区参与、区域和国际合作以及对教育发展的集体责任的框架内进行。这将有助于加强各方之间的协调,实现巴勒斯坦国家教育发展的前景,进而实现教育体系和全民教育的总体目标。

2015年的"国家全民教育评估"以及2015年以后所有的目标和发展战略都表明,巴勒斯坦要在这一方面继续努力。这是因为,人们意识到了推动经济、社会和科学领域发生深刻变化的重要性,从而需要对教育体系的结构和产出质量进行批判性的反思。同时,也不能忽视对世界开放和保持民族认同感与文化遗产之间平衡的重要性。

2015年,在达喀尔举行的世界教育论坛对2000年以来实施全民教育的总体进展情况作了评估报告,该报告回顾了2005—2014年全民教育所取得的进步。

二、国家教育战略、政策、规划和项目

全民教育计划不应与高等教育发展计划隔离开来,它是根据高等教育的第一个五年规划(2000—2004)和全面发展规划而建立的,也是教育部第二个战略规划(2008—2012)和第三个战略规划(2014—2019)的关键组成部分。在全民教育计划中,教育部要优先推进以下几项工作:

1. 确保学生获得免费的、安全的入学机会,特别是在耶路撒冷和边缘化地区。
2. 着力发展教育合作伙伴关系,作为实现国家进步和提高社会价值的工具。
3. 在所有教育阶段提高学生的成绩,尤其是基本技能和知识方面。
4. 加强民族认同感和公民意识,重点是赋予价值体系和法治原则。
5. 发展教师专业,提高教师工资。
6. 确保整个巴勒斯坦地区教育系统的一致性。
7. 密切关注中等教育,改善学生在学术轨道上的分布,并且要扩大学前教育的入学机会。
8. 按照巴勒斯坦教育体制的结构对教室进行重组。
9. 确定学校标准以保障教育质量,尤其是学术内容、入学平等和教学环境质量方面。
10. 强调各方参与教育和学习过程的重要性,包括学生和教师。这就保证了各方在教育体系建设中的有效参与。
11. 提升教育体系对于绩效的认识,不仅仅局限于在国内和国际竞赛中取得良好成绩。这应该包括增强公民意识、提高21世纪所需的技能和以学生为中心的学习,此外还要提高创造力、领导力和幸福感。
12. 对与教学专业相关的各方面进行监督,增强教师信心,把评估作为指导策略,并运用评估体系去发展以学生为中心框架的学校。

教育部力求实现教育部计划和政策中规定的愿景和目标。

教育部的愿景是:

"培养一个以其宗教、国籍、阿拉伯和伊斯兰文化为骄傲的巴勒斯坦人。他将为社会复兴做出贡献,并积极地探索知识和提高创造力,积极地与科技和科学发展进行互

动。在区域、国际文化市场和科学实践领域,他将能够以开放的心态进行竞争。巴勒斯坦人将能够建立一个性别平等的社会,并坚持人道主义和宗教宽容的价值观。他也将参与建立这样的高等教育体系,该体系除了具备灵活、高效、专业、可持续和高质量的特征之外,还具备易于入学、项目多样化、层次多样性的特点,以响应当地的需求。"

为了实现这个愿景,第三个教育战略规划还制定了几个目标,包括全民教育的原则及其发展目标和战略。这些目标是根据以往的经验制定的,这些经验来源于教育部规划和项目的审查与评估。教育部还吸取了地方、地区和国际上的创造性教育活动的经验教训,作为对巴勒斯坦社会所面临的教育挑战的回应。

教育部的目标是:

1. 根据以下政策指导,确保每个受教育者享有安全、公平的入学机会。

(1)依法确保所有巴勒斯坦儿童接受教育。这是一项人权,生活在耶路撒冷以色列控制地区的儿童以及处于边缘地区的儿童将受到特别的关注。保障巴以冲突地区所有儿童的权利,并将其纳入全民教育的框架内。

(2)加强联合国难民救济与工程局和私立学校之间的关系,因为这些组织肩负着为巴勒斯坦儿童提供教育的责任。这种合作应该在伙伴关系的框架下进行,并共同承担责任。

(3)提高学校中更多有特殊需求学生的融入度,关注所有类别人群的特殊需求,包括资优学生。国家战略应该明确与所有合作伙伴的关系、每个人的角色分配以及实现整合功能所需要的条件。

(4)继续扩大幼儿保育项目(幼儿园)的招生,包括将教育部门提供的服务扩展到边远地区。这项政策通过特定的学前教育项目来实施,并将其融入小学的下一级结构。

(5)采取措施宣传教育政策,确保儿童享有免费的、安全的教育权利。重点是提供适当的解决方案,以保证受控地区儿童的受教育权。

2. 根据以下政策指导,确保一个安全的、激励的、平等的和以学生为中心的教育和学习环境,以保证教育产出。

(1)通过扩大所推荐学校、地区和学生类别的课程,确保早期教育阶段的所有学生优先掌握基本技能。定性项目提供的资源在这个领域是有用的。

(2)鼓励教育朝着以学习者为中心的方向发展,尊重差异性和多样性,制定课程和教师培训的措施,并提供教育资源,服务于这一目标。

(3)制定学校综合发展的原则。根据国家标准,推动巴勒斯坦学校在财政和教育等方面协调发展。

(4)加大对教师的技术支持力度,努力实现对教育体制的监督。这应该纳入学校和职业中心所采用的教师评估体系中。

(5)协调教育系统的输出和学生进修的需要,或者为社区发展做出积极的贡献。同时,使学生能够在地区和国际市场上具有竞争力。这就需要调整学术过程、课程内容和评估体系的关系。应该让学生掌握21世纪所需要的技能,而且师生应该在领导力、创造力和卓越性方面得到支持。这是为中等教育阶段的学生提供合适的选择和机遇,并提高他们对学术和职业知识及其发展趋势的认识。

(6)提高教育体系在建设民族认同感方面的作用,并实施加强民族认同感和保护文化遗产的计划。这将以积极的方式来激发年轻人的热情和活力。

(7)提高职业教育质量,使之与市场需求相适应。鼓励学生培养自主学习的兴趣,为毕业生就业创造更多的机会。

3.根据以下政策指导,加强教育体系的执行力、治理和问责制。

(1)除了审查有关规定和指示外,还要继续推进巴勒斯坦教育法的发展。

(2)将更多的权力下放给学校及其行政部门。同时,鼓励社会力量参与教育发展。

(3)在约旦河西岸、耶路撒冷、加沙地带和巴勒斯坦的学校里,采取必要的步骤,维持巴勒斯坦教育系统的统一。

(4)制定规章制度和程序,提高教育体系的行政和财务绩效,并在该教育体系中确保教育服务的效率,提高透明度和问责制。

(5)通过建立正式的评估体系和完善后续工作,加强教育系统的问责制。这与战略规划中确定的目标相一致,并且和各领域的具体执行标准相一致。

(6)建立适当的能够促进教育事业发展的职工财务制度。

(7)完善教育行政部门和学校的组织结构。同时,根据规定的项目来培训员工,从而实现战略规划的目标。

(8)根据巴勒斯坦教育体系的要求重组班级,并保证遵守既定的标准公平地进行分配。

三、实施机构和协调机制

本部分是关于负责实施全民教育计划的机构和协调机制。教育部是负责落实全民教育计划、普及全民教育工作的权威机构。其他的巴勒斯坦权力机构,如社会事务部和卫生部,联合国难民救济与工程局,也与非政府组织一道协助教育部开展工作。

四、合作伙伴关系

要与政府部门、机构、其他非政府组织以及国际组织建立伙伴关系。继2001年实行全民教育计划之后,巴勒斯坦成立了一个全民教育委员会,它是由教育部、社会事务部、卫生部和巴勒斯坦中央统计局的代表以及在学前教育、扫盲教育、成人教育和继续教育领域工作的私营和民间组织的代表所组成的。

2007年,全民教育国家联盟成立,它的目的是协调巴勒斯坦教育领域的工作,并充当对教育政策有影响力的游说机构。此外,它的目标是协调教育领域的所有机构,以改善所提供的服务,并获得高质量的成效。全民教育国家联盟督促巴勒斯坦政府履行其与全民教育目标相关的义务,确保实现安全的教育环境。全民教育国家联盟的目标是建立和发展国际伙伴关系,反对以色列侵犯巴勒斯坦人民受教育权的行为,并扩大教育联盟,进一步将地方社区机构、教师工会、儿童团体和残障人士纳入其中。

1. 与捐助国和教育项目出资人的关系

1993年9月,巴勒斯坦解放组织和以色列政府签署了《奥斯陆协议原则宣言》。在同年,捐助国举行了一次会议,这次会议的目的是采取一种策略,为巴勒斯坦当局提供资金和技术援助,管理巴勒斯坦地区,执行基础设施重建项目。捐助国在教育方面的投资,是教育部发展战略规划中教育成本和教育发展活动资金的主要来源。值得一提的是,近年来资金缺乏的原因是周边国家发生的事件,以及资金流向其他国家。

2. 与私营部门和民间社会组织的关系

私营部门和民间社会组织在初等教育和中等教育阶段发挥的作用是有限的,但在幼儿园阶段则扮演着更为重要的角色,同时在巴勒斯坦的大学教育中也扮演着积极的角色。私营部门和民间社会组织在巴勒斯坦中部地区城市中普遍存在,包括拉姆安拉、耶路撒冷,南部的伯利恒,北部的纳布卢斯以及其他区域,但是村庄和难民营则缺乏这种教育机构。民间教育中心和机构缺乏政府提供的奖励和财政或非财政方面的福利,官方机构对教育项目也没有财政上的支持政策与激励机制。此外,以色列占领当局造成的政治和经济不稳定的局面,导致私营部门在教育方面的投资受到抑制。

3. 与联合国巴勒斯坦难民救济及工程局的关系

联合国决定于1949年12月8日成立联合国巴勒斯坦难民救济及工程局,它通过与当地政府合作,负责接管救援行动。联合国巴勒斯坦难民救济及工程局所开展的教育项目与教育部提供的工作和服务类型相似,但它对其服务的受益者缺乏政治权力。在教育领域,它的工作有两个方面的突出特点:首先,与联合国教科文组织合作与协调;其次,联合国巴勒斯坦难民救济及工程局承诺采用东道国正式批准的教育课程。联合国巴勒斯坦难民救济及工程局于1951年3月15日与联合国教科文组织签署了一项协议,按照该协议,联合国教科文组织提供财政援助和技术服务以支持教育活动,例如教育指导和检查、培训课程、选择教科书和辅助教材以及课程的开发。联合国巴勒斯坦难民救济及工程局管理着巴勒斯坦所有学校的12%,接纳的学生占巴勒斯坦学校所有学生的24.2%。它与教育部的协调过程是通过双方共同关心的文件进行的,定期召开各级会议,并且组建了一个联合协调委员会来执行下列工作:

(1)更新联合国巴勒斯坦难民救济及工程局在教育部未来规划中的信息,并讨论开展教育进程的手段。

(2)继续与教育部协调,将十年级纳入联合国巴勒斯坦难民救济及工程局的教育项目中去,并在耶路撒冷的学校运行这个项目。

(3)与联合国巴勒斯坦难民救济及工程局负责的学校的教科书保持一致。

(4)要确保教育部和联合国巴勒斯坦难民救济及工程局对师资进行培训,推动管理员和教育监督员之间的合作。

(5)鼓励联合国巴勒斯坦难民救济及工程局的学生参加夏令营和体育项目等课外活动。

(6)鼓励联合国巴勒斯坦难民救济及工程局的大多数学生参与由教育部在公共学校实施的开拓性发展课程,主要包括学校保卫、营养、儿童友好教育和生活技能等课程项目。

(7)为了协调培训,要明确职业技术课程、学校位置和学校建设。

(8)在联合国巴勒斯坦难民救济及工程局的帮助下,协调开发巴勒斯坦课程,此外还要协调学校的管理、科学和计算机实验室,推动学校之间在技术和教学上的交流。

(9)协调联合国巴勒斯坦难民救济及工程局学校的国家考试和巴勒斯坦课程的实施。

(10)全面协调各部门,开始起草五年计划,反映联合国巴勒斯坦难民救济及工程局的计划。

(11)确保信息和数据统计的一致性,尤其是与公立和私立学校中难民学生有关的信息和数据统计,并就辍学、学习困难或健康行为等问题进行定性研究。

(12)协调九年级学生转入公立学校的过程。

(13)根据教师的能力和职业许可对教师进行分类,并与联合国巴勒斯坦难民救济及工程局达成一致。

第二部分　2000年的挑战和2015年的目标

五、2000年全民教育的挑战

对全民教育计划现状的审查主要包括五个目标类别,在第一阶段完成诊断(诊断阶段),在第二阶段审查所面临的最重要挑战,在第三阶段将上述内容整合到三个主要领域,即幼儿保育、初等教育和非正式教育(文盲、成人教育和继续教育)。这些阶段包括对每个领域当前状态的描述。通过不同的来源获取必要的信息,例如:不同的教育数据库、高等教育部门发布的出版物和研究报告、由高等教育部编制的五年计划(2000—2004)文件、巴勒斯坦中央统计局发布的各种出版物、社会事务部和卫生部的统计和报告。此外,还收集了扫盲、成人教育、继续教育以及辍学现象等方面的文件、出版物以及各种研究资料。最终,确定了前面提到的三个主要领域所面临的最重大挑战。

以下是全民教育计划各个领域的现实情况以及所面临的挑战:

(一)改善幼儿保育

第一个目标是:扩大和改善幼儿保育,特别是弱势儿童。

幼儿期是从胎儿形成到8岁的阶段。不过,这部分计划只包括6岁以下的儿童。学前教育阶段是为4~6岁的儿童提供教育,托儿所是为4岁以下的儿童准备的。一般来说,这一阶段的教育是在自愿的基础上完成的。

联合国教科文组织将学前教育(国际教育标准分类0阶段)界定为正式教育的初始阶段。学前教育主要是为了促进3岁儿童更好地适应学校环境,并在家庭和学校之间搭建一座桥梁。学前教育有不同的标签,例如幼儿园、托儿所、学前教育或幼儿教育,这是为幼儿提供正规的保育和教育的最重要的要素。该阶段教育完成后,儿童在国际教育标准分类法中的1阶段继续接受教育(初等教育)。

1. 教育背景:2004/2005 年度教育计划

2004/2005学年是全民教育指标的参照年份,大部分指标将以此为基准年。以下是对学前教育(幼儿园)现实诊断的最重要的指标:

(1)2004/2005学年学前教育(幼儿园)的毛入学率是29.9%。其中,男性的比例是30.6%,女性的比例是29.3%。如此低的幼儿园入学率表明了贫困人口的参与程度,或者表明学生是否属于正式的年龄范畴。因为在一定的教育程度上,毛入学率应该是基于所有类型的学校和教育机构的总入学率,包括公立和私立机构以及其他提供正式教育项目的机构。幼儿园的实际情况表明,许多提供此类教育服务的幼儿园都是无照经营的,所以它们不会出现在计算的比例中。

(2)2004/2005学年参加某种正规幼儿保育和教育计划的一年级新生入学率为49.1%,其中男生的比例为50.1%,女生的比例为48.0%。比较毛入学率指标和2004/2005学年参加幼儿保育和教育项目的一年级新生比例指标,我们会发现第二个指标的百分比较高,这是因为学前教育的数据库倾向于监控有执照的幼儿园的数据。

(3)2004/2005学年学前教育和其他幼儿保育和教育计划入学人数占其他幼儿保育和教育项目的百分比为99.8%。事实上,幼儿园教育机构是由私营部门管理的,只有2所幼儿园由教育部管理,但只能容纳少数的学生。

(4)2004/2005学年,从事学前教育工作且受过培训的教师和其他幼儿保育和教育项目的教师,以及在学前教育阶段持有必备的学术资格去教授学生的教师与幼儿保育和教育的教师比例是100%,并且与国家的标准保持一致。这个比例是根据教育部向幼儿园颁发执照的要求来实现的,这就要求幼儿看护人员是专业的和训练有素的。因此,所有的幼儿看护人员都达到了从事这一职业所需要的培训标准。与此同时,这个比例可能并未反映出现阶段教师培训的真实情况。许多幼儿园在获得执照后会替换那些幼儿看护人员,但没有通知相关的负责人。但是,发现这样的案例需要花费大量的时间,特别是当这些幼儿园申请更新许可证的时候。此外,相当多的幼儿园,特别是偏远地区和边缘地区的幼儿园都没有执照,也没有相关数据。

(5)2004/2005学年学前教育的"孩子-教师比"是20∶1,即每个看护人员要看护20个孩子。

(6)学前教育和其他幼儿保育和教育的公共支出费用占教育总支出的比例很小,几乎没有什么意义。该部门向负责支出的非公共监督机构提供报告。

2. 2004/2005学年全民教育计划面临的挑战

与第一个目标规定保持一致是为了使大家了解学前教育的重要性:在儿童早期阶段,全面扩大和改善幼儿保育工作,尤其是要偏向最弱势的和残疾的儿童。在实施全民

教育计划两年之后,对这一领域的实际情况进行诊断后发现,社区教育和正式教育都面临着几个挑战和弱势,最重要的是:

(1)重要的挑战是2004/2005学年幼儿园的毛入学率只有29%。

(2)鼓励公共部门和非公共部门之间的协调,并制定国家战略规划。

(3)在监督教育质量、培训幼师以及更新和统一课程方面,激活和扩大高等教育部的官方作用。

(4)在政府发展规划和战略中,纳入儿童早期的需求和关怀,例如:有关减贫、发展方案、大众媒体和提高家长意识的方案。

(5)激发社区和学生家长在制订学前教育计划方面的作用。

(6)在计划末期,将幼儿的毛入学率从31.0%提高到100%。

(7)教育部为学前儿童提供入学机会的份额要增加。

(二)所有儿童享受义务的初等教育

第二个目标是:到2015年,让所有儿童都能享受到高质量、免费和义务的初等教育。

据联合国教科文组织宣称,初等教育是在不同的机构(正式的、非正式的和非官方的)进行的一系列教育活动,目的是满足初级学习者的需要。在"达喀尔框架"内,初等教育是实现全民教育议程的同义词。经济合作与发展组织的发展援助委员会和用于提供援助的分类系统都使用了这个术语,包括对幼儿保育、初等教育和传授基本技能知识的青年和成人教育进行定义。至于初等教育(ISCED1阶段),课程通常是根据教育单元或教育项目设计的,涵盖了阅读、写作和算数,以及对某些学科的初步理解,如历史、地理、自然科学、社会科学、艺术和音乐,旨在为学生提供适当的基础教育。

1. 2004/2005学年全民教育计划的教育背景

(1)根据2004/2005学年的教育数据库,按性别划分的初等教育毛接受率是81.1%,其中男性的比例为81.5%,女性的比例为80.8%。毛接受率下降的原因可归结为,当时教育部决定将公立学校一年级的入学年龄由5岁9个月变成5岁8个月,而私立学校的入学年龄是5岁6个月,这导致了大量的儿童可以在一年级入学。

(2)2004/2005学年按性别划分的初等教育净接受率为57.2%,其中男性的比例为58.7%,女性的比例为55.7%。这一比例的解释与前面关于毛接受率的解释相同,都是因为降低入学年龄而造成的。值得注意的是,入学率和其他进程的计算都是基于巴勒斯坦中央统计局发布的人口预测数据而计算的。

(3)2004/2005学年按性别划分的初等教育毛入学率为93.2%,其中男性比例为92.8%,女性比例为93.6%。毛入学率超过90%的数据表明,现有的状况与所要求的正规入学年龄人口比例是相当接近的。除非低于或高于规定年龄的学生人数减少,从而给预期年龄组群的学生提供更多空间,否则这种解释没有任何意义。

(4)2004/2005学年按性别划分的初等教育的净入学率为89.0%,其中男性的比例为89.0%,女性的比例为89.1%。净入学率高表明相应级别的正式年龄组的高度参与。净入学率的最大值是100%。随着时间的推移,净入学率的提高反映了在特定教育阶段参与度的提高。当把净入学率与毛入学率比较时,其中的差异反映了正规年龄以下的儿童入学率。如果净入学率低于100%,那么这个差异的比例将是4.2%,而且这个比例是在特定教育类型中未入学儿童的百分比。鉴于其中一些儿童可能会参加其他类型的教育,所以这个百分比的差异就不应该被视为未入学儿童的确切比例。因此,为了描述初等教育的趋势,需要计算调整后的净入学率。

(5)2004/2005学年按性别划分的初等教育调整后的净入学率为89.8%,其中男性的比例为89.7%,女性的比例为90.0%。可以看到,调整后的净入学率超过净入学率0.8%。这一比例是指处于初等教育阶段的中等教育学生。

(6)2004/2005学年按性别划分的初等教育的复读率为1.5%,其中男性的比例为1.7%,女性的比例为1.4%。这一比例并不能反映出没有达到最低分数,并且应该重修学分的学生比例。事实上,这个比例受到教育部规定的限制,即复读率不能超过5%。教育部规定,无论班级有多少人数,除特殊情况外,复读率不能超过15%。

(7)2004/2005学年按性别划分的初等教育的辍学率为1%,其中男性比例为1%,女性比例为0.9%。这一比例是比较低的。然而,教育部正在尽最大努力把它降到最低,并通过跟踪回访辍学学生、开放课程、实施平行式教育和扫盲计划等措施来解决辍学的影响。

(8)2004/2005学年按性别划分的初等教育的升学率为97.5%,其中男性比例为97.3%,女性比例为97.9%。这些比例反映了教育体系的质量效益。然而,它们也受到教育部规定的影响,如除了特定比例之外,不允许重复某一个教育阶段。

(9)2004/2005学年按性别划分的5年级的保持率为98.2%,其中男性比例为98.1%,女性比例为98.3%。这一指标对评估教育体系的内部效率和留住学生具有重要意义。一方面它指的是某一年级学生的生存状况,另一方面也指每个年级的辍学率。较高的保持率,表明高水平的生存状况和较低的辍学率。此外,区分是否存在留级状况的保持率是非常重要的,有助于确定因辍学和留级复读而产生的支出。

(10)2004/2005学年按性别划分的保持率为84.4%,其中男性比例为78.9%,女性比例为90.2%。值得注意的是,五年级和十年级的保持率下降了14%,其中男性比例下降了19.2%,女性比例下降了11%。

(11)2004/2005学年主要群体的保持率为82.9%,其中男性比例为79.9%,女性比例为86.1%。这是衡量现阶段教育内部效率的重要指标。

(12)2004/2005学年按性别划分的从初等教育到高等教育的有效升学率为91.5%,其中男性比例为89.4%,女性比例为93.5%。

(13)2004/2005学年按性别划分,根据教育数据库,表2显示了具备教学的学术资格和学术证书等级的教师在初等(公立)教育中的分配比例:

基于表1的数据,可以发现具有文凭或没有文凭的教师占教师总数的三分之一。

表1　2004/2005学年具备教学的学术资格和学术证书等级的教师在初等教育中的分配比例

性别/最高科学资格	2004/2005年度最高科学资格教师分配(%)			
	文凭和较低的文凭	学士学位	高文凭	硕士学位及以上
男性	30.2	65.0	0.9	3.9
女性	36.7	61.4	0.4	1.4
总计	33.7	63.1	0.6	2.6

(14)2004/2005学年按性别划分的初等教育中受过培训的教师比例为100%,但当时的教师标准并不完善,这是导致这个比例的原因。因此,根据教育部的政策和方案,所有教师在执业之前都接受了基础培训。并且,教育督导要求新教师在执业前必须参加一门合格的课程培训。事实上,在确保优质教育方面,训练有素的合格教师是实施"达喀尔框架"的重要环节。指标衡量的是教师资格的不同方面,以前的指标强调的是教师的基础教育水平,而目前的指标则侧重于对教师教学方法的培训。

(15)2004/2005学年初等教育学生和教师的比例为28.6∶1,值得注意的是,这个比例并不能确定每名教师对应的学生人数,而是限制了初等教育阶段的学生人数。

(16)2002/2003学年公共教育支出占国民生产总值/国内生产总值的百分比为5.8%。

(17)2004/2005学年提供完整基础教育的学校的比例为17.4%,其中男生学校的比例为11.1%,女生学校的比例为18.6%,男女混合学校的比例为23.4%。这意味着绝大多数学校不能提供完整的初等教育,但是也能获得一定的成绩。

(18)2004/2005学年采用当地语言或本土语言的初等教育学校比例为100%。巴勒斯坦教育部监督所有的学校,即使学校采用国外课程,但至少有一门学科要采用阿拉伯语(母语)。

2. 面临的挑战

在实施"全民教育计划"(2005—2015)前的教育现实诊断结果表明,巴勒斯坦未被列入男女入学机会差距扩大的国家之列。与此同时,面临的挑战是在以后几年里要维持这种平等。以下是实现第二个目标所面临的挑战(2015年要完成的工作有:使所有儿童都能获得高质量的、免费的、义务的初等教育,重点关注生活条件困难的男生和女生以及少数民族儿童,并帮助他们完成这一阶段的教育):

(1)在物质环境方面,提供符合现代教育规范和标准的额外校舍,并照顾到学生的特殊需求,按人口比例为所有学生(包括那些有特殊需要的学生)公平分配教学辅助工具、教学设备和课外活动。事实上,有将近一半的公立学校没有教室以外的教学场所(图书馆、科学实验室、计算机房、体育场所和顾问场所)。与上一年相比,约旦河西岸学校的数量在减少,除了教室以外的房间(用于行政、教师、服务和体育运动),一部分房间是因为教室短缺而被改建为教室的。该地区拥有80个教育建筑物,可容纳160所学校,并且所有学校被分为两个班制运行,并有两个独立的行政人员,这个数字相当于公立学校的11.4%。加沙地带的两班制学校占70%。

(2)发挥私营部门在支持教育过程中的作用。私立学校的比例达到12.5%,私立学校的学生人数达到学生总人数的6%。

(3)在计划末期,将一年级的总接受率从9%提高到100%。

(4)在2015年末,将一至十年级的毛入学率从95.5%提高到100%。

(5)在使正规学校足以容纳所有的有特殊需求的学生方面,发挥高等教育部的作用。

(6)提高教师水平是教学进程中的核心。这将有助于推动教育改革进程,以及应对教育体系所面临的挑战,特别是在该区域受到封锁、实行宵禁等紧急情况期间,这需要有一批熟练的技术人员为各地区、村庄、营地的人力资源配置和实现教育领导的转型做准备。该领导要求教师在学校行政管理框架内参与决策。持有文凭的教师占教师总数的38.5%,持有学士学位的教师达到51.4%,而在2001/2002学年,持有硕士学位的教师仅占2%。

(7)降低发展规划中规定的拥挤率。在公立学校,教师/学生的比例为1:27,而在2002年,联合国难民救济及工程局监管的学校这一比例是1:37。值得注意的是,按照五年计划,预计在同一年公立学校的这一比例将变为1:24.4。

(8)制定入职期间或入职前教师培训的方法、政策和策略,明确教师个人的特殊要求。这些项目应该满足现代化学习理论的要求和方法,满足教育改革的要求且可以评估培训的影响力。

(9)以教育改革为依托,推行校本管理合作原则,用现代教育方法取代传统的教育督导方式。

(10)提高各级行政人员的能力(学校、理事会和教育部在规划、实施和跟进方面的工作)。

(11)提高学生基础学科的成绩水平。在2000年,巴勒斯坦八年级学生的阿拉伯语和数学平均成绩是33.1和44.5。在1999年,十年级学生阿拉伯语的平均成绩是51.5,数学的平均成绩是29.9。

(12)制订教育、医疗、指导和卫生计划,这包括学生活动遇到紧急情况时的处理对学生造成的负面影响。

(13)发挥大众传媒和出版在教育中的作用,例如远程教育项目、指导项目、卫生教育和增强意识项目。

(14)通过以下方式启动学校教育的辅导计划:①建立专业化的监督体系;②在每所公立学校委派教育顾问;③制定培训合格教育顾问的策略;④为每个教育顾问安排一个房间;⑤在每个领域建立一个心理健康部门。

(15)教育教学方法的测量与评价和策略的现代化发展。

(16) 提高教育顾问/教师的比例。

(17) 根据教师的能力,制定合格教师的标准。

(18) 在教学过程中推动教育技术的运用,特别是在提高教育质量的同时,把计算机作为一种教育辅助工具。

(19) 提高学校卫生服务。为所有学生提供免费的预防治疗服务,增强与相关卫生部门(公立和非公立组织)之间的合作,开发卫生信息系统、调查系统和流行病学监测系统。另外,对于面临的问题要转变思想(疾病流行率及其原因),制定专门用于学校健康和教育咨询的法律和特殊制度。

(20) 创设健康环境与完善学校设施。2002年对学校卫生设施状况的调查表明,平均每20名学生拥有1个马桶座,而公立学校的比例为40名学生拥有1个马桶座,23%的学校没有公共供水,47%的学校食堂没有排水系统,67%的学校没有在水池边提供肥皂。

(21) 对学生的攻击性行为。部分学校遭受过袭击,特别是在1987年暴动和2000年阿克萨起义中。这些行为包括:长期关闭学校,闯入学校并围困学生,将学校用作拘留中心和军营,袭击和逮捕学生并射击他们,这严重侵犯了巴勒斯坦儿童的受教育权利和享受高质量生活的权利。在2000年9月29日至2002年1月13日期间,伤亡人数近228 000人,年龄在6～18岁的伤亡人数近163人。占领军在通往学校的道路上放置炸弹是对学生公然进行的最恶劣的袭击形式,该事件发生在汗尤尼斯的阿卜杜拉西姆学校,这次爆炸导致5名学生丧生。

(22) 试图摧毁学生的心理结构。高等教育部与拯救儿童基金会合作开展的研究(起义对学生心理结构的影响)表明,学生们正遭受着心理上的折磨,这些折磨包括:在学校和家庭中变得暴力的学生人数增加;学生感到厌倦、悲伤和愤怒;上课注意力不集中;破坏课堂纪律;攻击教师和校长的学生人数增加;由于担心这一普遍的情况和对贫困以及死亡的恐惧,加之成年人与学生的互动较少,所以他们不再去考虑自己的未来。

(23) 学生辍学率增加。父母一致认为,暴力行为的增多和学校的关闭,导致女孩儿辍学率上升,并导致早婚行为增多。在2000/2001年,因早婚而退学的女学生近100名。

(24) 教师和学生缺乏定期上学的观念。在巴勒斯坦地区实行宵禁,区域、城市、村庄和难民营的继续封锁,导致学校部分或全部地放慢教学进度。各地区之间的教师出勤率是失衡的,教师出勤率在希伯伦达到近20%,在纳布卢斯为15%,在拉姆安拉为14%,在塔卡姆和杰里科为13%。在加沙地带,2001年5月25日到9月29日期间,每个部门中的教师人数占总人数的6%。就学生而言,同期出勤率也是不平衡的,希伯伦为18%,耶利哥为12%,耶路撒冷和拉姆安拉的郊区为10%,加沙为4%。

(25) 破坏学校的基础设施,阻碍学校实施发展项目。具有挑战性的政治条件对教学和学习过程的所有教育投入造成了不利影响,这包括教育部五年发展规划中的校舍发展项目,该项目适应了学生人数的自然增长和招生人数的增加。工作人员和工程师无法到达他们的工作领域,这影响了他们的职业发展计划和职业教育招生的扩展。除此之外,由于对该地区实行封锁和宵禁,所以进口建筑材料也很难及时供应。

(26)破坏不仅仅影响发展项目,而且也影响到现有的生存条件。这些行动导致许多学校和教育设施遭到破坏,包括技术、设备和附属品。在2001年1月9日到11月30日期间,受到影响的学校数量为:希伯伦8所,塔卡姆6所,萨尔费特2所,盖勒吉利耶1所,纳布卢斯4所,拉姆安拉4所。

(27)阻碍教育发展规划的实施。战争不仅对学校的发展和现有的物质基础设施产生了影响,也阻碍了教育发展规划的贯彻实施,尤其阻碍了加沙地带的教育发展规划。这些规划包括:生活技能训练、国际人道主义法和人力资源恢复项目。教师和督察员的核心培训计划以及与其他部门合作举办的课程计划都陷入瘫痪(由于一些区域要求取代特定课程而增加了成本),例如儿童的文学课程。此外,战争阻碍了当地的后续行动和内部培训,因为监督者无法进入所有学校,所以准备培训材料的核心会议被取消,也由此削弱了学生对体育教育活动的支持,例如规划中的运动、艺术、文化活动和旅程。

(28)由于将学生从宵禁或冲突地区转移到其他安全地区,导致许多学校的学生拥挤不堪。其解决方案是开设新的教室,或将教学时间改为两班轮流制。

(29)将某些私立学校的学生转学到公立学校。一篇名为"经济和政治危机对学校学生的影响和启示"的论文表明,在2000年9月29日到2002年3月15日期间,共有11 780名学生从学校转学,1 312名以上的学生被迫离开国家去寻求安全和稳定的环境,419名学生被转移到耶路撒冷的以色列市立学校。

(三)满足成年人的教育需求

第三个目标是:提供公平的学习机会和生活技能教育,以满足所有年轻人和成年人的教育需求。

非正式教育是在正式教育制度之外进行的教学过程,它可以通过研讨会或任何社区活动进行,但是可能没有特定的证书。联合国教科文组织对非正式教育制度、正式教育体系(包括学校、高等教育机构、大学)和其他正式教育机构进行了界定。其中,非正式教育是指在不同的情况下,开展提高成人读写能力的教育活动,为儿童提供初级教育,为没有入学的年轻人提供生活技能、工作技能和一般的知识培训。具体而言,非正式教育包括:

(1)成人教育:面向成年人开展初级教育或培训。成人教育和培训方案主要通过文化中心提供,除了健康、工程、农业、新闻、电子、机械等领域的课程之外,还包括计算机和商业领域。成人教育不是强制性的,因为它倾向于提高成人的识字水平,或提供不同学科的额外技能和经验。

(2)继续教育:这是一个通用术语,指的是广泛的教育活动,旨在满足成人的基本学习需求。它面向不同年龄的所有人群,无论他们是否接受过正规教育或参加过专业资格的课程,包括从学校辍学且未参加过类似教育的人群。通常,需要相关的证书才能参与其中一种项目,进而获得一个正规的文凭。终身继续教育是人们在生活中利用正规和非正规学习机会的一种教育,并且贯穿人们的一生,其目标是促进人的可持续发展,以提高其工作水平和自我升华所需要的知识和技能。

1. 2004/2005 全民教育计划的背景

(1)巴勒斯坦中央统计局的数据显示,2004年按性别划分的15~24岁年轻人的识字率为98.9%,其中男性的比例为99.0%,女性为98.9%。

(2)2004年按性别划分,15~24岁年轻人的教育水平分配比例(完成或实现最高水平的教育,例如:小学、中学和大学)如表2所示:

表2 2004年15~24岁年轻人的教育水平分配比例

性别	最高的教育水平						
	文盲	识字	初等教育	预科教育	中等教育	文凭	学士学位或更高
男性	1.0	3.2	15.9	51.0	25.1	1.3	2.5
女性	1.1	2.2	12.2	50.4	28.2	2.2	3.7
全体	1.1	2.7	14.1	50.6	26.6	1.8	3.1

(3)2004/2005学年按性别划分的中等教育项目类型(基础教育、技术和职业教育、培训、非正式教育和技能培训)的毛入学率为71.6%,其中男性的比例为67.6%,女性为75%。

(4)2004/2005学年按性别划分的中等教育项目类型(基础教育、技术和职业教育、培训、非正规教育和技能培训)调整后的净入学率为68.6%,其中男性的比例为64.9%,女性为72.5%。

2. 全民教育计划的挑战

2005—2015年,通过对扫盲、成人教育和继续教育领域的计划成果进行诊断发现,全民教育计划存在以下挑战:

(1)在满足当地市场的需求方面,公立和私立继续教育计划缺乏统一的国家规划,并且要防止某些学科毕业生人数过剩。仅有42.2%的毕业生在他们毕业后的第一年找到工作。

(2)扫盲教育过程、成人基础教学、文明(例如家庭生活的发展)与功能的战略规划,目的是制订一个全面的国家计划,该计划包括起草执行计划、战略、未来政策、立法和法律,并组织全面扫除一切形式的文盲的活动。

(3)由于对历史和现状缺乏研究,因此要诊断实际的文盲水平,并确定目标社区和人口是一大挑战。即使有些可用的研究,但也仅是以调查问卷或综合调查的形式开展,研究的不是具有代表性的样本,研究结果也不能反映文盲的真实情况。这些研究仅仅是基于联合国教科文组织对文盲的定义,该定义仅有一个单一的变量,即摆脱文盲所需的教育年限。由于巴勒斯坦教育制度长期存在的特殊条件,使得研究人员没有使用测量(水平化标准测试)工具来检验有代表性的人口样本,以考察获得三项基本技能(读、写和算)的变量。联合国教科文组织对文盲的定义和脱盲所需要的教育年限,不适用于巴勒斯坦教育体系。在1999年,四年级学生(脱盲所需要的教育年限)阿拉伯语成绩占58.8%,数学成绩占28.7%。

(4)对全面扫盲运动的实施和国家规划要给予充分的支持,并将文盲问题纳入国家发展规划中,例如:消除贫困和提高妇女意识。

(5)通过制定激励措施,减少学生不愿进入识字中心或辍学的情况,并让他们接受继续教育。如果相关机构和部委提供这种激励措施,那么该规划可能会被实现。非政府组织与消除初级文盲有关,因此要通过组建来自各个相关机构的识字和文明素养的高级委员会来实现消除初级文盲的目标。

(6)成人课程的现代化发展,符合巴勒斯坦学生的需求。

(四)扩大继续教育的机会

第四个目标是:到2015年,成人识字水平提高50%,实现所有成年人(尤其是女性)获得平等的初级教育和继续教育的机会

这个目标包括15岁以上的全部人口,他们可以参加扫盲计划和成人教育,具备相关资格的还可以参加类似的继续教育。这些课程是为那些已经离开或从未参加过正规初等教育的成年人而设计的。在终身学习的背景下,国家成人教育战略将成人教育定义为,面向巴勒斯坦的年轻人或成年人,发展其能力、丰富其知识、提高其技能或专业资格,以满足他们和社区需要的教育过程。成人教育是在态度或行为上创造变化的过程,并且直接或间接地促进整个社会、经济、文化平衡发展。因此,成人教育和非正式教育包括在学习社区中提供的所有形式的非正式和自发性教育,并应用科学的理论和方法开展教学活动。

2004/2005学年全民教育计划的教育背景

根据巴勒斯坦中央统计局的数据,2004年15岁及以上成年人的识字率为92.7%,其中男性比例为96.5%,女性为88.0%。根据性别划分,2004年15岁及以上成年人取得最高教育水平的百分比如表3所示:

表3　2004年15岁及以上男女成年人取得最高教育水平的百分比

性别	最高的教育水平						
	文盲	识字	初级教育	预备教育	中等教育	文凭	学士学位或更高
男性	3.5	7.7	19.7	35.3	19.8	4.8	9.2
女性	12.0	7.8	17.3	33.9	19.1	4.5	5.4
全体	7.7	7.7	18.5	34.8	19.4	4.6	7.3

表4显示,小学及以上学历中男性的比例大于女性。在文盲和识字教育程度方面,女性的比例则高于男性。

(五)消除教育的性别差异

第五个目标是:到 2005 年,消除初等教育和中等教育的性别差异,到 2015 年实现教育性别平等,重点确保女孩儿接受初等教育的公平机会

性别对等指数表示基于特定指数来代表女性与男性百分比的值(在某些情况下,是指男性与女性的比例)。当性别对等指数等于 1 时,意味着性别对等;当该指数高于或低于 1 时,意味着性别不对等,即男性优于或劣于女性。

性别平等指数是一个综合性指数,用于衡量男性和女性在初等教育和中等教育中的总参与度,以及成人识字率方面的相对公平性。除了成人识字率以外,初等教育和中等教育的毛入学率中性别平等指数的算术平均值也被计算在内。

该目标要求在 2005 年前实现初等教育和中等教育中女孩和男孩入学率的平等性,实际上这是一个性别平等的概念(即使在现阶段不可能招收所有的女孩和男孩)。此外,这一目标要求到 2015 年实现教育上的性别平等。

这被认为是最雄心勃勃的目标之一,因为这意味着所有的女孩和男孩都有平等的机会从初等教育中受益,并获得同等水平的教育。

2004/2005 学年全民教育计划启动的教育背景

(1)2004/2005 学年,按教育程度(学前教育、初等教育、中等教育)划分的女性入学人数占总入学人数的百分比是 49.6%。其中,初等教育的比例为 49.3%,中等教育的比例为 51.8%。这意味着中等教育女性入学的百分比高于初等教育女性入学的百分比。这主要是中等教育阶段男性辍学率增加而导致的。

(2)2004/2005 学年,中小学女教师占男教师总数的百分比为 53.7%。其中,初级教育阶段的百分比为 55.4%,中级教育阶段的百分比为 50.8%。因此,初级教育阶段女教师的比例高于中级教育阶段,因为在男女生混合型学校,高等教育部更倾向于将女教师分配在较低的年级(1~4)。

(3)2004/2005 学年,按教育程度(初级和中级)划分,女校长所占的百分比为 49.0%,其中初级教育阶段女校长的百分比为 50.4%,中级教育阶段则为 46.7%。

(4)2004/2005 学年性别平等指数(GEI)如表 4 所示:

表 4 2004/2005 年度性别平等指数

指数	2005/2004
1.成人扫盲平均值(15 岁及以上)	0.91
2.青少年扫盲平均值(15~24 岁)	0.99
3.学前教育的毛入学率	0.96
4.初等教育总入学的百分比	0.99
5.初等教育净接受率的百分比	0.95
6.初等教育毛接受率	1.01
7.初等教育净入学率	1.00

(续表)

指数	2005/2004
8.初等教育调整后的净入学率	1.00
9.5年级的生存率	1.01
10.12年级的生存率	1.13
11.基本合伙人的总成就	1.08
12.从初等教育到中等教育(普遍)实际升学率	1.05
13.初等教育入学总体水平(最低和最高)	1.12
14.初等教育的总入学率(初等教育和最低的中等教育)	1.01
15.中等教育调整后的净入学率	1.18
16.中等教育的总入学率	1.04
17.按教育水平和性别划分的教师接受培训的百分比	1.00
18.在入职期间通过教育水平和性别划分的教师接受培训的百分比	1.00

表5显示,性别平等指数倾向于女性的指数为:6、9、10、11、12、13、14、15、16;倾向于男性的指数为:1、2、3、4、5;性别平等指数相等的指数为:7、8、17、18。

(六)全面提高教育质量

第六个目标是:全面提高教育质量,确保每个人具备优秀品质,使学生在基本生活技能锻炼和知识学习上,特别是在读、写、算方面取得明显成果

这个目标包括全面提高教育质量,确保每个人具备优秀的品质,使学生在基本生活技能上和学习上,特别是在读、写、算方面取得明显的成果。

任何教育制度的主要目标都是使青少年获得参与社会、经济和政治生活所必需的技能。使儿童进入初等学校接受初等教育,之后接受中等教育,这本身不是目标,而是向儿童提供教育的一种手段。在校人数并不是衡量各国全民教育计划成败的唯一决定性因素,最终的衡量标准,在于孩子们学到了什么以及他们在学校的学习体验。

质量是教育过程的根本。当缺少合格的教师、优质的教育物质条件、充足的学习时间和适当的学校用品时,孩子们不可能掌握基本的技能。全面提高教育质量包括提高教育质量的所有方面。

2004/2005学年全民教育计划实施以来的教育背景

(1)根据2004/2005学年的教育数据,男女教师学历水平分配比例如表5所示:

表5　　　　　　　2004/2005年度男女教师学历水平分配比例

性别/最高学历	中等文凭或以下	学士学位	较高文凭	硕士学位或更高
男性	30.2%	65.0%	0.9%	3.9%
女性	36.7%	61.4%	0.4%	1.4%
总计	33.7	63.1%	60%	2.6%

如表5所示,33.7%的教师持有中等教育或以下的文凭,2.6%的教师持有硕士学位或更高学位,63.1%的教师持有本科文凭。此外,根据学历水平,拥有学士学位以及较高文凭、硕士学位的男教师比例高于女教师,中等文凭或以下文凭的女教师比例高于男教师。

(2)根据2009年教师教育策略发现,符合国家标准教育水平并持有资格证书的教师比例为27.3%,其中男性比例为22.9%,女性比例为30.7%。

(3)根据2004/2005学年学前教育水平,教师/孩子的比例是1∶20。其中初等教育阶段这一比例为1∶28.6,中等教育阶段为1∶21.6。值得注意的是,教育指南根据不同的教育阶段对每个班级的学生人数做出了规定,但并未规定每个教师对应的学生人数。对每个班级的学生人数做出规定,对于提高教育质量非常重要,因为每个班级的学生人数越少,教师就可以更多地关注每个学生。

(4)根据2004/2005学年教育水平(学前教育、初等教育和中等教育),孩子/教室的比例是25∶1,其中小学阶段的这一比例为36.6∶1,中等学校为31.8∶1。

(5)根据2001/2002学年教育水平,改善水源的学校比例是81.3%。根据卫生设施调查,这也是连接公共用水网络的学校比例。

(6)根据2004/2005学年教育水平,改善卫生设施(例如为女生修建独立卫生间)的学校比例为100%。除非为女生修建独立的卫生间和合适的卫生设施,否则不允许开办男女生混合的学校。

六、2015年国家目标

本部分是关于2015年国家目标及全民教育行动规划的综述。

全民教育计划旨在发展巴勒斯坦不同阶段的教育:初等教育、中等教育和社会教育(扫盲教育、成人教育、继续教育),并通过以下国家战略来实现:

(一)学前教育国家战略目标

1. 就发展幼儿保育教育工作制定全面、完整和统一的政策。
2. 为所有儿童,包括有特殊需求的儿童和面临紧急情况的儿童,提供早期教育的机会。
3. 为所有儿童提供全面的教育。
4. 提高教育质量,使儿童获得知识和技能。

(二)初等教育国家战略目标

1. 为6~15岁的所有学生提供入学机会,包括有特殊需求的孩子。
2. 即使在紧急情况下和安全条件恶劣的情况下,所有学生也能够行使自己的受教育权利。
3. 提高教育质量,完善每个人的特殊的学习过程,使其获得认知、能力和生活上的技巧。
4. 实现6~15岁儿童的全面教育(健康、教育、心理学和社会学)。

5. 建立行政和金融体系,并制订不同阶段和水平的教育计划。
6. 发挥当地社区的作用,使其加深对基础教育问题的认识。
7. 提高人力资源效率,以满足社会的要求并促进认知的发展。

(三)成人教育的国家战略目标

1. 第一个总目标

在终身教育的背景下,制定高质量的成人教育管理规范。

第一个总目标的具体目标:

(1)建立数据库和信息管理系统。
(2)制定规范成人教育的立法框架。
(3)建立制度化、结构化的成人教育体系。
(4)有效的规划和必要的资金。
(5)将成人教育与劳动力市场相联系。
(6)优化财政资源并有效利用。

2. 第二个总目标

提供有规格的、高质量的教育。

第二个总目标的具体目标:

(1)改善教育基础设施和环境。
(2)适用于所有人的高质量成人教育课程和计划。
(3)有效服务的提供者。
(4)鼓励目标群体的参与。
(5)增加教育文化和机会。

七、教育目标和战略的挑战

巴勒斯坦全民教育计划与教育部的策略规划有部分重叠,因此实现所有的教育目标和战略面临如下挑战:

(一)与幼儿园有关的挑战

1. 明确政治趋势,将学前教育阶段纳入正规教育。
2. 提高幼儿园的入学率。
3. 根据巴勒斯坦的特殊情况开发幼儿园课程。
4. 提高父母对幼儿园重要性的认识。
5. 对幼儿园工作人员进行培训。
6. 加大对幼儿园工作的资金支持。
7. 建立幼护培训中心。
8. 支持贫困地区幼儿园的发展,并确保其发展的连续性。
9. 对儿童现状进行研究,以提供有关信息和数据。

10. 推进政府的和非政府组织之间有关幼儿园的合作进程。

11. 实施巴勒斯坦儿童法，起草不同领域（健康、教育、公民的权利）的立法，并采取必要的程序以确保实施。

12. 把儿童早期的需要和关注纳入公共发展计划和战略，例如减少贫困、发展项目、重视媒体和提高父母意识。

13. 在起草儿童教育计划时，发挥当地社区和学生监护人的作用。

14. 从全面综合的角度统一不同部门对幼儿教育的看法。

15. 在全国范围内创建基准指标，从全面综合的角度监测儿童的现实情况，并解决卫生、教育、媒体和立法问题。

16. 提高对儿童生活的认识，并为其创造更好的生活条件。

17. 提高成人和儿童之间，以及儿童和儿童之间互动的质量。

18. 改变成年人对孩子的态度。

19. 为儿童开发有针对性的教材。

20. 培养孩子对于母语的自豪感。

21. 提高家长与孩子的合作能力，并为他们提供生活技能。

22. 明确指导和模式存在的必要性。

23. 关于许可证和施工的严格说明。

24. 支持并鼓励父母把孩子送到幼儿园。

(二) 与初等教育和中等教育有关的挑战

1. 入学的相关挑战

(1) 保持男孩儿和女孩儿在一年级和小学阶段的高入学率。

(2) 提高男性和女性在中等教育阶段的总入学率，尤其是男性。

(3) 提高 15～17 岁男性和女性的入学率，尤其是女性。

(4) 尽管人口正常增长，但约旦河西岸和加沙地带公立学校的学生/教室比例仍然保持低水平，同时也要关注那些人员拥挤的学校。

(5) 在公立学校（特别是约旦河西岸、加沙地带和耶路撒冷）减少拥挤率（为每个学生分配的空间小于 2.1 平方米）。

(6) 减少男性和女性在公立小学和中学阶段的辍学率。

(7) 增加公立学校内有特殊需要的学生人数。

(8) 为城市人口提供适宜的土地，以改善人口密集地区的现状。

(10) 提供资金和运营支出，以满足学校教育阶段的分离所带来的额外费用。

2. 根据教育阶段重新确定学校层次所面临的挑战

(1) 教育挑战：在某些情况下，学生上学的路程可能会影响学习质量，也会提高辍学率。无论是在自然环境还是在社会环境中，这都导致了财政、教育、资源的浪费。学校和家庭之间的分离可能导致某些学校有额外的空房。

(2)经济挑战:学校和家庭的分离使学生上学的路程变远,这会增加学生的通勤费用,增加学校发展和运营的经费。

(3)社会挑战:在某些情况下,由于新学校与家庭居住地的距离较远以及更高的通勤费用,父母拒绝将孩子从一所学校转到另一所学校。巴勒斯坦社会地域组合的多样性(城市、村庄、营地、贝都因人社区)会使分离过程变得更加困难,比如一些农村社区没有足够的生源,部分学生支付不起上学费用,并且即使在初级教育阶段,他们也不赞同男女混合教育的观念。

(4)政治挑战:

①在C区或东耶路撒冷地区不允许施工建校;

②隔离墙和隔离门的存在对教育有很大影响,学生和教师在邻近被占领的一些地区面临迁徙困难,并且土地也有可能被没收;

③不允许学校开设教室,或者在那些有可能被没收的地方增加任何教室;

④轰炸教育机构;

⑤学生、教师和学术人员的受伤;

⑥杀害学生、教师和学术人员;

⑦在加沙地带停电;

⑧围困及相关后果(硬件、设备、书籍、出版物、器材的破坏);

⑨由于被围困而不能提供建筑材料;

⑩禁止国外旅行;

⑪社会心理状况;

⑫位于危险地区的学校和加沙地带更贫困的学校;

⑬教室过度拥挤;

⑭缺乏燃料和运输工具;

⑮缓冲区的武装冲突导致学生上学迟到;

⑯贫穷和营养不良;

⑰影响学校教育水平。

3. 与教育体系基础设施相关的挑战

(1)降低公立学校夜班教室或班级的比例,重点关注夜班率较高的班级。

(2)根据租用和已有教室的教育标准,减少不适合使用的房间数量。

(3)根据校舍及其设备标准,增加高质量专业学校的数量。

(4)提高学校的标准来吸引学生。

(5)根据学生人数和学校距离的标准,在新的地理区域提供教育服务,并提高学校的教育水平。

(6)解决学生在校园的和操场上过度拥挤的问题。

(7)将教室里5~12岁年龄段的男性和女性分开。

(8) 维护和修复现有的校舍,以改善教育环境并延长其使用年限。

(9) 根据学校地理位置、设施和设备的安全来改善学校环境,为学校提供所有安全和保障措施(2013 年对教育现状的诊断)。

(10) 逐步完善各级学校(82 个学校分类)的教育水平,以便与课程政策、教师资格认定战略相一致,在过渡阶段将学校按级别分类,并制定规划。

(11) 起草管理政策,明确在教育中采用信息技术的愿景。

(12) 重建信息技术结构以适应信息技术在教育中的应用。

(13) 建立一套明确的制度来跟踪和评估信息技术在教育中的应用过程。

(14) 提高教师和社区对在教育中应用信息技术的重要性的认识,以减少信息技术应用发展方面的阻力。

(15) 在教育辅助设备和实验室方面,改善配套技术环境和物质环境,以便在教育中应用信息技术和电子学习系统。

(16) 提高学生的技能,特别是计算机技能,使他们能够与科技互动。

(17) 在各级教育中配备信息技术方面的合格人才,尤其是在学校中使用、维护和升级技术设备(电脑及其配件、实验室设备、教具等)的人才(评估和跟进系统的建议)。

(18) 加强与教育部、学校、理事会、国家和国际层面的合作伙伴关系,以协调有关工作并交流成功经验。

(19) 建立包括不同激励措施的奖励制度,以增强教育技术的创造力和卓越表现力(评估和跟进系统的建议)。

(20) 在学校和教室提供互联网连接服务。

4. 与耶路撒冷和 C 区相关的挑战

为耶路撒冷和巴勒斯坦教育机构提供国际保护和支持,以应对下列挑战:

(1) 通过扩建现有建筑物或新建学校建筑物,改善 C 区包括耶路撒冷在内的学校的实际环境。在国际人道主义组织的支持下,为建造新学校或增加新教室颁发许可证。

(2) 制止占领当局以无执照为借口,对占领地的教育机构实行拆迁政策。为孩子们提供庇护,避免他们受到日晒雨淋。对反抗占领当局教育机构的学校,要取消对其罚款。

(3) 取消对巴勒斯坦课程的失实陈述和犹太化,并在耶路撒冷使用巴勒斯坦课程。

(4) 为所有专业配备合格教师,尤其是男性教师。在国际组织的支持下,为那些没有耶路撒冷身份证的教师发放工作许可证,使他们能够在隔离墙和军事检查站包围的地区从事教学工作。

(5) 为耶路撒冷教育部门的工作人员(特别是男性)发放额外的奖金,以减少选择在职业院校工作的教师人数,因为职业院校的工资比巴勒斯坦政府机构的工资高。

(6) 为被迫越过军事检查站和电子闸门的师生提供保护措施。

(7) 加强指导和卫生服务,提高人们对运动以及医疗和教育计划的认识,以减少学生生活条件的负面影响,例如辍学、贫困和吸毒。

(8)团结所有国际和当地合作伙伴的力量(公共部门、私营部门、民间社会组织和国际组织)去支持C区和耶路撒冷的教育。

5. 与职业教育相关的挑战

(1)增加中等职业教育的招生比例,并扩大女孩儿的参与度。

(2)通过新的课程项目(专门化)来提高教育机构和职业培训的能力,以满足社会对职业教育毕业生在数量和质量上的需求。

(3)加强职业及其方向性指导,扩大宣传活动。通过加强对家长和学生的职业及其方向性指导,增加职业培训的报名人数,并将重点放在就业和创业的成功因素上。

(4)开发培训项目以满足劳动力市场的需求,满足人们对教育和职业培训的期望:

①增强职业教育机构的专业化,增加职业培训,以满足劳动力市场的现实需要;

②将劳动力市场所需的技能纳入现有的培训单位,并通过增加新培训单位来解决生活技能和企业培训问题;

③制定包括实践课程的培训体系,并模拟劳动力市场,为学生在毕业后进入劳动力市场做准备;

④发展培训师并更新设备,以跟上技术和职业的发展步伐;

⑤建立毕业生支持单位,支持毕业生按自己的意愿进入劳动力市场,并将他们与市场及其后续工作联系起来;

⑥制订并实施计划,在现有学校引进新的适合于女性的职业单位;

⑦在部分职业学校为学生提供一些技术课程的文凭,这些课程将有助于提高女性与男性的入学率。

(5)通过以下方案加强与劳动力市场的伙伴关系:

①开发法律综合管理体系信息系统,并在教育和运营机构之间建立信息网络;

②引进类似实习培训的新方法,以及使劳动力市场的代表们参与教育项目的规划、筹备和职业培训;

③开发不同的培训中心,并支持相关举措;

④寻求适当的资金,以支持培训过程;

⑤采用国家学历体系/框架,以加强伙伴关系;

⑥制定既鼓励又强制执行的立法;

⑦使用教育电视网络交流信息。

(6)完善职业许可制度,除了职业培训部门的顾问、监督人员和教师外,还包括学校教师和特殊教育人员。

(7)面向职业培训部门的顾问、监督人员、教师和特殊教育人员,制定实施专业标准和职业道德。

6. 与培训教师和教育督导相关的挑战

(1)为就业前和就业期间的教师建立规范化的教师聘任制度和培训制度。

(2)制定明确政策以吸引教育学院中的优秀毕业生。

(3)制定规范化的部门管理体制,作为教师培训计划的参考。

(4)扩大培训范围,除了包括特殊教育部门的顾问、主管和教师之外,还包括学前教育阶段、初等教育阶段、中等教育阶段、非正规教育机构以及职业培训机构的教师。

(5)在所有教育部门和教育领域的其他团体中采用职业教育体系,同时注重教师在培训计划中的作用,以及职业教育中教学工作的创新。

(6)依靠更新、统一和全面的信息系统,制定和实施教师发展战略的监督、评估和问责制度。

(7)充分发挥与职业教育战略及其组成部分相关的媒体的作用,加深对计划的认识。另外,要建立一个与利益相关者合作和协调的制度,以实施和监督上述战略。

(8)将主管/教师比例降低到1:50。

(9)增加全面的后续监督者人数,尤其是在初等教育阶段。

(10)将教师培训转移到学校。

(11)与相关部门协调合作,并制定学校分类制度。

(12)在教师中开展考核和自我评估制度,因为考核是促进进步的手段。

(13)通过使用动态学习策略,完善会议的规划设计和教育实践以及适合各类学生学习的方法,包括那些有特殊需要的学生。会议的规划设计应根据学生评估的结果进行。

7. 与课程相关的挑战

(1)制定全面、综合、统一的课程规划,包括所有相关的变量,例如教师培训战略、电子学习计划、计算机课程、学前课程以及非正式教育(扫盲和成人教育)。

(2)以分析和综合的方式改进课程(规划的、实施的、现有的),并利用多样化的工具,包括目标、活动、内容、日程(改革、发展和实施课程规划及其成效)。

(3)根据改革进程的结果来调整课程,包括相关因素,例如:教学方法和技巧、改革技术、学校书籍、指导手册、教育/教学资源等。

(4)根据学生能力和目标,制定明确的课程开发政策。

(5)制定明确的目标去改善普通中学制度。

(6)制定明确的电子学习和电脑化课程策略。

(7)提高思维能力、生活技能和课程的科学研究能力(2013年背景诊断研究)。

(8)审查课程的深度、广度、内容、数量、单元顺序以及活动,同时减少课程中提到的活动与校长、院长和部委决定的活动之间的冲突。

8. 与教育改革和成就相关的挑战

制定综合的、多样化的评估方法,重点评估学习的各个方面,包括有特殊需求的学生和普通学生水平之间的差异;并进一步运用改革的成果,以有效改进教学过程。

9. 与学生活动和教育活动服务相关的挑战

(1)监督

①在一所学校分配一名监督者,在没有监督者的学校设立一个监督中心;

②与高等教育和地方大学相协调,以开发与心理咨询和社会服务相关的课程,因此学员必须完成学业,并获得学校监督者的许可;

③监督者在开始工作之前需接受培训;

④获得监督者的职位,并履行相关职责;

⑤指派监察部门负责人到现场指导监督主管人员工作;

⑥对指派的监督人员的绩效进行研究,以确定其绩效水平和培训要求以及工作满意度;

⑦对教育监督者的直接和间接影响进行研究,以及目标群体预测的范围进行研究;

⑧评估正在实施的方案和项目,以将其转化为教育部所采取的政策。

(2)加强对 C 区和耶路撒冷区域的教育指导。

(3)学校环境和学校卫生保健

①增加卫生设施的数量:建造用于供水的卫生设施,包括为学校的女孩儿们提供卫生间,优先考虑加沙地带的卫生设施情况;

②为清洁工制定明确统一的标准并对清洁工作进行审查,以确保清洁用水和卫生设施,并提供足够的清洁用品以提高卫生水平;

③通过制定标准和规范程序来提高水质,并对学校进行监测;

④确保提供清洁用品,以可持续的方式在学校提供卫生纸、肥皂和洗涤剂等;

⑤通过在不同场合组织各种活动,如全球洗手日,加强卫生实践;

⑥完善、颁布并实施校园环境的国家标准,包括水和卫生设施;

⑦使学生掌握生活技能,养成卫生习惯,以便他们能够有效面对日常生活中的挑战,包括健康问题和其他问题;

⑧投资教师是改变学生态度的有效因素,这主要是通过培训医疗保健教师来实现的;

⑨在所有巴勒斯坦学校建立学校卫生委员会,通过该委员会来关注几个重要问题,例如监测学生的情况,实施预防活动,提供卫生服务,考虑学校环境;

⑩通过提供相关信息、实施指导和教育援助,将各年龄段的教育健康信息纳入课程中去,并把它作为其他机构的教师和保健从业人员的参考,其中包括适合不同年龄群体的最重要的健康信息;

⑪提供健康所需的相关指标、数据和信息,以评估健康方案,这有助于改善健康和教育状况;

⑫通过制定和实施卫生政策(减少暴力政策、禁止吸烟的指令、书包使用的指令、学校食堂政策、学校公共安全政策)来提供更加健康的环境;

⑬为学校制定国家卫生规划,协调卫生服务提供者,确保高质量的现场服务;

⑭增加在学校工作的合格医务人员数量,使其能够覆盖接受医学检查的学生人数;

⑮完善卫生转化体系,发挥父母对学生健康状况的监督作用;

⑯制定明确的方法,为学生提供支持工具;

⑰为实施校外卫生保健活动提供足够的支持,并在课余时间推广开放学校的理念;

⑱制定并采用明确的机制和具体的标准或使用投标的方法来计算食堂担保的价值;

⑲就卫生教育、学校环境、学校营养以及其他与学校有关的健康问题制定国家政策;

⑳制定明确的政策和机制,以加强与当地社区的伙伴关系;

㉑制订"国家牛奶计划",为学生提供标准的维生素补充食品(150毫升牛奶与60克饼干),以满足学生每日25卡路里的能量需求;

㉒关注校内外学生安全、健康和营养,改善学生的健康和营养状况;

㉓为校内学生营造安全健康的营养环境。

(4)学习活动

①增加在学校从事音乐、艺术和体育等教学活动的教师人数;

②提高一些校长、家长和社区对学生活动重要性及其对丰富教育过程意义的认识;

③通过表演达科舞蹈、诗歌和刺绣来推动巴勒斯坦文化遗产的发展;

④改善学校和管理部门的金融环境;

⑤为各部门和董事会提供永久活动场地;

⑥通过教师绩效考评制度来加强教师在学生活动中的管理作用,并且要让特定的教师群体参与到学生活动中来;

⑦通过与体育、侦察和文化部门建立联系,为各个省提供活动中心;

⑧留住合格的教师,防止他们转到其他学校;

⑨根据需要在董事会和学校提供工具和设备,并充分考虑有特殊需要的人;

⑩学校每周分配的教学时间要与学校中音乐和艺术教师的人数相匹配,比如艺术活动的专业教师为40%,而音乐教师不能超过10%;

⑪让所有学生根据自己的能力参与活动和社团。一些活动不能局限于特殊的学生,要允许所有学生参加自己感兴趣的社团;

⑫根据专业性和时间安排,为学校配备充足的合格教师,并继续为体育和文化艺术活动指派教师。为每五个学校指派一个体育监督者和一个教师或领导者;

⑬防止将体育和艺术课改为其他课程,并允许学生在课后使用学校的设施进行活动。

10. 面向有特殊需求的学生的相关活动

(1)为包容性教育制定国家政策。

(2)为有特殊需求的学生创建国家统一数据库。

(3)完善资源中心,以战略眼光建立一个新的教育机构,将其纳入董事会的结构中,并配置新的员工。

(4)在战略视野下,根据学校校舍的可用性,除了批准招聘新员工之外,还要扩大学校开放资源的空间。

(5)增加在特殊教育领域工作的合格人员数量,并为各种有特殊需求的学生(包括有才华的、有学习障碍的和自闭症的学生)提供专业人员。

(6)除了制定公共部门的残疾毕业生就业指导之外,还要制定各类残疾人的规章制度,包括为有特殊需求的学生的普通二级考试提供指导。

(7)制定各种教育阶段的学生评估标准。

(8)让残疾学生参与所有课外活动,在教育和社会支持之外为残疾学生提供心理指导,并发展他们的能力以使其达到自力更生的最高水平。

(9)在公立学校增加残疾学生和有特殊要求学生的比例。

(10)在国家计划的特定目标和时间框架下实施全国宣传运动,为所有残疾学生提供相应的公用设施,并制定相互关联的国家数据库。

(11)在巴勒斯坦建立残疾部门资源中心,由四个方面组成:①数据库;②可获得服务的资源库;③面向服务和项目的指导和定向支持中心;④咨询和培训计划。

(12)建立一个包括所有公立组织的综合诊断中心(健康、事务、教育等)。

(13)积极与社会事务部门开展合作,并为残疾人提供专用的教育服务。

(14)在国立大学设立特殊教育职业文凭,以便使所有从事特殊教育工作的员工受益(教育的咨询者),包括被委派在特殊教育领域工作的教师和希望在特殊教育领域工作的教师。

(15)扩大职业休假制度的实施范围,除了包括职业培训的咨询者、监督者和教师外,还要包括特殊教育的教师和员工。

(16)制定、实施专业标准和道德规范,使其不仅包括职业培训顾问、监督者和教师,还包括特殊教育的教师和员工。

(17)通过选择具体的学校(对于每一个集群),满足有特殊要求学生的需要,并提供专业化教师、设备和设施等所有必要的资源(2013年教育现实诊断)。

(18)为有特殊需求的学生提供必要的服务,例如学校的建筑设施,学术、身体和健康支持计划(2013年教育现实诊断)。

(19)制定具体的程序和方法以发现有才能的和优秀的学生,并为他们提供支持和关怀计划,这些计划在学校受到监控。此外,除了要为学习迟缓的学生提供学术治疗方案外,还要支持和关心他们(2013年教育现实诊断)。

(20)强制一些学校实施包容性教育,并在财务和技术上配备能够较好应对学生特殊需求的干部(2013年教育现实诊断)。

(21)通过提供适当的教育和卫生设施来改善学校环境,并为教育过程提供工具和设备(2013年教育现实诊断)。

(22)在教育过程中,给予教师足够的权力去自由和独立地开展教育活动,比如教师应当对学生的成绩负责(2013年教育现实诊断)。

(23)审查包容性教育,并将残疾学生纳入学校中,从而不会影响学生的态度或者通过关心这个群体而不是整个班级而浪费教师的时间。通过改善教育和卫生设施、设备以及教室环境来改善学校环境(2013年教育现实诊断)。

(24)制定清晰而明确的机制,使学校和家庭在教育学生中发挥各自的作用(2013年教育现实诊断)。

(25)建立新的教育制度以惩罚那些欺负和伤害其他学生的暴力学生。

(三)非正式教育的挑战

(1)制定巴勒斯坦成人教育战略规划。

(2)在中心机构创建统一的数据库,为目标群体教育水平、教学人员的能力以及专业化等提供信息和数据。

(3)统一设立一个包括成人和非正式教育项目专业知识的数据库,以便跟进他们的工作,使他们参加与其专业领域相关的课程(继续教育),并获得与不同的专业化相关的数据。

(4)制定全面的规划和发展项目,对相关专业技术人员进行培训和资格认证。

(5)为毕业生提供电子学习和自学的氛围,如果这种氛围文化能够传播开来,将有助于提高毕业生自力更生的意识,提高他们的专业化水平。

(6)增加以工匠和职业培训为重点的项目,这些项目与扫盲后的计划有关,旨在提高识字人的职业水平,并帮助他们使用以前获得的阅读和写作技能。

(7)提供持续的资金、原材料、设备和基础设施。

(8)开展关于机构、成就、项目以及与个人需求、劳动力市场需求和国家行政计划相协调的研究。

(9)提升学生参与项目的能力,以消除学生在职业培训和非正式教育项目中的自卑感。

(10)为非正式教育和成人教育制度重建一个统一的国家组织结构。

(四)与地方和国际合作伙伴有关的挑战

1. 与捐助者的关系

(1)有必要了解关于捐助者的各项操作程序,并与各部门在不同领域进行协调。例如:签订协议、融资手段、偿还程序、公开账户、单位资金、集中资金、捐赠支付方式、赠款、报价、招标和协议。

(2)当与捐助者签订协议时,考虑部门的规章制度和程序是很重要的,或者采取与该部门规章制度不相抵触的其他签订合同的方式和融资方式。

(3)除了启动资助项目和协调工作外,还要改革部门内部审计职能和偿还制度,并采取措施改善和发展捐助者的筹资过程。

(4)根据国家教育的需要和优先事项,通过有效机制就资源分配与捐助者进行协调。规范资金使用的程序,并评估教育发展项目,使其符合部门运营的规则、规定和程序。

(5)建立有关机制,在资金完成后继续进行项目工作,有利于成果的不断积累。

(6)审查专家在项目中的作用,以确保他们在工作中各司其职。

(7)关闭季度政策,因为教育部需要一个月才能审查和执行该计划。

2. 与国家伙伴的关系

(1)国家学术机构缺乏工会和协会,这限制了它们之间的协调和发展,并削弱了政策和总体趋势的重要性。

(2)在简单的条件下,缺乏专门针对国家教育的资助机构。而且就可获得的明确的系统性资助而言,国家教育机构与私营部门之间的协调与合作较为薄弱。

(3)缺乏关于劳动力市场及其需求的信息,这使教育输出难以和劳动力市场的实际需要相匹配。

(4)对生产和服务部门的教育产出缺乏信心。

(5)缺乏明确的制度和方法来组织三方关系,即私立教育机构、正规机构、生产和服务私营机构。

(6)对国家学术机构行政管理的监督和管理比较薄弱,正式机构的作用仅限于颁发机构所需的许可证。

3. 与联合国难民救济及工程局的关系

(1)继续探索各个方面的合作,制定时间表、预算、行动规划和监测评估工具,并规范地实施。

(2)顺利实施政策和活动,并提出新的政策。

(3)定期审查协调技巧,以解决弱点、增强优势。

(4)政府部门和联合国难民救济及工程局的合作,是为了给在移民营地的巴勒斯坦难民提供教育。

第三部分 全民教育目标的成就和不足

八、前言

2000年,在塞内加尔举行的达喀尔首脑会议讨论了全民教育的目标,这是实现教育六个目标时间表的重要基准,共有164个国家承诺到2015年实现这些目标。在世界教育论坛上(达喀尔,2000),这些国家一致宣称,到2015年每个人都应该获得受教育权。政府、发展机构、民间社会组织和私营机构正在努力实现这六个目标。

根据达喀尔行动纲要,联合国教科文组织负责与达喀尔论坛的四个机构合作,即:联合国开发计划署、联合国人口基金会、联合国儿童基金会和世界银行。公共教育政策主要与达喀尔首脑会议议定的目标有关。因此,国家、国际组织和民间社会组织确定这六个目标的核心是非常重要的。

(一)扩大幼儿保育和教育

幼儿保育和教育对于孩子获得教育、经验、技能、学习情况、社会和生活技能非常重要。这些技能使儿童能够与他人进行互动和开展合作,并帮助其应对不同的情况。而且,在塑造孩子的身体、精神、情感和社会成长等方面来说,这也是一个关键的阶段。幼儿园为4~6岁儿童提供学前教育,并为他们以后学习重要的知识和经验奠定了坚实的基础,这有助于他们在后续阶段的学习,并鼓励他们在学习过程中抓住机会,培养不同的技能。

幼儿园是孩子学习语言、培养想象力和好奇心、进行身体活动和肌肉控制的阶段。在这个阶段,孩子开始建立友谊,参与一些传统的和社交类的游戏。这是一个敏感的阶段,应精心地呵护孩子的情绪,并且为他们提供经验;同时也应该考虑孩子对独立性、获取经验和知识的更多需求。在幼儿园教育中,应该以孩子能理解的方式解答他们的疑问,将他们视为具有不同需求的个体,鼓励他们自主思考。这些可以通过教育环境和材料,以及适用于现阶段儿童发展水平的教育方法来实现,这样既保护了他们,又有助于促进其进步。

研究表明,接受过幼儿保育和教育的学生,在以后的学习中表现得更好。2009年的PISA计划显示,在58个国家的15岁学生中,接受过幼儿保育和教育的学生,比那些没有接受过幼儿保育和教育的学生表现得更好。在发达国家,有关研究表明,除了阅读和数学等认知技能之外,幼儿保育和教育在学术成就水平和认知技能发展上有许多好处和影响,例如注意力、努力程度、主动性和表现力等方面。2012年,全民教育全球监测报告还提到一些其他的研究和方案,这些研究和方案都赞同幼儿保育和教育的重要性。该报告提到,第一个目标是:"平等接受高质量的幼儿保育和教育是早期儿童综合保育的一部分。提升小学入学率的幼儿接受保育和教育必须具有合理的成本和较高的质量。即使在贫穷国家,政治承诺和资金支持都会有助于为更多儿童提供平等的(入学)机会。为了抑制不平等现象,政府必须解决贫困家庭的儿童面临的困难,这将使他们成为最大的受益者。"根据幼儿保育和教育要实现的目标,如果幼儿保育和教育的毛入学率达到70%,那么该目标就会实现或者接近于实现。

以下是用于监测实现此目标的最重要指标:

1. 学前教育和其他幼儿保育和教育项目的毛入学率

毛入学率指的是在教育项目中注册的儿童人数,不考虑他们的年龄。毛入学率表示的是在这一教育水平上,官方年龄组的入学人数占总人数的百分比。该指标衡量儿童参与该教育项目的总体水平,也体现了一个国家让孩子参加小学教育的能力。

图1显示,学前教育毛入学率在持续增长。2013/2014学年的毛入学率为50.7%,

其中男性为 50.8%,女性为 50.6%;2004/2005 学年的毛入学率为 29.9%,其中男性为 30.6%,女性为 29.3%;男性和女性的毛入学率在所有年份都很接近。

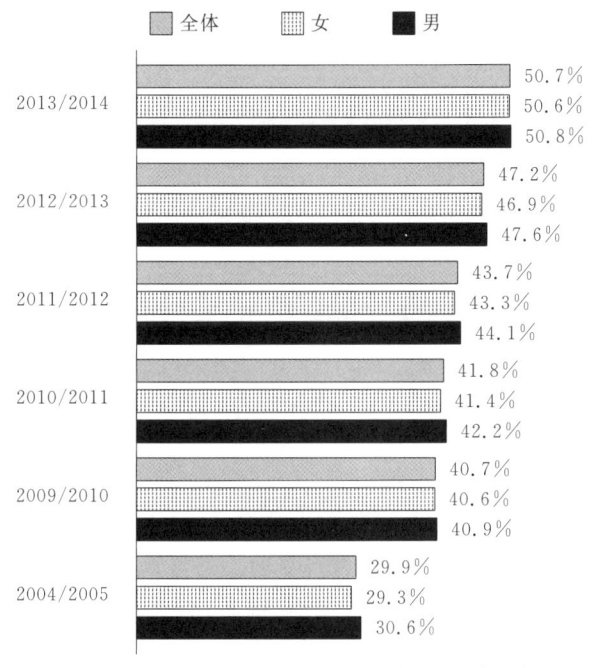

图 1 根据年份和性别进行的学前教育毛入学率比较

2014 年,"阿拉伯国家的全民教育区域报告"指出,1999 年至 2011 年,所有的阿拉伯国家在扩大学前教育方面取得了重大进展,入学率达到 72%。其中,有 410 万名儿童接受了学前教育,相当于总入学率的 23%。报告还指出,巴勒斯坦幼儿园入学政策也有利于女性。

2. 一年级新生中参与幼儿保育和教育课程的学生比例

图 2 所示的是小学一年级新生中参加过至少 200 小时保育和教育课程的学生人数占一年级学生总数的百分比。

图 2 显示,在一年级新生中,上过幼儿园的孩子的比例稳步上升。2013/2014 学年,参加过幼儿保育和教育课程的一年级新生的比例为 62.1%,其中男性为 61.9%,女性为 62.2%;2004/2005 学年,该百分比为 49.1%,其中男性为 50.1%,女性为 48.0%。

3. 特殊学前教育及其他特殊幼儿保育和教育计划的入学人数占学前教育及其他幼儿保育和教育计划总入学人数的百分比

学前教育几乎局限于私营部门。除了受高等教育部监管的两所幼儿园之外,大多数幼儿园是由私营部门开办的。2004/2005 年特殊学前教育的比例为 99.8%,2013/2014 年为 99.1%。

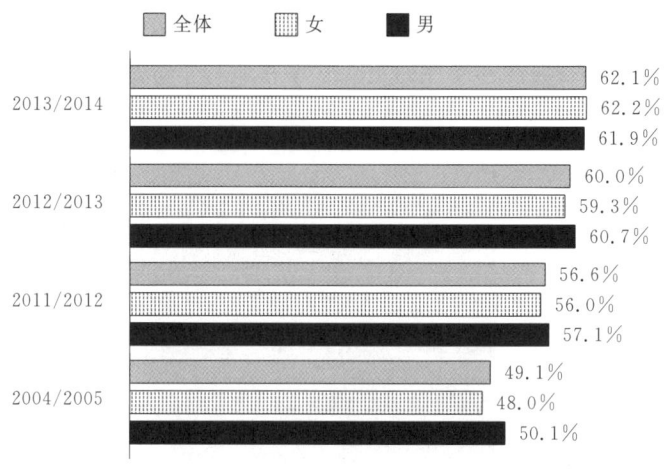

```
                        ■ 全体  ▨ 女  ■ 男

2013/2014  ──────────────────── 62.1%
           ──────────────────── 62.2%
           ──────────────────── 61.9%

2012/2013  ─────────────────── 60.0%
           ─────────────────── 59.3%
           ─────────────────── 60.7%

2011/2012  ────────────────── 56.6%
           ────────────────── 56.0%
           ────────────────── 57.1%

2004/2005  ──────────────── 49.1%
           ──────────────── 48.0%
           ──────────────── 50.1%
```

图 2　一年级新生中参与幼儿保育和教育课程的学生比例

这些面向 4~6 岁儿童的课程分为两种类型：一年制课程(5~6 岁)或两年制课程(4~6 岁)。两年制课程分两个年龄组：4~5 岁的幼儿园(KG1)和 5~6 岁的幼儿园(KG2)。高等教育部界定了学前教育的规范和标准，通过实施许可证制度以确保幼儿园有安全和健康的环境。然而，幼儿园教育目前不是官方教育制度的一部分，这一层次的教育主要是由私营部门运营管理；高等教育部只起监督、培训员工、制定课程和相关战略的作用。在未来几年，高等教育部计划将幼儿园教育作为官方教育体系的一部分，并已经开始在边缘地区和 C 区的公立学校开设了一些学前班级。

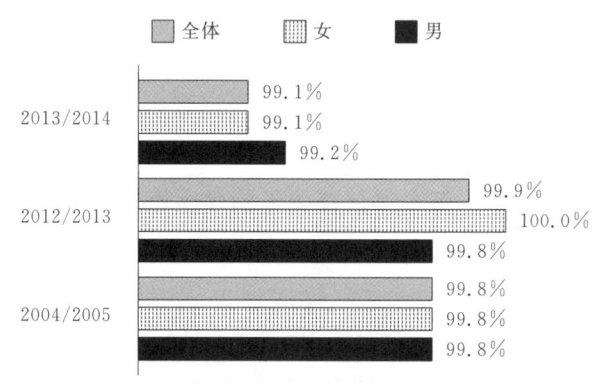

```
                        ■ 全体  ▨ 女  ■ 男

2013/2014  ──────────────────── 99.1%
           ──────────────────── 99.1%
           ──────────────────── 99.2%

2012/2013  ──────────────────── 99.9%
           ──────────────────── 100.0%
           ──────────────────── 99.8%

2004/2005  ──────────────────── 99.8%
           ──────────────────── 99.8%
           ──────────────────── 99.8%
```

图 3　特殊学前教育及其他特殊幼儿保育和教育计划的入学人数占学前教育及
其他幼儿保育和教育计划总入学人数的百分比

4. 根据国家标准，学前教育领域受过培训的教师与其他幼儿保育和教育领域中具有教师资格的教师的百分比

公立部门要求，在特定教育阶段从事教学工作的教师，在工作前或工作期间至少应获得最低限度的培训或取得经认可的教学资格。在这一方面，通常用同一教育阶段具有教师资格的教师人数占教师总数的百分比来衡量。

显然,幼儿园女性教师的资历水平不高,从而很难使她们在这一领域有效地发挥作用,其原因是大学和学术机构没有提供儿童教育学位的课程。高等教育法要求学前教师至少持有本科文凭证书,但指标显示,大部分教师仅持有高中毕业证书。由于这个职业的标准和工作条件不会吸引高素质的人才,并且很多学前教师认为在获得一个条件较好的工作之前,在幼儿园工作仅为临时性职业,所以教师在这一领域的教育效率仍然很低。在这种状况下,高等教育部面临着许多挑战,包括提供学前教育培训。即使高等教育部坚持每年对幼儿园的女性教师进行培训,但这仍然被认为是没有任何实质性进展的。高等教育部最近开展了合作项目,制定了有关教师资格、培训和其他要求的标准。

目前,教师所应具备的资格是获得高等教育部许可证的最低要求。根据教育部的第三个战略规划,高等教育部正在努力为幼儿园教师制定战略标准,并编制教师资格评定文件。

5. 学前教育"孩子-教师比"

"孩子-教师比"是达喀尔要求的教育质量的指标,可以列入与人力资源可用性相关的指标组中。这个比例也是规划教育制度发展的重要元素,是衡量教育和学习质量的基本手段。"孩子-教师比"必须添加到教师的学历、教育培训、经验、职位、教学方法、指定的学习时间、教室内的教学材料和教学条件中,并把它们作为影响教育和学习质量的重要因素。

这个比例是指在特定学年中,特定教育阶段的每名教师所对应的平均学生人数。根据教师数量与学生群体大小的关系,该指标用来衡量人力资源投入的水平。在每个级别或类型的教育中,该指标常用来和国家标准相比较。

考虑到教育和学习质量,每个教室里的孩子越少,教师就可以更多地关注每一个孩子,该指标明确要求"孩子-教师比"不得超过国家标准。

图4表明,"孩子-教师比"由2004/2005学年的20.0∶1降到了2012/2013年的17.8∶1。

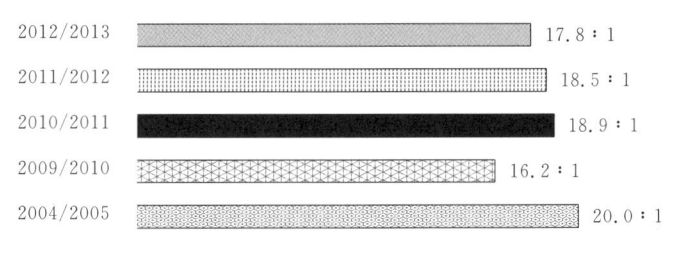

学年	孩子-教师比
2012/2013	17.8∶1
2011/2012	18.5∶1
2010/2011	18.9∶1
2009/2010	16.2∶1
2004/2005	20.0∶1

图4 学前教育阶段"孩子-教师比"

6. 讨论幼儿保育和教育的指标

(1)高等教育部与相关的政府、民间组织和国际机构开展合作,于2013年制定了《巴勒斯坦幼儿教育发展战略》。根据这一战略,社区和政府采取的措施和程序将会生效,以实现所有巴勒斯坦儿童对未来美好生活的憧憬。该战略旨在通过制定政策,颁布和实施与儿童有关的法律,以确保巴勒斯坦的所有儿童获得权利,满足其需要,保障其福利。

(2)教育部在第三次战略规划(2014—2019年)的框架下制定了一个综合方案以改善幼儿园教育。该方案包括通过高等教育部的政策提高公立学校学前班入学率,使幼儿园教育更加普及。高等教育部正在按照计划和现有资源建立幼儿园,它还在每所新建学校内增添了一个学前班。从长远来看,希望在北部省份的266所混合小学中开设预备班,并且已经在四个地区的八所学校里开设了八个班级。截至2014年底,它还致力于在北部省份开展37个预备课程,在南部省份开展14个预备课程。

(3)《巴勒斯坦幼儿教育发展战略》是以重要的参考资料为基础的,例如法律文件、国际儿童权利以及关于教育和会议的国家和国际协定,包括"全民教育""千年发展目标""适合儿童成长的世界""教育发展计划"和"巴勒斯坦发展和改革方案"等。

战略中包括的主要法律基础是:

①2003年巴勒斯坦修订的《基本法》;

②2004年《巴勒斯坦儿童法》(2012年11月修订);

③1989年《儿童权利公约》;

④1948年《世界人权宣言》;

⑤1979年《消除对妇女一切形式歧视公约》;

⑥2006年《残疾人权利公约》。

(4)私立幼儿园的教育旨在谋求利润。因此,私立幼儿园集中在大型住宅区和家长能够负担儿童教育费用的地区,而贫困儿童和生活在边缘地区的儿童被剥夺了这种受教育的权利。所以,教育部决定在受灾最严重的地区开设幼儿园课程。

(5)高等教育部致力于制定幼儿园许可条例,这一条例包括教学水平、课程设置等,旨在提高该阶段的教育质量。

(6)影响学前教育入学率的主要挑战之一是政府决定限制最低工资。这可能导致儿童教育费用的增长,并且由于父母无法负担起增长后的费用,因此许多地区的幼儿园倒闭。

(7)根据巴勒斯坦教育的法律规定,学前教育依然不被视为义务教育。

(8)"2013—2014年全民教育区域报告"指出,巴勒斯坦在实现保育普遍化目标的第二个阶段。

(二)初等教育的普及

初等教育旨在"到2015年,使所有的儿童(特别是女孩、生活条件困难的儿童和少数民族儿童)能够受益并继续接受免费的和义务的初等教育"。这一目标承诺向所有的男性和女性提供全民教育,同时主要倾向于女性和穷人,并确保提供免费的、高质量的教育。

根据巴勒斯坦教育制度,这个目标的指标包括基础教育阶段,即一至十年级。根据联合国教科文组织的分类,它包括两个阶段:

教育国际标准分类1:包括一至四年级。

教育国际标准分类2:包括五至十年级。

根据实现基础教育目标的标准,如果初等教育(一至四年级)调整后的净入学率为95%,则意味着达到目标或接近达到目标。

如果调整后的初等教育(五至十年级)净入学率为95%,则表明成人教育的相关目标达成或者接近达成。

1. 初等教育的毛接受率

不考虑他们的年龄,这是小学一年级新生入学的总人数。它用这一教育阶段的官方年龄组中人口的百分比来反映这一阶段的教育水平。初等教育的毛接受率反映了小学入学教育的一般水平。教育系统能够提供一年级入学机会,但这些学生必须在官方年龄群体中。

2013/2014学年,巴勒斯坦一年级的毛接受率为102.5%,其中男性为103.1%,女性为101.9%,如图5所示。

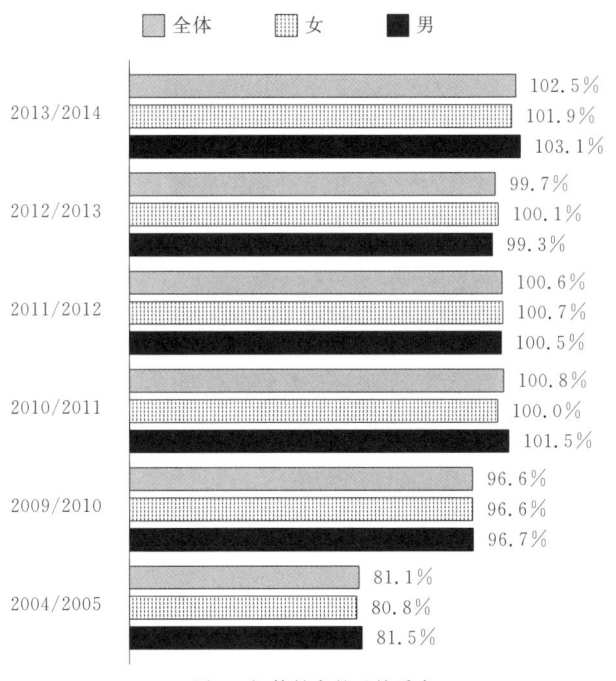

图5 初等教育的毛接受率

自2004/2005学年以来,初等教育的毛接受率有所增长。在2004/2005学年,毛接受率达到81.1%,其中男性为81.5%,女性为80.8%。在2010/2011学年,毛接受率增至100.8%,到2013/2014学年再次增至102.5%。

预期的毛接受率表明接受初等教育的机会很大。考虑到这个百分比既包括一年级入学的所有儿童,也包括超过官方年龄的儿童,所以毛接受率可能超过100%,比如图5中2010/2011学年、2011/2012学年和2013/2014学年的毛接受率就超过了100%。

2. 初等教育的净接受率

这是达到官方年龄进入小学的一年级新生的百分比。它也体现出同龄人口的百分比。一年级净接受率减少的原因是官方入学年龄为5岁零8个月而不是6岁。

图6显示,自2004/2005学年以来,初等教育的净接受率稳步增长。2004/2005学年的净接受率为57.2%,其中男性为58.7%,女性为55.7%。到2013/2014学年,初等教育的净接受率增至93.7%,其中男性为94.1%,女性为93.2%。这表明,在巴勒斯坦达到官方入学年龄的儿童有很大的机会进入小学,但这并不意味达到官方入学年龄的所有儿童都能进入小学。

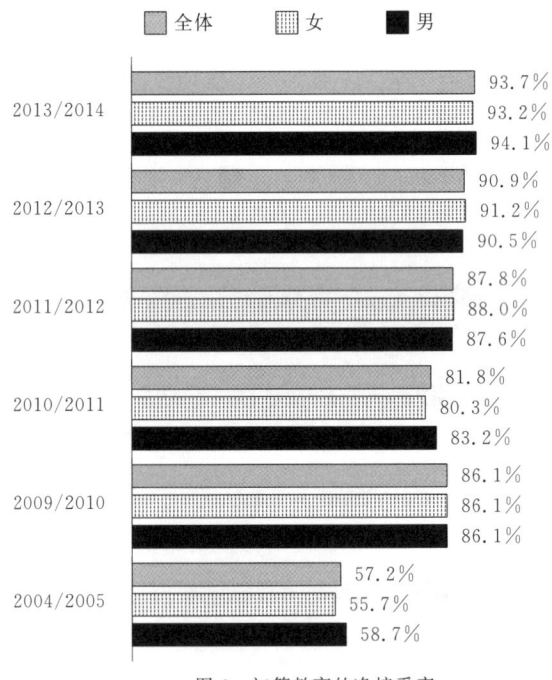

图6 初等教育的净接受率

3. 初等教育的毛入学率

这是指初等教育阶段某一年级在校生数占相应学龄人口总数比例。图7显示,巴勒斯坦2013/2014学年初等教育的毛入学率为95.3%,其中男性为94.2%,女性为96.5%。这一比例超过了巴勒斯坦2004/2005学年的毛入学率93.2%,其中男性为92.8%,女性为93.6%。

图7还显示,在初等教育阶段,女性的毛入学率高于男性。在2013/2014学年,毛

入学率为 95.3%,这一比例超过了 95.0%,表明政府有能力满足达到官方入学年龄的孩子的受教育需求,但这并不意味着实现了全民教育计划。

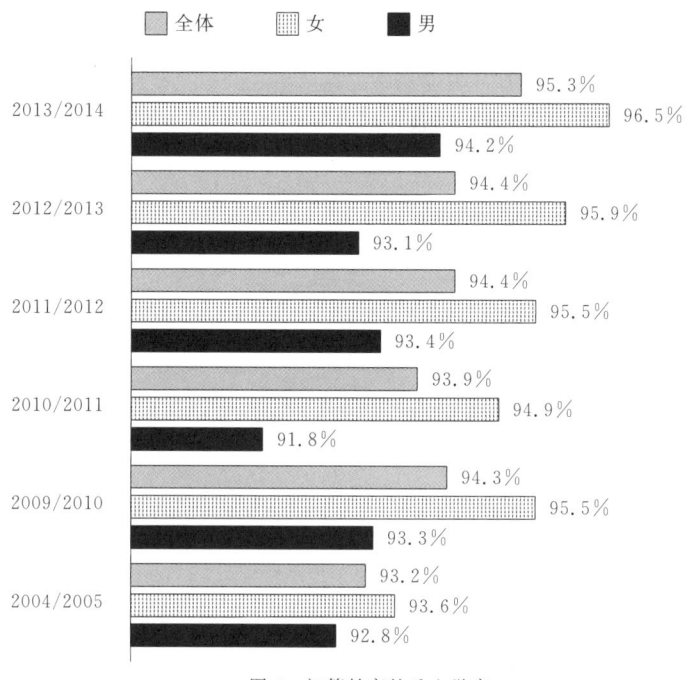

图 7　初等教育的毛入学率

4. 初等教育的净入学率

这是指在这个教育阶段的官方年龄群体中,初等教育注册学生的总数。它体现的是占总人口的百分比。图 8 显示,2013/2014 学年巴勒斯坦初等教育的净入学率为 93.6%,其中男性为 92.7%,女性为 94.6%。这一比例超过了 2004/2005 学年的净入学率 89.0%,其中男性为 89.0%,女性为 89.1%。

图 8 还显示,2013/2014 学年女性净入学率比男性净入学率高 1.9%。93.6% 的净入学率表现出达到官方入学年龄的群体有较高的初等教育参与度。随着时间的推移,净入学率的提高反映了初等教育参与度的改善。然而,将净入学率与毛入学率进行比较时,其差异反映了低于或高于官方年龄儿童的百分比。当净入学率低于 100% 时,这个差异的百分比(100−93.6=6.4)% 代表未接受初等教育的孩子的百分比。考虑到有些孩子可能在中等教育注册,这一差异不能被视为初等教育非注册学生的准确百分比。

5. 初等教育调整后的净入学率

调整后的净入学率是衡量官方学龄儿童在初等教育入学的情况。图 9 表示的是初等教育调整后的净入学率。

图 8 初等教育的净入学率

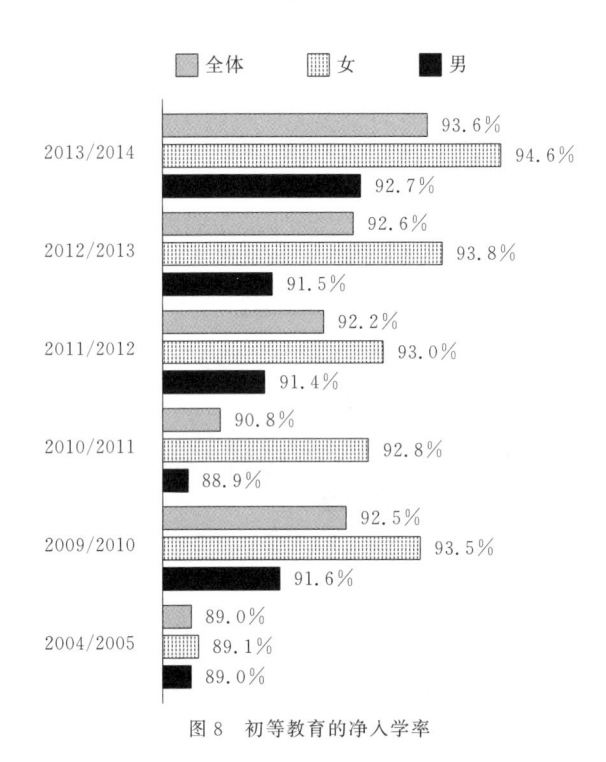

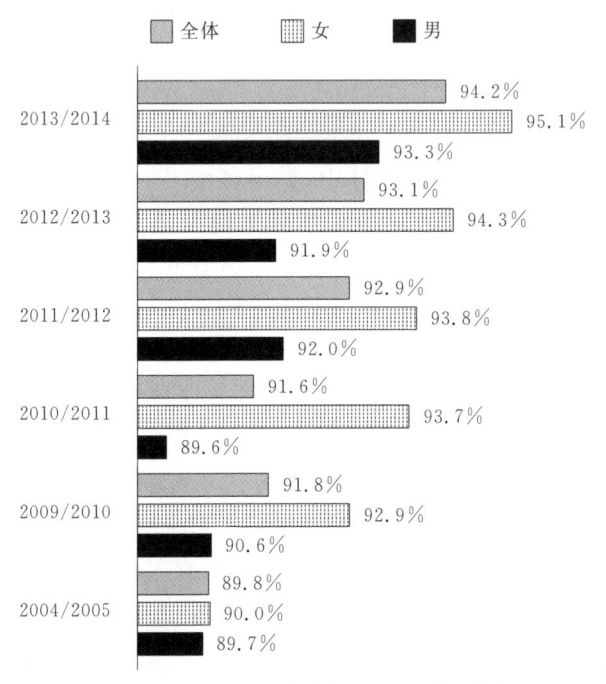

图 9 初等教育调整后的净入学率

图 9 显示,初等教育调整后的净入学率在稳定增长。从 2004/2005 学年的 89.8%

(其中男性为89.7%,女性为90.0%),增长到2013/2014学年的94.2%(其中男性为93.3%,女性为95.1%)。图9还显示,在所有年份中,女性调整后的净入学率高于男性。

《2014年阿拉伯国家全民教育区域报告》指出,1999—2011年,整个区域初等教育调整后的净入学率从79.0%上升到89.0%,增加了10个百分点。考虑到区域人口的增长,这是一个伟大的成就。

根据联合国教科文组织对初等教育的分类(国际教育标准分类1)及其在巴勒斯坦初等教育(一至四年级)中的应用,调整后的净入学率是普及初等教育的主要指标,如图10.1所示。

根据上述数据,巴勒斯坦实现了与普及初等教育(一至四年级)目标相关的全球目标。这个阶段主要包括巴勒斯坦教育体系中的五至十年级和根据教科文组织分类的初等教育等同于国际标准分类2,其指标如图10.2所示。

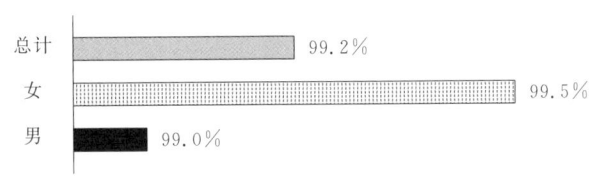

图10.1　2013/2014年初等教育(一至四年级)调整后的净入学率

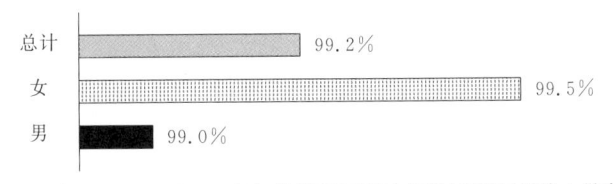

图10.2　2013/2014年初等教育(五至十年级)调整后的净入学率

根据上述数据,巴勒斯坦被列为远远没有达到青少年和成人基础教育(五至十年级)需求目标的国家。

6. 初等教育的相对风险

这是上一年级中同一班级入学的学生总数,它表示该班级学生总数的百分比。

图11显示,巴勒斯坦初等教育的相对风险有所减少,自2004/2005学年的1.5%(其中男性为1.7%,女性为1.4%),减少到2012/2013学年的1.2%(其中男性为1.2%,女性为1.0%)。图11还显示,女性的相对风险较男性偏低。

这一比例代表了那些在课堂上没有获得成功的能力最低的学生比例,它受到教育部有关决定的影响,即在期末考试结束后,将相对风险的比例确定为5.0%,而不考虑学生的总数。但是,如果提供总的百分比不足15.0%,则表示有特殊情况。

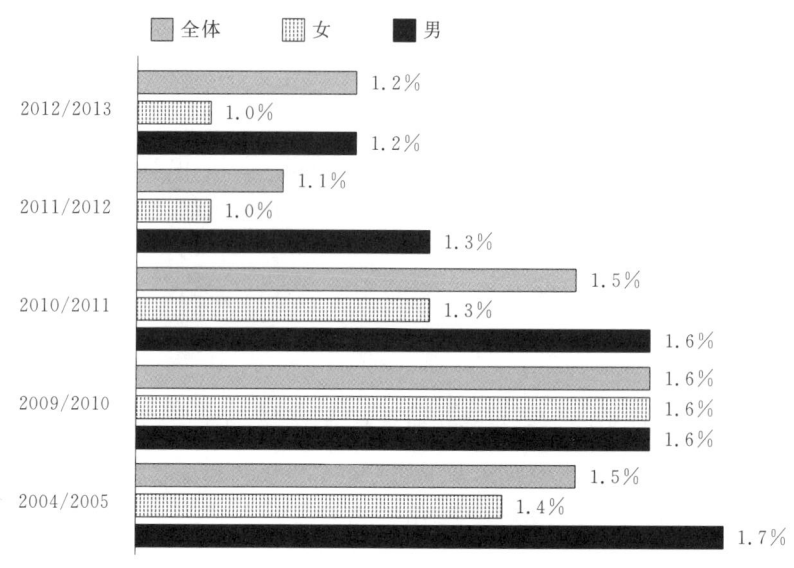

图 11　初等教育的相对风险

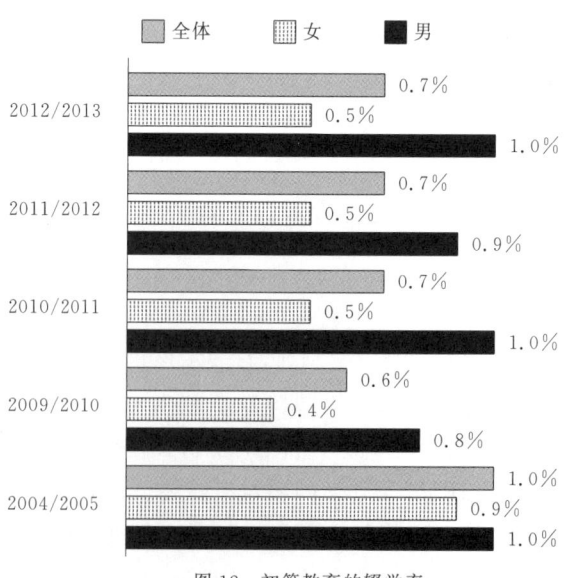

7. 初等教育的辍学率

初等教育的辍学率是指在特定年份的某一班级注册过,而在下一年没有注册的学生的百分比。

图 12 显示,初等教育的辍学率在所有年份不高于 1%,而且女性的辍学率一直低于男性。

图 12　初等教育的辍学率

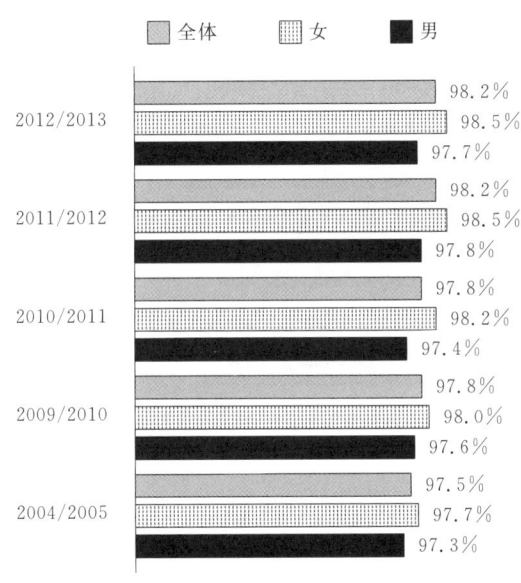

8. 初等教育的通过率

初等教育的通过率是指在特定年级,某一班级的学生在下一学年将转入下一个年级的百分比。

图 13 显示,从 2004/2005 学年到 2012/2013 学年,初等教育的通过率一直在轻微稳步地增长。还可以看出,在所有年份中,女性的通过率比男性的通过率高。

图 13 初等教育的通过率

9. 预计达到五年级的初等教育参与率

这一比例是指在特定的学年和特定的教育阶段,预计达到初等教育五年级的一年级入学的学生百分比。预计达到五年级的初等教育参与率如图 14 所示。

图 14 表明,预计达到五年级的初等教育参与率,男性和女性几乎是一样的。

10. 预计达到十年级的初等教育参与率

这一比例是指在特定的学年和特定的教育阶段,预计能达到初等教育十年级的小学生参与率。

图 15 显示 2004/2005 学年度约旦河西岸预计达到十年级的初等教育参与率为 84.4%,2012/2013 学年这一比例略有下降,变为 82.7%。然而,从这一比例的波动来看,其呈现出波浪式的下降趋势。图 15 还显示,女性的这一比例一直高于男性。

11. 主要群体的完成率

主要群体是指在特定时期内经历一系列事件的一组个体。它被定义为在同一学年进入某个教育阶段的一个年级并成功进入下一个年级的学生群体。

	全体	女	男
2012/2013	97.3%	96.8%	97.9%
2011/2012	97.8%	97.8%	97.7%
2010/2011	98.1%	98.2%	97.9%
2009/2010	98.8%	99.1%	98.6%
2008/2009	97.5%	97.2%	97.8%
2004/2005	98.2%	98.3%	98.2%

图 14　预计达到五年级的初等教育参与率

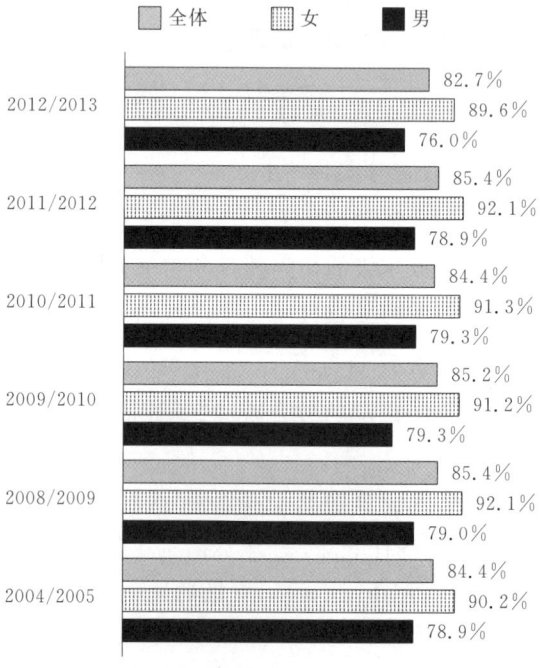

	全体	女	男
2012/2013	82.7%	89.6%	76.0%
2011/2012	85.4%	92.1%	78.9%
2010/2011	84.4%	91.3%	79.3%
2009/2010	85.2%	91.2%	79.3%
2008/2009	85.4%	92.1%	79.0%
2004/2005	84.4%	90.2%	78.9%

图 15　预计达到十年级的初等教育参与率

图 16 显示,主要群体的完成率在下降。巴勒斯坦的主要群体完成率在 2004/2005 学年为 82.9%,2013/2014 学年下降为 76.5%。

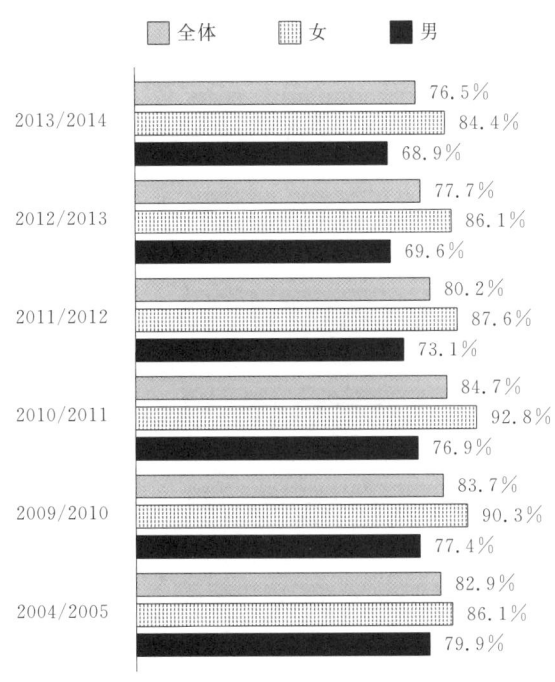

```
                全体    女     男

2013/2014       76.5%
                84.4%
                68.9%

2012/2013       77.7%
                86.1%
                69.6%

2011/2012       80.2%
                87.6%
                73.1%

2010/2011       84.7%
                92.8%
                76.9%

2009/2010       83.7%
                90.3%
                77.4%

2004/2005       82.9%
                86.1%
                79.9%
```

图 16 主要群体的完成率

12. 从初等教育到中等教育的有效过渡率

有效过渡率是指在特定的年份,中等教育一年级学生的人数与上一年初等教育阶段最后一个年级学生总人数的百分比。

较高的有效过渡率表示,学生从一个教育阶段过渡到另一个教育阶段的高注册率,同时也反映了下一个教育阶段的教育水平。相比较而言,较低的有效过渡率反映了互相连接的两个教育阶段所出现的问题,可能是由于考试制度的失败或者是学生不能适应较高的教育阶段。图 17 表示的是在特定的年份,从初等教育到中等教育的有效过渡率。

图 17 表明,从初等教育到中等教育的有效过渡率存在轻微波动。它还表明,在所有年份中,女性的有效过渡率高于男性。

13. 符合学术资格水平和国际标准的初等教育教师百分比

受过培训并具备教学资格的教师是提高初等教育质量的关键因素,也是落实达喀尔论坛对提高初等教育质量建议的关键因素。大多数巴勒斯坦学校是不分阶段的,大多数教师既在初等教育阶段教学,也在中等教育阶段教学。因此,教师资格和教育阶段是很难分开的。

图 18 所示为基于教师教育战略和资格划分的教师百分比。

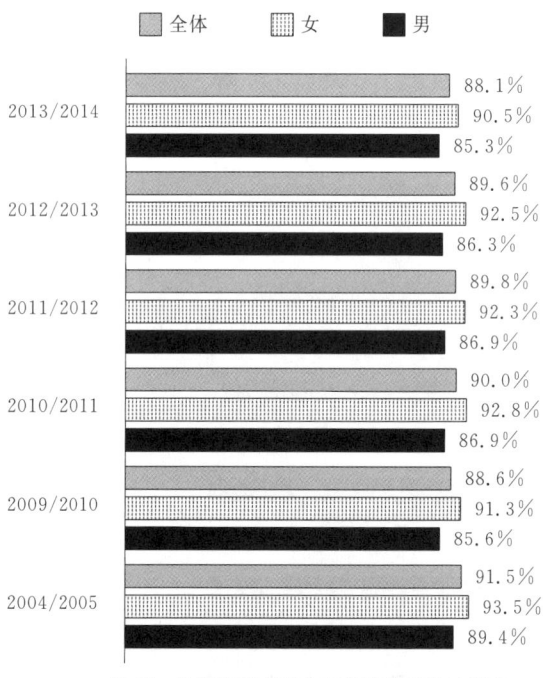

图 17 从初等教育到中等教育的有效过渡率

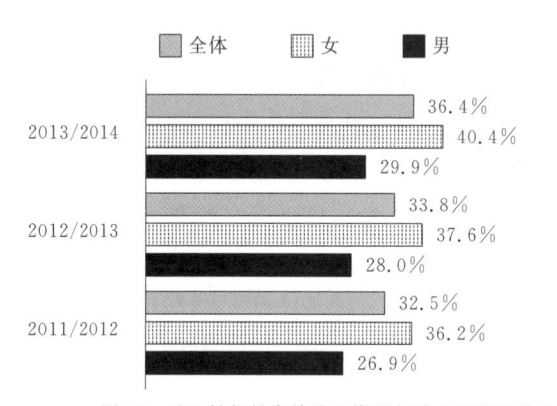

	全体	女	男
2013/2014	88.1%	90.5%	85.3%
2012/2013	89.6%	92.5%	86.3%
2011/2012	89.8%	92.3%	86.9%
2010/2011	90.0%	92.8%	86.9%
2009/2010	88.6%	91.3%	85.6%
2004/2005	91.5%	93.5%	89.4%

图 18 基于教师教育战略和资格划分的教师百分比

	全体	女	男
2013/2014	36.4%	40.4%	29.9%
2012/2013	33.8%	37.6%	28.0%
2011/2012	32.5%	36.2%	26.9%

表 6 反映了符合国家标准和学术资格水平的初级教育阶段教师百分比。

表 6 表明,自 2009/2010 学年实施教师教育战略以来,合格教师的比例有所增加。比如在政府监管的学校中,2009/2010 学年合格教师比例为 27.3%,其中男性为 22.9%,女性为 30.7%;到 2013/2014 学年,合格教师的百分比增至 33.1%,其中男性为 28.2%,女性为 36.5%。这一增长是通过招聘合格教师来实现的。然而,很多被雇用的教师并没有完成他们的专业资格课程。

表6　　符合国家标准和学术资格水平的初级教育阶段教师百分比　　（%）

监管主体	性别	学年				
		2009/2010	2010/2011	2011/2012	2012/2013	2013/2014
政府	男性	22.9	23.5	25.1	26.4	28.2
	女性	30.7	31.4	32.4	33.7	36.5
	平均	27.3	28.0	29.3	30.6	33.1
联合国难民救济及工程局	男性	N/A	N/A	56.4	61.2	64.4
	女性	N/A	N/A	71.2	75.6	77.4
	平均	N/A	N/A	65.8	70.3	72.6
私立	男性	N/A	N/A	24.5	23.1	24.9
	女性	N/A	N/A	38.8	40.3	43.4
	平均	N/A	N/A	35.4	36.2	39.1
所有教师	男性	N/A	N/A	26.9	28.0	29.9
	女性	N/A	N/A	36.2	37.6	40.4
	平均	N/A	N/A	32.5	33.8	36.4

同样,在联合国难民救济及工程局监管的学校中,2011/2012学年合格教师比例已经增长到65.8%,其中男性为56.4%,女性为71.2%。2013/2014学年合格教师的比例又增长到72.6%,其中男性为64.4%,女性为77.4%。在私立学校中,2011/2012学年合格教师的比例为35.4%,其中男性为24.5%,女性为38.8%。在2013/2014学年,合格教师的比例略微提高到39.1%,其中男性为24.9%,女性为43.4%。2011/2012学年,所有教师所占的百分比为32.5%,其中男性为26.9%,女性为36.2%。而在2013/2014学年,这个百分比增加到36.4%,其中男性为29.9%,女性为40.4%。表7根据多样性的战略,反映了合格教师的百分比。

表7　　2004/2005学年与2012/2013学年教师最高学历分布百分比　　（%）

最高教育资格	学年	男性	女性	总计	不同方向
中等文凭或以下	2004/2005	30.2	36.7	33.7	↓
	2012/2013	16.3	17.5	17.0	
学士学位	2004/2005	65.0	61.4	63.1	↑
	2012/2013	74.8	77.3	76.2	
较高文凭	2004/2005	0.9	0.4	0.6	↑
	2012/2013	0.9	0.7	0.8	
硕士学位或更高文凭	2004/2005	3.9	1.4	2.6	↑
	2012/2013	8.0	4.5	6.0	

表7显示,2004/2005学年至2012/2013学年,持有中等文凭的男、女教师百分比下降了16.7%,而持有学士学位教师的百分比增加了13.1%,持有较高学历的教师百分比增加了0.2%,持有硕士学位的教师百分比增加了3.4%。

就基础教育而言,该指标衡量了教师的资格,并且要注重培训教师的教学方法。

14. 初等教育中受过培训的教师比例

这一比例是指在特定的教育阶段,获得公立学校要求的最低限度培训的教师人数(在他们工作之前或工作期间)占相同教育阶段教师总数的比例。

根据教育政策和教育监督规划,新任教师必须在实习前参加专业资格考试。所有教师在开始教学之前,都要参加基本的师资培训课程。

15. 初等教育中"学生-教师比"

这一比例是指在某一学年的某一教育阶段,平均每名教师对应的学生人数。该指标用于衡量人力资源投入的水平,即学生人数与教师人数之比。学生-教师比通常按照国家教育水平或其他标准进行比较。学生-教师比不得超过教育和学习质量的国家标准,因为人们普遍认为,教师可以在较小的教室里给予每个学生更多的关注。

图 19 显示,每名教师对应的学生人数在减少。在 2009/2010 学年,"学生-教师比"是 24.8%,而到 2013/2014 学年则降为 22.8%。

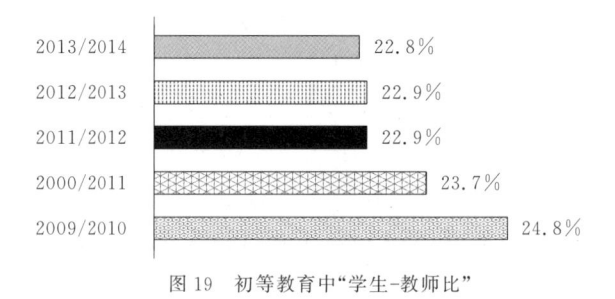

学年	比例
2013/2014	22.8%
2012/2013	22.9%
2011/2012	22.9%
2000/2011	23.7%
2009/2010	24.8%

图 19 初等教育中"学生-教师比"

16. 提供全面初等教育的初等教育学校比例

这一比例是指在初等和中等学术型教育中,提供全面初等教育(从一年级到十年级)的学校比例。

图 20 显示,2013/2014 学年提供全面初等教育的学校比例为 15.3%(约旦河西岸为 19.2%,加沙地带为 3.6%),其中男性学校为 8.2%,女性学校为 15.8%,混合学校为 23.2%。

通过呈现约旦河西岸公立学校的现状,我们可以发现,它们的形式与本政策的水平是不一致的,因为根据伯格曼的研究,约旦河西岸学校的层次超过 83 种,见表 8。

通过观察可以看出,在阿拉伯国家教育系统中,有几个国家的学校层次和学校分布与巴勒斯坦相似。例如在约旦有 82 种,在阿曼有 33 种。因以下措施的实施,巴勒斯坦学校中教育阶段的层次划分将发生明显的改变。

(1)提高后续管理水平。

(2)促进不同项目的实施。

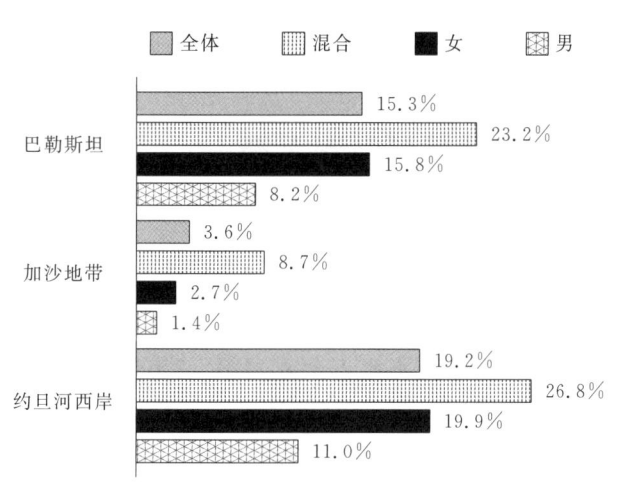

图 20 2013/2014 年提供全面初等教育的学校比例

表 8   2012/2013 年约旦河西岸公立学校的层次

第一组/学校层次	学校数量/所	百分比/%
4—1	137	8.35
9—1	74	4.51
10—1	122	7.44
9—5	16	0.97
10—5	14	0.85
12—5	85	5.18
12—10	72	4.39
12—11	40	2.44

（3）限制学校的暴力行为，调整学生的心理状态。

（4）推进学校实施发展项目的进程。

（5）在学生转学、维持纪律等方面，减轻董事会和学校行政部门的负担。

（6）推进纳入有特殊需要学生项目的进程。

17. 初等教育学校使用母语的比例

在巴勒斯坦教育体系的框架内，尽管拥有许多被认可的国际教育体系，但是在这些教育体系中，至少有一门课要教授阿拉伯语。因此，所有初等教育学校要教授阿拉伯语。

18. 公共教育总支出占政府总支出的百分比

这一比例是指政府在教育方面的总支出占政府总支出的百分比，反映了政府在财政资源分配上支持教育体系发展的程度。

图 21 显示，政府在教育方面的支出总额占公共支出总额的比例稳步上升。2008/2009 年的支出为 17.8%，2012/2013 学年为 19.4%。

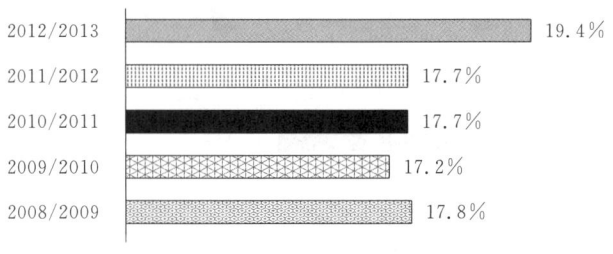

```
2012/2013  19.4%
2011/2012  17.7%
2010/2011  17.7%
2009/2010  17.2%
2008/2009  17.8%
```

图 21　教育支出总额占公共支出总额的百分比

19. 目前初等教育的生均公共支出占个人 GDP 的比例

这一比例是指在某一特定年份,初等教育的生均公共支出占个人 GDP 的百分比。这个指标反映了在每名学生身上所花费的 GDP 份额。根据教育水平、相对成本和国家对教育事业的重视,该指标也有助于评估国家在发展人力资本方面的投资水平。该指标可以根据 GDP 来计算。

图 22 显示,在过去的五年间,每名学生的公共教育开支稳步增加。

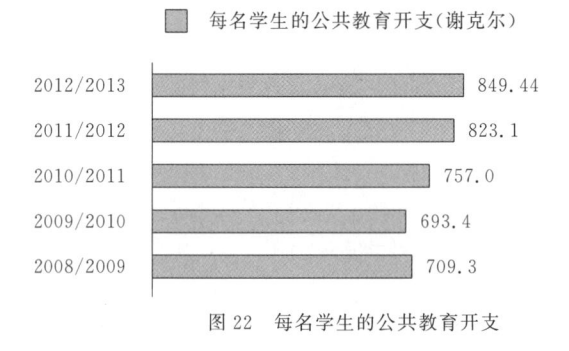

```
每名学生的公共教育开支(谢克尔)
2012/2013  849.44
2011/2012  823.1
2010/2011  757.0
2009/2010  693.4
2008/2009  709.3
```

图 22　每名学生的公共教育开支

20. 普及初等教育的立法及挑战

(1) 国家立法

①与巴勒斯坦的其他机构和部门一样,教育部门按照 1967 年以来在约旦河西岸和加沙地带实施的法律法规开展工作。这些法律法规包括在约旦河西岸实施的《约旦法》和在加沙地带实施的《埃及法》。巴勒斯坦国家权力机构出现以后,其内部条例和指示在所有的公共机构发布实施,包括教育部。

②教育部制定了《2004 年巴勒斯坦教育法草案》,并提交给立法委员会进行讨论和批准。这项法律在获得立法机关批准并在官方公报上公布之后,开始被认为是有效的。这项法律包括特定的原则和目标,其中第三条(B)第四项指出:"教育是每个公民的权利,巴勒斯坦国家权力机构要确保这一权利,使其不仅限于学生,而且包括不同年龄组的社会和职业部门人员。"

③《巴勒斯坦国修正基本法》第二十四条第一项规定:"教育是每个公民的权利,至少在初等教育结束之前,在学校、研究机构和公共机构中是义务的、免费的。"

(2)面临的挑战

教育部改革的趋势是分离学校的教育阶段。然而,教育阶段的分离过程并不容易,因为它肯定会面临一些挑战和困难,主要包括:

①教育挑战

在某些情况下,学生上学的距离可能会对教育质量产生负面影响,或者提高学校的辍学率。无论是在自然环境还是在社会环境中,这也造成了金融、教育和人力资源上的浪费。在一些学校,这种分离过程可能会导致冗余的房间或某些需求的短缺。

②经济挑战

由于分离过程会导致学生上学的路程变远,这会增加学生的通勤成本,同时也增加了学校的运营成本。而且在分离的过程中,校舍、人力资源和服务需求的增加,也导致物质成本增加。

③社会挑战

由于学校和家庭之间的距离太远,或者有些家庭负担不起高额的通勤成本,父母拒绝将孩子从一所学校转到另一所学校。此外,巴勒斯坦社会地域的多样性可能都会使分离过程变得更加困难。比如,一些农村社区的学生人数不足,而在吸引人的地方或在初等教育阶段拒绝混合学校的地方都缺少适当的建校土地。

④政治挑战(与以色列的占领有关)

以色列不允许人们在C区和东耶路撒冷修建隔离墙和大门,这使得附近定居点和附近地区的师生难以移动,那里的巴勒斯坦人也不能修建任何混凝土房屋。

根据2013/2014学年的数据,以及联合国教科文组织国际教育标准分类1,巴勒斯坦已经完成"普及初等教育"的第二个目标。巴勒斯坦教育体系中的初等教育(第一至四年级)覆盖了99.2%的学生。然而,巴勒斯坦初等教育(五至十年级)净入学率达到90.5%的目标还远远没有实现。

(三)青少年和成人教育需求的可持续性

第三个目标是解决青少年和成年人的教育需求。政府通过确保教育公平来满足所有成年人的教育需求,并使其获得所需的生活技能。全民教育的第三个目标不仅仅是中等教育(根据巴勒斯坦教育体系),它还包括十一至十二年级,而且也包括技术和职业教育以及青少年和成年人的高级培训和再培训。全民教育第三个目标的指标如下:

1. 青少年(15~24岁)的识字率

这一指标是指能够阅读、写作和理解简单文本的个人数量,除以同一年龄段(15~24岁年龄段)内的人口总量。

图23显示,青少年的识字率尤其是女性青少年的识字率在过去几年稳步上升。2005年女性识字率为88.0%,2013年上升为99.3%;而男性识字率则从2005年的96.5%上升到2013年的99.4%。

□ 男　■ 女　■ 全体

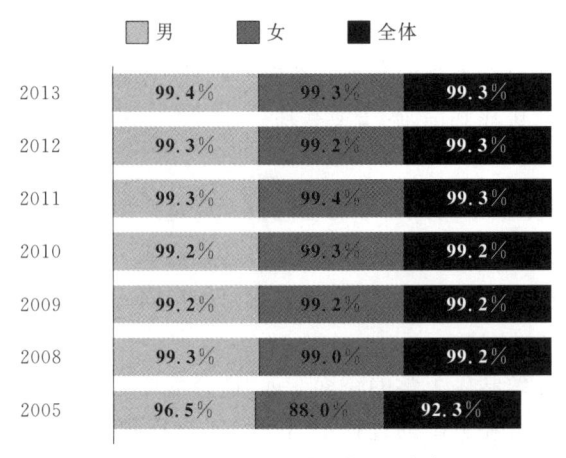

2013　99.4%　99.3%　99.3%
2012　99.3%　99.2%　99.3%
2011　99.3%　99.4%　99.3%
2010　99.2%　99.3%　99.2%
2009　99.2%　99.2%　99.2%
2008　99.3%　99.0%　99.2%
2005　96.5%　88.0%　92.3%

图 23　15～24 岁青少年的识字率

2. 青少年(15～24 岁)的学历分配比例

这是根据最高学历和国际教育标准分类的 15～24 岁人口学历分配比例。该指标强调的是 15～24 岁人口的教育状况。因此,强调某些国家人力资源的数量和质量,以确定教育需求并采取有助于不断改善的政策。该指标也反映了教育制度的结构、效果和影响力,从而对人力资源产生一定的影响。

表 9 显示了 15～24 岁青少年的学历分配比例。

表 9　　2004 年和 2012 年青少年的学历分配比例(15～24 岁)

最高学历水平	年份	男性/%	女性/%	总计/%
文盲	2004	1.0	1.1	1.1
	2012	**0.7**	**0.8**	**0.7**
识字	2004	3.2	2.2	2.7
	2012	**2.6**	**0.9**	**1.8**
初等	2004	15.9	12.2	14.1
	2012	**11.5**	**6.8**	**9.2**
预备	2004	51.0	50.4	50.6
	2012	**46.5**	**43.1**	**44.8**
中等	2004	25.1	28.2	26.6
	2012	**26.3**	**32.5**	**29.3**
中等文凭	2004	1.3	2.2	1.8
	2012	**3.7**	**4.0**	**3.9**
学士学位或更高文凭	2004	2.5	3.7	3.1
	2012	**8.7**	**11.9**	**10.3**

值得注意的是,青少年在获得学历方面有所改善,如下所述:

(1)15~24岁青少年的文盲率从2004年的1.1%(男性1.0%,女性1.1%)下降到2012年的0.7%(男性0.7%,女性0.8%)。

(2)没有经历初等教育,但有读写能力的青少年比例从2004年的2.7%(男性3.2%,女性2.2%)下降到2012年的1.8%(男性2.6%,女性0.9%)。

(3)持有初等教育资格的青少年比例从2004年的14.1%(男性15.9%,女性12.2%)下降到2012年的9.2%(男性11.5%,女性6.8%)。

(4)持有预备教育资格的青少年比例从2004年的50.6%(男性51.0%,女性50.4%)下降到2012年的44.8%(男性46.5%,女性43.1%)。

(5)持有中等教育资格的青少年比例从2004年的26.6%(男性25.1%,女性28.2%)增加到2012年的29.3%(男性26.3%,女性32.5%)。

(6)持有中等文凭资格的青少年比例从2004年的1.8%(男性1.3%,女性2.2%)增加到2012年的3.9%(男性3.7%,女性4%)。

(7)持有学士学位或更高文凭资格的青少年比例从2004年的3.1%(男性2.5%,女性3.7%)增加到2012年的10.3%(男性8.7%,女性11.9%)。

表9还显示,2004年和2012年文盲、识字、初等和预备阶段的比例有所下降,而中等、中等文凭、学士学位或更高文凭阶段的比例有所上升。

3. 根据教育类型(普通中等教育和职业中等教育)的中等教育毛入学率

中等教育毛入学率反映的是某一学年在中等教育正式注册的学生人数占特定年龄段总人口的百分比。关于中等教育的毛入学率,根据普通中等教育、职业中等教育和预备教育教师的划分,它是指中等教育的总入学率的百分比。它旨在通过中等教育项目,使有特殊需求的学生的能力得到提高,并为有不同专业基础的学生提供可能的特殊需求。表10显示的是在特定的年份通过性别和项目划分的中等教育毛入学率。

表10　　　　　　　　　中等教育毛入学率

学年	性别	中等教育毛入学率/%		
		普通中等教育	职业中等教育	总计
2012/2013	男性	62.7	2.3	65.0
	女性	82.2	0.3	82.5
	总计	72.2	1.3	73.5
2011/2012	男性	65.5	2.4	67.9
	女性	84.2	0.3	84.5
	总计	74.6	1.4	76.0
2010/2011	男性	65.9	2.5	68.4
	女性	86.7	0.4	87.1
	总计	76.0	1.5	77.5

（续表）

学年	性别	中等教育毛入学率/%		
		普通中等教育	职业中等教育	总计
2009/2010	男性	70.5	2.4	72.9
	女性	89.7	0.3	90.0
	总计	79.9	1.4	81.3
2008/2009	男性	70.5	2.2	72.7
	女性	86.7	0.3	87.0
	总计	78.4	1.3	79.7
2004/2005	男性	64.9	2.7	67.6
	女性	75.5	0.2	75.7
	总计	70.1	1.5	71.6

表10显示，2004/2005学年中等教育毛入学率为71.6%，其中普通中等教育为70.1%，职业中等教育为1.5%；2012/2013学年中等教育毛入学率为73.5%，其中普通中等教育为72.2%，职业中等教育为1.3%。正如我们所看到的，与普通中等教育的男性总入学率相比，女性总入学率偏高。

4. 中等教育调整后的净入学率

这是指在中等教育阶段注册的人数，这反映了这一阶段参与中等教育的人口与该年龄段人口总数的百分比。

图24显示的是在特定的年份，中等教育调整后的男女净入学率之间的比较。

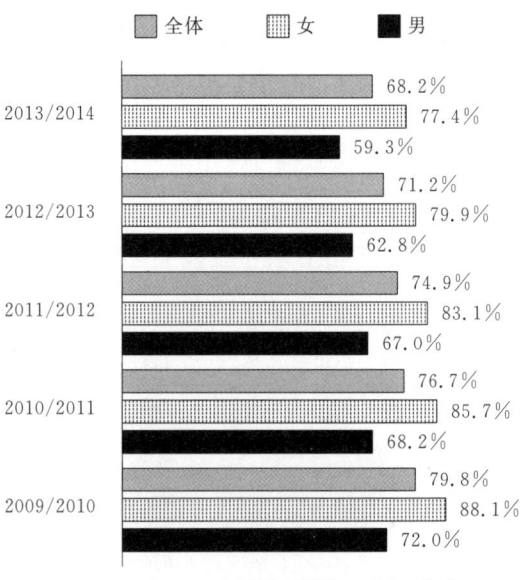

学年	全体	女	男
2013/2014	68.2%	77.4%	59.3%
2012/2013	71.2%	79.9%	62.8%
2011/2012	74.9%	83.1%	67.0%
2010/2011	76.7%	85.7%	68.2%
2009/2010	79.8%	88.1%	72.0%

图24 中等教育调整后的净入学率

图 24 显示,中等教育调整后的男女净入学率逐渐下降,从 2009/2010 学年的 79.8%(其中男性为 72.0%,女性为 88.1%),下降到 2013/2014 学年的 68.2%(其中男性为 59.3%,女性为 77.4%)。

5. 职业教育学生在巴勒斯坦学校的分布

研究表明,社区对职业教育的态度并不是积极的,并且大多数家长更愿意让孩子在中等教育毕业后接受大学教育,而不是职业教育。这就需要提高家长和学生对职业课程重要性的认识(职业指导课程),特别是在职业和就业机会层面的认识。因此,或许是因为学术上的薄弱,一些学生在毕业后选择了职业教育以获得工作或者设法获得工作,并在职业教育毕业后再制订计划。

在巴勒斯坦(所有的机构),在中等教育阶段接受职业教育(包括商业部门)的学生所占比例为 6.5%,其中,约旦河西岸为 10.6%,加沙地带为 0.5%。据了解,2012/2013 学年加沙地带没有私立职业学校。与此同时,在巴勒斯坦(所有的机构),2012/2013 学年在中等教育阶段接受职业教育(包括商业部门)的学生所占比例为 2.9%,约旦河西岸为 4.6%,加沙地带为 0.5%。除此之外,在完成十年级教育的学生总数中,巴勒斯坦公立学校中职业学校学生的比例为 1.8%,约旦河西岸为 2.7%,加沙地带为 0.5%,但是 2012/2013 学年的商业部门除外。表 11 显示,职业教育及其所有的分支机构(工业、农业、酒店、家庭经济和商业部门)的入学人数从 2008/2009 学年的 8 200 名增加到 2012/2013 学年的 9 478 名,同比增长了 15.6%。其中增长幅度在 2009/2010 学年为 12.9%,之后该比例开始下降,在 2010/2011 学年为 3.9%,至 2011/2012 学年为 1.3%,在 2013/2014 学年为-2.7%。

表 11　　巴勒斯坦学校职业教育学生按不同年级、不同年份的分布　　(人)

年份	第一年中等教育	第二年中等教育	总计
2008/2009	4 919	3 281	8 200
2009/2010	4 857	4 398	9 255
2010/2011	5 167	4 453	9 620
2011/2012	5 171	4 575	9 746
2012/2013	4 907	4 571	9 478

表 12 显示,2012/2013 学年,巴勒斯坦职业公立学校的学生人数为 2 399 人,其中北方各省为 2 094 人,占 87%;南方各省为 305 人,占 13%。此外,在 2012/2013 学年,巴勒斯坦职业公立学校教室(排除商业教室)的数量大约有 124 间(其中北方各省 94 间,南方各省 30 间)。从 2009/2010 至 2012/2013 学年,教室数量的年均增长率为 7%,其中北方各省为 8%,南方各省为 4%。这一增长幅度与学生人数的年均增长幅度几乎是一样的。

表12　　　　　　　巴勒斯坦职业公立学校的学生分布　　　　　　　　（个）

学年	北方各省	南方各省	全体
2008/2009	1 758	224	1 982
2009/2010	1 927	286	2 213
2010/2011	2 151	278	2 429
2011/2012	2 115	308	2 423
2012/2013	2 094	305	2 399

在公立学校的学生总数中,女性的比例从2008/2009学年的11.3%,增长到2013/2014学年的14.4%。尽管比例有所增加,但是女性比例仍然很低,因为这种增长仅仅发生在约旦河西岸,而在加沙地带仍保持原样或有所减低。研究表明,妨碍女性参加职业教育的重要问题包括:

(1)缺乏适合女性的课程,这将限制她们选择接受这种教育(学科有限)。

(2)社会对妇女参加工作和接受职业教育培训持负面看法。

(3)学校的校长、教师和学生对职业教育的重要性缺乏认识。

(4)大量的女性参加了开放式教育,作为另一种选择,这导致职业教育机构招收的女性人数在减少。

(5)女性进入劳动力市场的比例较低(女性15%,男性67%),其原因是65%的女性忙于家务,27%的女性忙于学习。

(6)女性失业率高达22%(随着教育水平的提高而增长,随着年龄的增长而减少)。

6.职业教育培训中心的数量和百分比

提供职业教育培训的机构主要有:公立机构和私立机构、联合国难民救济及工程局和私营部门,见表13。教育部和劳工部是巴勒斯坦职业教育培训的负责方。职业教育培训课程包括:初等职业学校正式课程(工业、农业、商业、学校经济和酒店),包括十一年级和十二年级。这些项目由中等职业学校提供,由教育部门实施。劳动部还按照表

表13　　　　　　　职业教育培训提供方和合适的项目

负责方	机构	数量/所	持久性	入学要求
教育部	职业、工业和农业学校	17	2年	十年级的学生
劳动部	职业培训中心	14	6~10个月	十年级以及十二年级的学生
社会事务部	青年健康中心	16	2年	目标群体
公共部门相关的其他机构	巴勒斯坦囚徒俱乐部	1	2~9个月	目标群体
	国家信息技术研究所	1	30~1 200小时	目标群体
	卫生、旅游和其他部门		根据需求而定	目标群体

(续表)

负责方	机构	数量/所	持久性	入学要求
联合国难民救济及工程局	职业培训中心	3	2年	九年级和十二年级学生以及目标群体
非公立机构(学校)	职业学校(工业和酒店)	4	2年	十年级的学生
非公立机构	职业培训中心	7	11个月~2年	辍学的学生和九年级的学生
非公立机构(培训)	职业培训中心	3	6~11个月	十至十二年级的学生
民间机构、私营部门、文化中心和妇女中心	在教育部和劳工部注册的文化中心	14	30~300小时	目标群体

13所列的机构以及有关制度,采用了6个月至2年的职业培训制度,也有不同的文化中心提供职业培训和继续教育。

表13显示,大部分职业教育培训是由政府部门实施的,例如教育部(17所职业、工业和农业学校)、劳动部(14所职业培训中心)、社会事务部(16所青年健康中心)和其他公共部门。联合国难民救济及工程局为3所职业培训中心提供服务,而民间机构和私营部门为14所职业学校和中心提供服务。

7. 完成不同类型职业教育培训的青年和成年人比例

职业培训是指个人获得一些技能、信息和方向以改变其行为方式,从而发展自己的过程,并将能够在适当和确定的绩效水平上完成一部分工作或完成全部的工作。

表14显示了职业教育培训的毕业生占工作总人口的百分比。其中,在职业教育培训的男性毕业生中,中等或以下学历占总人口的11.5%,学士或更高学历所占比例为11.7%,达到硕士或更高学历的所占比例为11.5%。在职业教育培训的女性毕业生中,中等或以下学历占总人口的比例为6.6%,学士或更高学历占比9.9%,硕士或更高学历占比为12.5%,变化较大。

表14　　　　职业教育培训的毕业生占工作总人口的百分比　　　　(%)

学术成就	男性	女性
中等或以下学历	11.5	6.6
学士或更高学历	11.7	9.9
硕士或更高学历	11.5	12.5

根据年龄和性别可以看出,职业教育毕业生占工作总人口的百分比。如图25所示,职业教育毕业生在年龄方面存在明显的差别。这一比例在青年阶段有所增加,在高龄组阶段是下降的。在年龄组的第一阶段,个人通常工作非常勤奋,并想获得独立工作的经验,因此他们寻找培训项目。随着年龄的增长,个人对培训计划的需求有所下降,主要有以下原因:

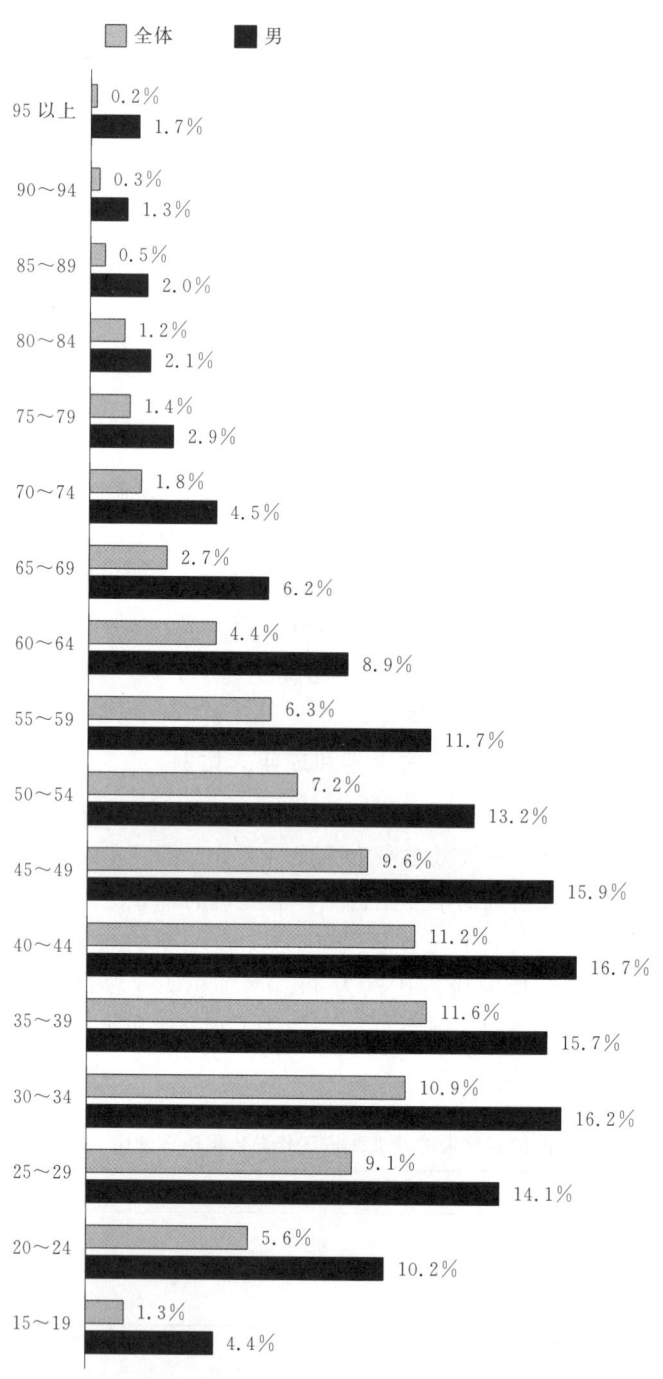

年龄	全体	男
95 以上	0.2%	1.7%
90~94	0.3%	1.3%
85~89	0.5%	2.0%
80~84	1.2%	2.1%
75~79	1.4%	2.9%
70~74	1.8%	4.5%
65~69	2.7%	6.2%
60~64	4.4%	8.9%
55~59	6.3%	11.7%
50~54	7.2%	13.2%
45~49	9.6%	15.9%
40~44	11.2%	16.7%
35~39	11.6%	15.7%
30~34	10.9%	16.2%
25~29	9.1%	14.1%
20~24	5.6%	10.2%
15~19	1.3%	4.4%

图 25 职业教育毕业生占工作总人口的百分比

第一，个人已经具备该领域的经验，因此他不需要额外的培训计划，而且他可以根据自己的技能获得工作。

第二，随着年龄的增加，成本回收的机会变少。

第三,个人对培训计划的选择过程与期望的职业相关。这个选择过程通常是在个人年轻时进行的。

根据全民教育第三个目标的监测结果,我们可以注意到以下几点:

(1)2013年男女识字率是99.3%,而在2015年是92.3%。

(2)在2005年至2012年期间,持有中等或以上学历的青年和成年人的数量有所增加。

(3)2004/2005学年中等教育毛入学率增加到71.6%,其中普通中等教育的比例为70.1%,职业中等教育为1.5%。到2012/2013学年,中等教育毛入学率变为73.5%,其中普通中等教育为72.2%,职业中等教育为1.3%。在普通中等教育中,女性的毛入学率高于男性,而在所有年份中,女性的职业教育毛入学率却低于男性。2008年到2013年,中等教育毛入学率有所减少。

(4)中等教育净入学率从2009/2010学年的79.8%(其中男性为72.0%,女性为88.1%),下降到2013/2014学年的68.2%(其中男性为59.3%,女性为77.4%)。

研究表明,社会对职业教育的发展趋势并不看好,并且大多数家长更愿意让孩子在中等教育毕业后去接受大学教育。2012/2013学年,参加职业培训的学生比例为6.5%,如果没有商业学科,这一比例就变为2.9%。在2008/2009学年和2009/2010学年度,接受职业教育的学生人数明显增加,占比达到了12.9%,2012/2013学年度下降到1.3%,而在2013/2014学年度跌至-2.7%。

(四)提高成年人识字水平

这个目标是到2015年,将成年人识字率提高到50%,尤其是女性,使所有成年人平等地获得基础教育和继续教育。众所周知,提高识字水平对社会发展有重大影响。因此,国际组织不断要求各国政府实行有效的扫盲政策。2010年全球成人文盲率为16%,相当于7.75亿成年人,其中三分之二是女性。

联合国教科文组织对"扫盲评估与监测计划"进行统计,收集了所有关于获取阅读技能的方法及其相关背景的信息,这些技能主要是在学校或专门的识字中心获得的。为了解扫盲技能获取的过程,"扫盲评估与检测计划"广泛收集了识字环境和识字实践的背景信息,这些信息用于在个人或家庭层面和社区层面制定"文盲环境密度措施"。

根据联合国教科文组织的标准,如果成人识字率是95%,那么提高成年人识字水平的第四个目标就接近实现。

1. 按性别划分,15岁及以上成年人的平均识字率

这反映了在15岁及以上人口中,具备读写有关日常生活的简单短文能力的人口,与同一年龄段人口总数的比值。现有数据表明,巴勒斯坦15岁及以上人口的平均识字率增加,文盲率已经下降。15岁及以上人口的平均识字率从2004年的92.3%(男性96.5%,女性88.0%)上升到2012年的95.9%(男性98.2%,女性93.6%)。

2013年,女性的文盲率是男性的3.5倍。加沙地带女性的识字率高于约旦河西岸,男性的识字率则不如约旦河西岸。

从图 26 可以看出，成年人的识字率逐年稳步提高，这表明，巴勒斯坦是实现全民教

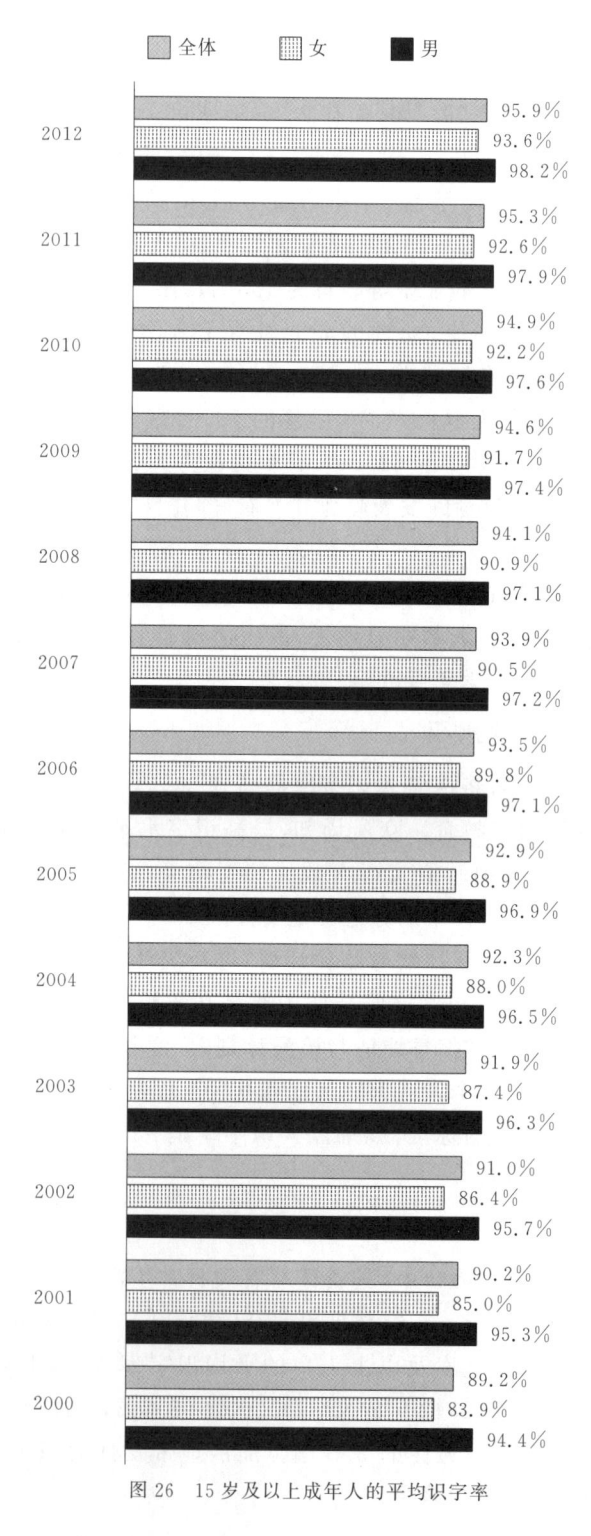

	全体	女	男
2012	95.9%	93.6%	98.2%
2011	95.3%	92.6%	97.9%
2010	94.9%	92.2%	97.6%
2009	94.6%	91.7%	97.4%
2008	94.1%	90.9%	97.1%
2007	93.9%	90.5%	97.2%
2006	93.5%	89.8%	97.1%
2005	92.9%	88.9%	96.9%
2004	92.3%	88.0%	96.5%
2003	91.9%	87.4%	96.3%
2002	91.0%	86.4%	95.7%
2001	90.2%	85.0%	95.3%
2000	89.2%	83.9%	94.4%

图 26　15 岁及以上成年人的平均识字率

育第四个目标(提高成年人识字水平)的国家之一。在2013年,巴勒斯坦成年人的识字率达到96.3%,实现了全球目标——成年人识字率为95%。

2. 根据学历水平,完成初等教育、中等教育和大学教育的15岁及以上成年人比例

2013年巴勒斯坦中央统计局数据表明,巴勒斯坦已经完成大学教育或更高阶段教育的15岁及以上人口所占的比例为12.1%,而未完成任何教育阶段的人口比例是9.4%。数据表明,男性在受教育程度上高于女性,其中完成本科教育或更高学历教育的男性比例高达12.4%,而女性比例则为11.7%。在没有完成任何教育阶段的人口中,男性比例为7.1%,女性比例为11.9%。

3. 根据项目类型,扫盲和成年人教育项目与平行教育项目的数量和百分比分布

这个指标涉及巴勒斯坦的两个教育项目:第一个是扫盲和成年人教育项目,第二个是平行教育项目。

(1)扫盲和成年人教育项目:该项目面向在14~65岁年龄段中,没有掌握读、写、算技能,完全没有接受过教育,或者完成一年或两年初等教育但被迫辍学而随之变成文盲的人。在这一项目注册的学生要学习两年,然后进行考试,考试通过的学生将获得相当于完成六年级教育的证书。表15列出了识字中心和参与者(学习者和教师)的数量及百分比分布。

表15　　　　识字中心和参与者(学习者和教师)的数量及百分比分布

参与者	性别	2011/2012 %	2011/2012 人	2012/2013 %	2012/2013 人	2013/2014 %	2013/2014 人
学习者	男性	54.6	651	48.4	680	51.3	787
学习者	女性	45.4	541	51.6	726	48.7	746
学习者	总计	100.0	1 192	100.0	1 406	100.0	1 533
教师	男性	56.0	56	51.8	57	54.9	73
教师	女性	44.0	44	48.2	53	45.1	60
教师	总计	100.0	100	100.0	110	100.0	133
中心数量/所			79		84		90

表15反映的状况如下:

①识字中心:扫盲和成人教育中心的数量在增加,2011/2012学年为79个,至2013/2014学年增至90个,这一增长反映了人们在降低文盲率方面进行的努力。

②学习者:2013/2014学年这些中心的学习者共有1 533名男性和女性,其中受教育男性比例达到51.3%,总计787人;而女性比例是48.7%,总计746人。然而,在2011/2012年度,学习者的数量仅为1 192名男性和女性。其中,男性占54.6%,总计651人,女性占45.4%,总计541人。换句话说,在识字中心,男、女的入学率都有所提高,但女性提高的比例更大,并且仅仅在这两年里,这一差距已从2011/2012学年的9.2

个百分点缩小到 2.6 个百分点。图 27 显示的是在识字中心，2011/2012、2012/2013、2013/2014 学年男性和女性学习者的百分比。

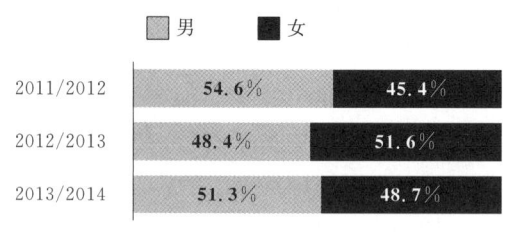

	男	女
2011/2012	54.6%	45.4%
2012/2013	48.4%	51.6%
2013/2014	51.3%	48.7%

图 27　在识字中心男性和女性学习者的百分比

③教师：识字中心和学习者数量的增加与教师数量的增加有关。在 2013/2014 学年，中心教师数量达到 133 人，其中男性占 54.9%，女性占 45.1%。在 2011/2012 学年，教师的数量是 100 人，其中男性教师占 56.0%，女性教师占 44.0%。图 28 所示为，在识字中心，2011/2012、2012/2013、2013/2014 学年男性和女性教师的百分比。

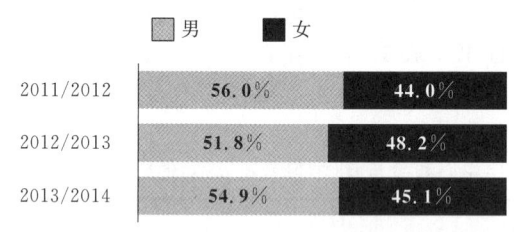

	男	女
2011/2012	56.0%	44.0%
2012/2013	51.8%	48.2%
2013/2014	54.9%	45.1%

图 28　在识字中心男性和女性教师的百分比

(2)平行教育项目：该项目面向完成五至六年级初等教育后开始投身于实践生活的辍学者。学生在该项目学习两年后进行考试，考试通过的学生将获得相当于完成九年级教育的证书。表 16 列出了平行教育中心和参与者（学习者和教师）的数量及百分比分布。

表 16　　　　　　　　　平行教育中心和参与者的数量及百分比分布

参与者	性别	2011/2012 %	2011/2012 人	2012/2013 %	2012/2013 人	2013/2014 %	2013/2014 人
学习者	男性	43.7	69	47.5	124	52.0	144
	女性	56.3	89	52.5	137	48.0	133
	总计	100.0	158	100.0	261	100.0	277
教师	男性	55.6	15	59.6	31	70.9	61
	女性	44.4	12	40.4	21	29.1	25
	总计	100.0	27	100.0	52	100.0	86
中心数量/所		11		16		23	

表16反映的状况如下：

①平行教育中心：平行教育中心数量不多，在2011/2012学年仅有11所，在2013/2014学年增至23所，这一增长反映了人们在提高巴勒斯坦社会发展水平方面所做的努力。

②学习者：在2013/2014学年，这些中心的学习者共有277名男性和女性，其中平行教育中心中受教育的男性比例是52.0%，总计144人，而女性的比例为48.0%，总计133人。然而，在2011/2012学年，男女学习者的数量是158人，其中男性占43.7%，总计69人；女性占56.3%，总计89人。换句话说，在平行教育中心注册的男性和女性学生数量都有所增加，但是女性增加的比例更大。在2011/2012学年至2013/2014学年，这一差距从12.6个百分点降至4个百分点。图29显示，在2011/2012、2012/2013、2013/2014学年，平行教育中心男性和女性学习者的百分比。

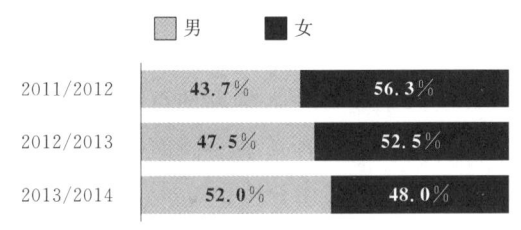

图29 平行教育中心男性和女性学习者的百分比

③教师：平行教育中心教师的数量也在增加。2013/2014学年教师的数量为86人，其中男性占70.9%，女性占29.1%。2011/2012学年，男性和女性教师的数量是27人，男性占55.6%，女性占44.4%。图30显示，在2011/2012、2012/2013、2013/2014学年，平行教育中心男性和女性教师的百分比。

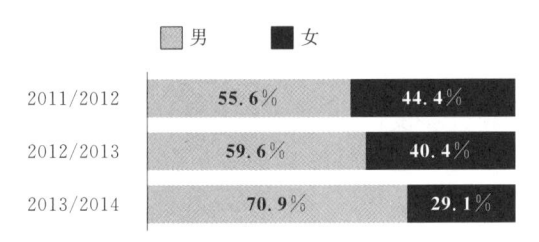

图30 平行教育中心男性和女性教师的百分比

(五)教育公平和性别平等

这个目标要求到2005年，在初等和中等教育领域消除性别差距，并且到2015年实现教育的性别平等。提高人们对女性教师参与初等教育的重要性的认识，充分发挥女性教师在提供高质量、完整和连续的初等教育中的作用，并确保她们在这一领域取得成就。

这一目标通过提供和讨论现有的统计资料和相关指标，为决策者尽可能解决失衡问题提供证据和线索,并强调缩小识字、入学等方面的性别差距,加强对女性的重视。

根据联合国教科文组织的初等教育(一至十年级)(或者国际教育标准分类1和2)分类,如果平等的指数为95~105,那么这个目标就已经实现或接近于实现。

毫无疑问,保证"男女循环教育"是必不可少的目标,它是提高社会地位的关键指标。值得注意的是,涉及中小学教育评估的国际和地区报告是以不同的教材和不同的男女教育模式为基础的。来自所有国家的女性在阅读中的表现优于男性,而大多数国家的男性在数学上都比女性表现得更好。然而,从科学的角度来看,这是一个完全不同的问题,许多国家的男性和女性之间没有任何差异。所有这些模式都表明,每个国家的教育水平、地区和收入群体之间有很大的相似性。2009年国际评估项目的统计和结果表明,女性识字能力有了显著的提高。

全民普及教育报告表明,中等教育中男女之间存在很大的差异。男性不太可能在高中与女性取得同等的成绩,特别是在许多中上等收入国家和高收入国家。这些国家的经验被认为是贫穷国家提高入学率的方法。

1. 根据教育阶段,女性入学率占毛入学率的百分比

这是在同一学年和教育阶段的女性人数与同期学生(男女)总数的百分比。表17所列为,在特定的年份,不同教育阶段中女性相对于总入学人数的百分比。

表17 女生相对于总入学人数的百分比 (%)

教育阶段	2004/2005	2009/2010	2010/2011	2011/2012	2012/2013	2013/2014
幼儿园	47.9	47.9	48.2	48.5	48.7	49.0
初等教育	49.3	49.4	49.4	49.7	49.8	49.6
中等教育	51.8	54.1	54.1	54.8	54.4	55.7

表17反映了在不同的教育阶段,女性的比例显著提高。在2004/2005学年,幼儿园女性入学人数占总入学人数的比例为47.9%,初等教育阶段为49.3%,中等教育阶段为51.8%;在2013/2014年度,幼儿园女性入学人数占总入学人数的比例为49.0%,初等教育阶段为49.6%,中等教育阶段为55.7%。图31显示了在不同年份、不同教育阶段的女性入学率逐步提高。

2. 在初等教育和中等教育阶段,女教师与教师总人数的百分比

这个指标是某一个教育阶段中女教师数量和教师(男性和女性)总数的百分比。它显示了性别在教育中的分配,有助于评估是否有机会或有动力鼓励女性参加特定教育阶段的教育活动。

这个比例表明,教育行业的女教师所占比例接近于50%,而在某些特定的教育项目中,超过50%的比例表明女教师有更多的机会,更倾向于参加教育活动。表18显示,在初等教育和中等教育阶段,不同年份中女教师占教师总数的百分比。

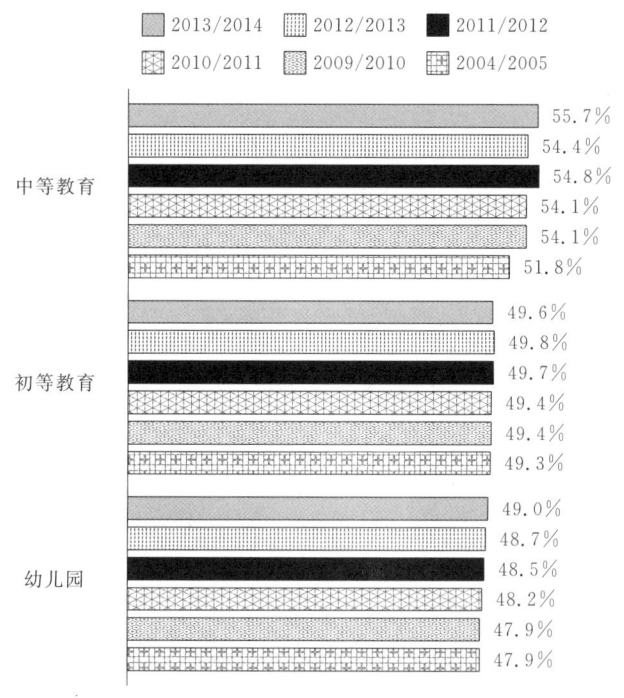

图 31　女性入学人数占总入学人数的百分比

表 18		女教师占教师总数的百分比			（％）
教育阶段	2004/2005	2009/2010	2010/2011	2011/2012	2012/2013	2013/2014
初等教育	55.4	57.0	59.6	61.1	61.2	67.4
中等教育	50.8	53.2	55.3	56.0	56.4	56.1

表 18 显示，在不同年份，初等教育和中等教育中女教师占教师总人数的比例在稳步增长。在 2004/2005 学年，初等教育中女性教师占 55.4％，中等教育中女性教师占 50.8％；到 2013/2014 学年，初等教育中女性教师占 67.4％，中等教育中女性教师占 56.1％。图 32 显示在一些年份中，初等教育和中等教育阶段女教师占教师总人数的百分比。

3. 在特定的年份和教育阶段，女校长所占比例

这个指标是指在某一个教育阶段，女校长的数量占校长（男性和女性）总人数的百分比。

这一指标反映了性别在教育中的分配，有助于评估是否有机会或有动力鼓励女性参加特定教育阶段的教育活动。表 19 显示了在不同的年份和教育阶段，女校长的相对分布情况。

表 19 表明，在初等和中等教育阶段，学校中女校长所占比例有所提高。在 2004/2005 学年，初等教育阶段女校长的比例是 50.4％，中等教育阶段是 46.7％；而在 2013/2014 学年，初等教育阶段女校长的比例达到了 55.2％，中等教育阶段达到了 50.5％。

```
         ■ 2013/2014  ▦ 2012/2013  ■ 2011/2012
         ▩ 2010/2011  ▦ 2009/2010  ▦ 2004/2005
```

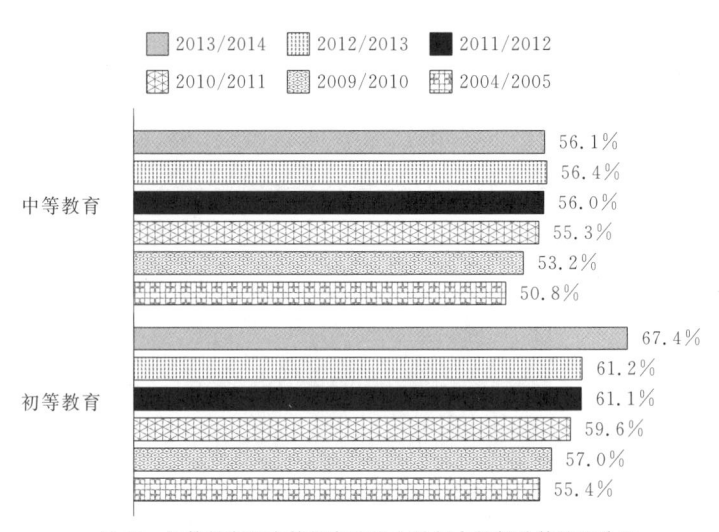

中等教育
- 56.1%
- 56.4%
- 56.0%
- 55.3%
- 53.2%
- 50.8%

初等教育
- 67.4%
- 61.2%
- 61.1%
- 59.6%
- 57.0%
- 55.4%

图 32　初等教育和中等教育阶段女教师占教师总数的百分比

表 19　不同年份和教育阶段的女校长比例

教育阶段	2004/2005	2009/2010	2010/2011	2011/2012	2012/2013	2013/2014
初等教育	50.4	50.3	52.5	54.8	54.5	55.2
中等教育	46.7	49.3	50.8	52.7	51.3	50.5

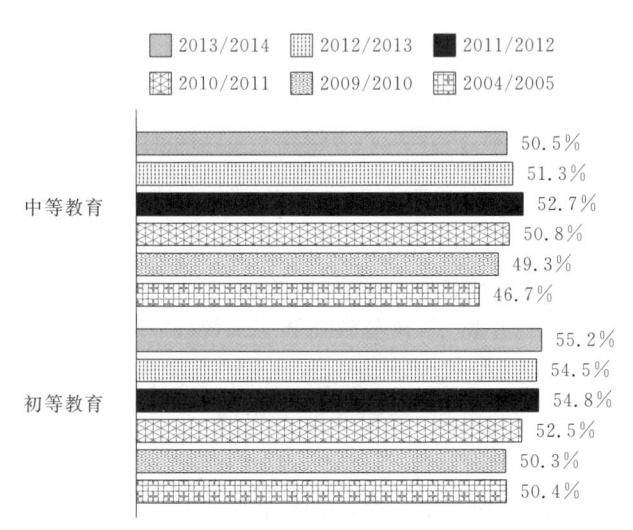

中等教育
- 50.5%
- 51.3%
- 52.7%
- 50.8%
- 49.3%
- 46.7%

初等教育
- 55.2%
- 54.5%
- 54.8%
- 52.5%
- 50.3%
- 50.4%

图 33　初等教育和中等教育阶段女校长所占比例

4. 在政府教育机关高层中，女性教育工作者所占比例

这一指标衡量的是在政府教育部门，女性参与高级职务的比例。高级职务包括职能部门总监或更高的职位，也包括主任、负责人或顾问等职位。表 20 显示了女性参与高级职务的比例。

表 20　　　2013 年在政府教育机关高层中女性教育工作者的比例　　　（%）

分类	百分比
高分类	21.7
低分类	21.1
总计	21.3

5. 性别对等指标

它是指女性对男性的价值指数,主要测量女性参与或获得的学习机会与男性可获得的学习机会是否对等,反映了女性在社会中的地位。

性别对等指标等于1,表明男女平等;如果小于1,折射的是男性占优势;如果大于1,折射的是女性占优势。但性别对等指标等于1的可能性基本为零。表21显示,2004/2005 至 2013/2014 学年期间,在识字率和入学率以及各个教育阶段的完成情况中,男性和女性的对等指标。

表 21　　　　　　　在特定年份男性和女性的对等指标　　　　　　　（%）

指标名称	2004/2005	2009/2010	2010/2011	2011/2012	2012/2013	2013/2014
15 岁及以上成年和年轻人平均识字率	0.91	0.94	0.95	0.95	0.95	0.95
15~24 岁成年和年轻人平均识字率	0.99	1.00	1.00	1.00	1.00	1.00
幼儿园平均毛入学率	0.96	0.99	0.98	0.98	0.99	1.00
一年级平均毛入学率	0.99	1.00	0.99	1.00	1.01	0.99
一年级平均净入学率	0.95	1.00	0.96	1.00	1.01	0.99
初等教育阶段平均毛入学率	1.01	1.02	1.05	1.02	1.03	1.02
初等教育阶段平均净入学率	1.00	1.02	1.04	1.02	1.03	1.02
维持到五年级总入学率	1.01	1.00	1.00	1.00	1.00	1.00
维持到十年级总入学率	1.13	1.15	1.18	1.19	1.19	1.22
完成初等教育的平均率	1.08	1.17	1.21	1.20	1.24	1.22
从初等教育到中等教育的平均过渡率	1.05	1.07	1.07	1.06	1.07	1.06
中等教育平均毛入学率	1.18	1.22	1.26	1.24	1.27	1.30
中等教育平均净入学率	1.04	1.21	1.27	1.23	1.26	1.29
在工作前接受培训的教师比例	1.00	1.00	1.00	1.00	1.00	1.00
合格教师比例	—	1.34	1.34	1.29	1.28	1.28

表 21 涉及与性别对等有关的若干问题,包括:

(1) 2004~2014 年,在 15 岁及以上成年人和年轻人识字率方面,男、女之间的差距逐渐缩小,但男性的识字率仍高于女性。

(2) 2004~2014 年,在 15~24 岁成年人和年轻人识字率方面,男、女之间的差距缩小,而在 2004 年,男性的识字率仍然高于女性。但是自 2009 年以来,已经达到了男女平等。

(3)在2004~2014年,幼儿园男女毛入学率的差距缩小,而在2004年,男性毛入学率高于女性,但自2013年以来,已经达到了男女平等。

(4)在2004~2014年,一年级平均毛入学率的对等指标已经有了波动,有时男性占优势,有时女性占优势,有时平等,没有一致的水平。

(5)在所有年份,初等教育阶段平均毛入学率的对等指标倾向于女性,这些年要么是在增长,要么是在减少。

(6)在2004年,初等教育阶段平均净入学率的对等指标趋向于1,然而在2009年至2013年期间,开始倾向于女性,且波动幅度较大。

(7)在2004年,维持到五年级总入学率的对等指标是偏向女性的,然而自2009年到现在,这一指标是平等的。

(8)在所有年份中,维持到十年级总入学率的对等指标偏向女性,多年来这一数值稳步增长。

(9)在所有年份中,完成初等教育的平均率对等指标偏向女性,到2012/2013年度,这一数值稳步增长,到2013/2014年度,对等指标开始下降。

(10)在所有年份中,从初等教育到中等教育的平均过渡率的对等指标偏向女性,多年来这一数值一直在波动,要么在增加,要么在减少。

(11)在所有年份中,中等教育平均毛入学率的对等指标偏向女性,这一数值一直在波动,要么在增加,要么在减少。

(12)在所有年份中,中等教育阶段净入学率偏向女性,这一差距在这些年稳步增长。

(13)多年来,工作前接受培训的男女教师比例的对等指标始终是1。

(14)根据预备教师策略,合格教师比例的对等指标偏向女性。

根据表22的数据,巴勒斯坦是在教育中实现公平和性别平等的国家之一。

(六)教育质量

只有学校提供优质的教育,才能维护人们受教育的权利。正如世界教育论坛(2000)所指出的:"教育的目的是获取知识、获得工作、和谐共存和自我实现。"然而,这在世界的许多地方都是难以实现的。在低收入国家,有四分之三的儿童即使在学校接受了两年或三年的教育,他们也不能读写,更不用说其技能和知识得到发展了。要实现优质教育,还有很长的路要走,要维护全面教育的权利,仍要付出更大的努力。

全球教育运动组织和教育国际组织调查表明,合格的、受过良好培训的、受教育程度高的教师的严重短缺,是造成优质教育缺失的主要原因之一。高质量的教师决定了孩子们的学习内容。此外,还有许多证据表明,足够数量的教师可以避免教室过于拥挤,这对教育质量提升至关重要。1990年到2010年发布的一项科学统计研究发现,教师和知识在很大程度上对学生的考试成绩产生了强烈的影响。此外,"全民教育全球监测"在对优质教育系统进行深入评估后发现,"最好的教育系统会全力保证教师的质量",而"经济合作与发展组织的国际学生评估项目"也提到"成功的学校系统要优先考虑教师的质量"。这些结果并不令人惊讶,因为学生和家长都知道,教师决定了教育的质量。

1.教师在教育程度和性别上的比例分布

就学生教育和身心健康来说,对教师进行投资是至关重要的。因为合格的、训练有素的教师能够更好地管理不同的课堂。例如,在冲突国家中,学生的年龄普遍存在差异,教师可以帮助减少暴力并维持良好的纪律。通过与性别相关的培训,教师可以提高女性在课堂上的参与度。表22显示了教师在学历和性别上的比例分布。

表22　　　　2012/2013年度教师在学历和性别上的比例分布　　　　（%）

性别	教师最高学历分布			
	学士以下学历	学士学位	高级文凭	硕士学位及以上学历
男性	16.3	74.8	0.9	8.0
女性	17.5	77.3	0.7	4.5
全体	17.0	76.2	0.8	6.0

表22显示,76.2%的教师拥有学士学位,其中男性为74.8%,女性为77.3%;有学士以下学历的教师占17.0%,其中男性占16.3%,女性占17.5%;有高级文凭的教师占0.8%,其中男性占0.9%,女性占0.7%;有硕士学位及以上学历的教师占6.0%,其中男性占8.0%,女性占4.5%。这表明在学士学位或学士以下学历的教师中,女性的比例是高于男性的,但高学历(高级文凭、硕士学位及以上)男性的比例高于女性。

图34显示,无论是男性还是女性,拥有学士以下学历的教师比例从2004年到2012年有所降低。这与教育部的一项招聘政策有关,即在教育系统中限制雇用低学历的教师。这也表明,在2004—2012年间,不论男性还是女性,拥有学士学位的教师比例有所上升,且拥有高级文凭、硕士或以上学历的教师比例也略有上升。

2.受过培训的教师比例,他们持有培训证书,根据国家标准授予他们教育学生的权力

在特定的教育阶段,通过教师资格和教师休整计划的战略,许多教师已经参与教育部和高等教育部所要求的最低标准的教育培训。它表示为教师受教育人数所占的百分比,而且这个指标的衡量标准是在教育和教学资格方面达到基本要求的教师百分比。表23显示了在不同年份符合教学标准的教师比例。

表23显示,合格的男性和女性教师比例有所提高。这种提高来自新的就业申请,是因为那些已经参加工作但不符合要求的教师接受了休整培训计划。这个项目是由教育部与当地大学合作完成的。

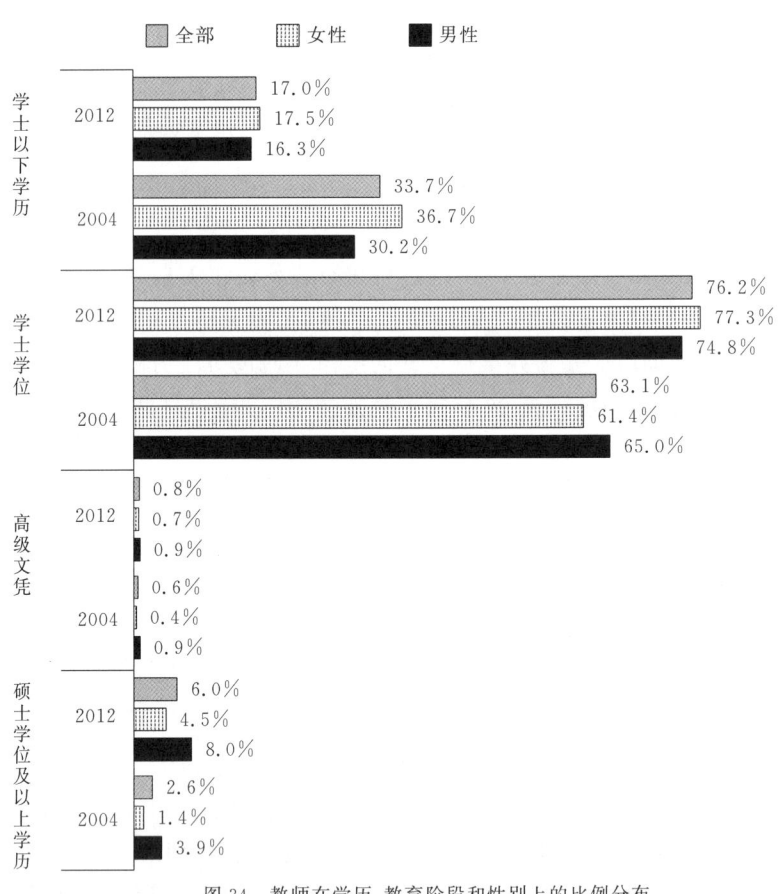

图 34　教师在学历、教育阶段和性别上的比例分布

表 23　　　　根据国家标准开展教学活动并持有证书的合格教师比例

年份	男性	女性	全体
2009	22.9	30.7	27.3
2010	23.5	31.4	28.0
2011	25.1	32.4	29.3
2012	26.4	33.7	30.6
2013	28.2	36.5	33.1

3. 各个教育阶段的生-师比

达喀尔目标中倡导的生-师比是反映教育质量的一个指标，它可以被纳入与人力资源可用性相关的一系列指标中。生-师比指标是一种原始的测量方法，能够为教学质量提供参考，它是教师的学历、教育培训和经验之外的一种补充。

图 35 显示的是在特定的学年和教育阶段中，每位教师对应的平均学生人数，即生-师比。这一指标用于衡量人力资源干预的程度，就教师人数而言，它与学生人数的规模有关。

图35说明,所有教育阶段的生-师比都在稳步降低。2004/2005年度幼儿园的生-师比是20.0∶1,初等教育阶段是28.6∶1,中等教育阶段是21.6∶1;2013/2014年度幼儿园的生-师比达到19.3∶1,初等教育阶段是22.8∶1,中等教育阶段是16.7∶1。而且,生-师比下降将有助于减轻教师的压力,提升他们的工作绩效。

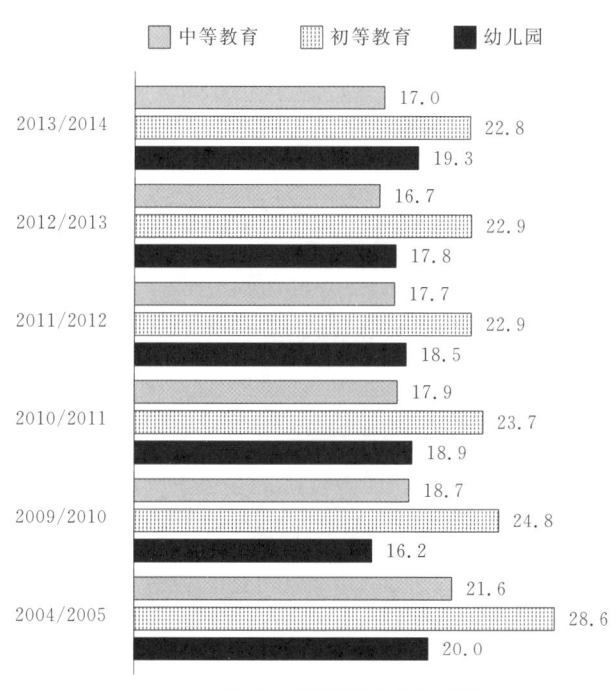

图35 各教育阶段的生-师比

4. 各个教育阶段的生-班比

生-班比指标在过去常用来表示班级规模是否过度拥挤,这里指的是一个班级中学生的数量。教育者常使用这个指标,因为他们相信生-班比与教育质量有关,一个班级学生数量的增加将减少教师对每个学生的时间分配,每个学生接触教师的时间会被压缩。图36显示了近几年来各个教育阶段的生-班比。

图36说明,各个教育阶段每个班级的学生数量稳步下降。2004/2005年幼儿园的生-班比是25.0∶1,初等教育阶段是36.6∶1,中等教育阶段是31.8∶1;2013/2014学年幼儿园的生-班比为23.4∶1,初等教育阶段是31.6∶1,中等教育阶段是27.5∶1。

5. 按教育阶段划分,改善水源的学校百分比

改善学校饮用水的水源,对保障学生的健康和卫生有着重要的意义。通常,巴勒斯坦公共用水系统和私营水供应商的水资源是安全的。

2012年,在关于水、环境卫生和学校卫生的研究中发现,公共供水网络是约旦河西岸87%的学校的主要饮用水来源,而加沙只有8%的学校依赖于公共供水网络,因为加沙90%以上的水源都是不安全的。而且,由于加沙公共供水系统提供的水质量偏低,92%的学校是从水箱或水罐车取水,这些水通常由专门组织提供(总水量的88%都用于学校)。对学校中某些地方的水进行测试发现,几乎在所有学校里,99%的水都是干净、没有气味和颜色的。

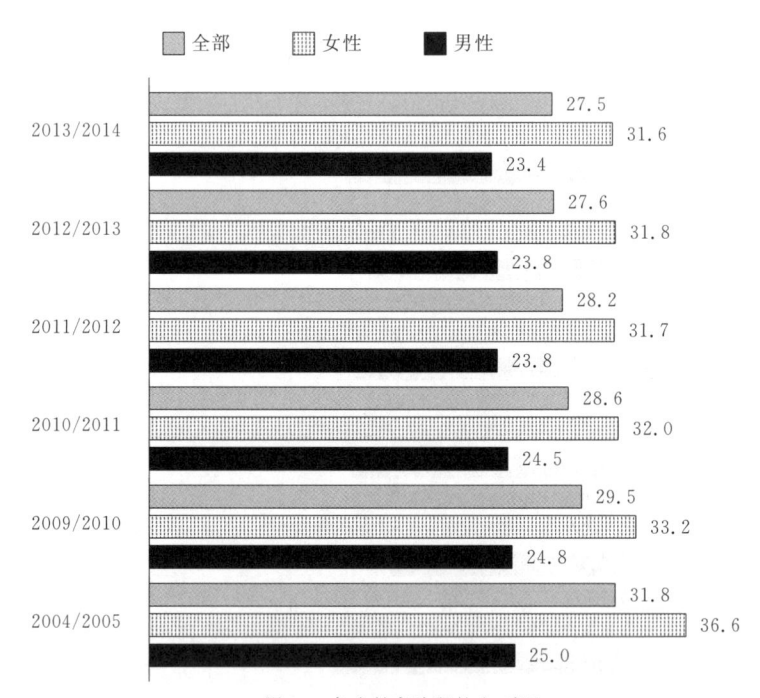

图例:全部 女性 男性

2013/2014: 27.5 / 31.6 / 23.4
2012/2013: 27.6 / 31.8 / 23.8
2011/2012: 28.2 / 31.7 / 23.8
2010/2011: 28.6 / 32.0 / 24.5
2009/2010: 29.5 / 33.2 / 24.8
2004/2005: 31.8 / 36.6 / 25.0

图36 各个教育阶段的生-班比

表24　　2012/2013年度各个教育阶段改善水资源的学校百分比　　(%)

教育阶段	百分比
初等教育	90.7
中等教育	90.4
总体	90.6

表25显示,改善水资源的学校所占百分比在不断增长,从2001/2002年度的81.3%增长到2012/2013年度的90.6%,即增长了9.3个百分点。

表25　　2001/2002—2012/2013年度各个教育阶段改善水资源的学校百分比　　(%)

教育教育	2001/2002	2012/2013
初等教育	—	90.7
中等阶段	—	90.4
总体	81.3	90.6

6. 各个教育阶段已改善卫生设施的学校比例

有关学校卫生间的数据显示,在巴勒斯坦的每一所学校里至少有一个卫生间。此外,有关调查表明,在巴勒斯坦被占领地区,每所学校平均有9.4个卫生间(包括专供男生用的小便池),平均43.7个学生共用一个卫生间。按照教育部的标准,初等教育学校应该至少每25个学生共用一个卫生间,中等教育学校至少每30个学生共用一个卫生间。表26展示了2012/2013学年各个教育阶段改善卫生设施的学校比例。

表26　　　　2012/2013年度各个教育阶段改善卫生设施的学校比例　　　　(%)

教育阶段	比例
初等阶段	100
中等阶段	100
总体	100

这个比例较高的原因是,巴勒斯坦规定,每一所学校里都应该至少有一个独立的卫生间供女性使用。

2001/2002学年和2012/2013学年的数据对比显示,在所有年份和教育阶段,这一比例都是100%,表明这几年卫生设施没有什么变化,见表27所示。

表27　　2001/2002和2012/2013学年各个教育阶段改善卫生设施的学校比例　　(%)

教育阶段	2001/2002	2012/2013
初等阶段	100	100
中等阶段	100	100
总体	100	100

这一比例较高并不代表学校里的卫生设施都符合教育部的标准。在巴勒斯坦被占领地区,关于水、环境卫生和学校卫生方面知识、态度及实践的调查(2012)显示,约旦河西岸和加沙地带的学校之间存在着巨大的差异。该调查还特别指出,卫生间中没有足够多的独立女卫生间。

7. 掌握了基础知识与能力(尤其是读写能力、数学运算能力和生活技能)的学生比例

包括成绩测试在内的教育评估活动被认为是巴勒斯坦教育系统的质量控制参数之一,也是系统输出的重要指标之一。教育部和高等教育部门采取了几项措施,以测试学生掌握基础知识的能力,主要包括:

第一,标准化考试:教育部在2009年、2010年、2011年和2012年进行标准化考试。表28是对过去四年成绩的比较:

表28显示了学生学习成绩在年级和科目上的变化。

表 28　　　　　　　　　　　　　标准化考试的成绩比较

年级及科目	性别	2009 年	2010 年	2011 年	2012 年
四年级数学	男性	44.3	45.4	39.0	44.0
	女性	48.5	50.5	43.0	48.1
	全体	46.3	47.9	41.0	46.0
七年级阿拉伯语	男性	44.2	39.2	45.0	52.1
	女性	56.2	55.7	61.0	67.7
	全体	49.3	47.2	53.0	60.0
八年级数学	男性	28.2	34.8	25.0	34.3
	女性	38.2	43.7	34.0	43.5
	全体	34.0	39.1	29.0	39.0
九年级科学	男性	42.4	28.7	28.0	27.2
	女性	54.0	40.3	42.0	41.9
	全体	47.8	34.6	35.0	35.0

第二，国际数学和科学研究趋势：该研究的目的是为学生的科学和数学成绩提供一个教育数据基准。通过参与世界不同国家教育体系的研究，为巴勒斯坦提供充分的资料数据。自 2003 年以来，为了获得八年级学生相关成绩的样本，巴勒斯坦参加了该项测试，学生成绩指标每四年被监测一次。该研究是一项标准化的测量分数，其中算术平均值为 500，标准差为 100，表 29 列出了 2003 年、2007 年和 2011 年男、女学生成绩的详细比例。

表 29　　　　　　　　　　　八年级学生的数学和科学成绩比较

科目	性别	2003 年	2007 年	2011 年
数学	男性	386	349	392
	女性	394	385	415
	全体	390	367	404
科学	男性	428	386	406
	女性	441	422	434
	全体	435	404	420

注：算数平均值是 500，标准差是 100

从表 29 可以看出，在数学和科学科目，女性的成绩比男性的成绩要高。此外，学生在数学和科学方面的成绩在 2007 年有所下降，而在 2011 年则有所回升。这可能是由于 2007 年入学的学生经历了 2000 年至 2005 年的暴动，无法接受正常的教学而造成的。

第三，国家测试：教育和高等教育部自 2008 年开始，定期对四年级和十年级的阿拉伯语、数学和科学课程进行每两年一次的全国性测试。表 30 列出了不同年份四年级和十年级学生的阿拉伯语、数学和科学成绩。

表30 四年级和十年级学生的阿拉伯语、数学和科学成绩

年级及科目	性别	2004/2005	2007/2008	2009/2010	2011/2012
四年级数学	男性	24.4	31.0	27.0	30.0
	女性	27.9	34.0	29.0	36.0
	全体	26.2	33.0	28.0	33.0
四年级阿拉伯语	男性	50.2	50.0	45.0	53.0
	女性	58.0	62.0	55.0	66.0
	全体	54.1	56.0	50.0	60.0
四年级科学	男性	—	35.0	47.0	45.0
	女性	—	43.0	50.0	49.0
	全体	—	39.0	49.0	47.0
十年级数学	男性	—	20.0	27.0	27.0
	女性	—	24.0	34.0	30.0
	全体	—	22.0	31.0	29.0
十年级阿拉伯语	男性	—	38.0	45.0	45.0
	女性	—	49.0	55.0	55.0
	全体	—	44.0	50.0	50.0
十年级科学	男性	—	34.0	30.0	30.0
	女性	—	40.0	37.0	37.0
	全体	—	37.0	34.0	34.0

注：总成绩是100。

值得注意的是：

(1)这几年，在阿拉伯语、数学和科学课程中，女性的成绩比男性的成绩要高得多。

(2)在2009/2010学年的阿拉伯语和数学课程中，四年级学生的平均成绩比2007/2008学年和2011/2012学年有所下降。

(3)2009/2010学年，2007/2008学年之前和2011/2012学年之后，四年级的阿拉伯语和数学的平均成绩在下降。

(4)从2007/2008学年到2009/2010学年，四年级的科学成绩在提高，而到2011/2012学年又轻微下降。

(5)在阿拉伯语课程中，十年级学生的平均成绩在稳步提升。

(6)从2007/2008学年到2009/2010学年，十年级的科学成绩在下降。

第四，学生对生活技能的掌握程度：教育部和高等教育部开展了一项研究，通过分析2009年、2010年、2011年和2012年学生生活技能的掌握情况，并依据情形和态势准备了两种应对模式，让学生在生活中依据不同情形运用相应的生活技能。这项研究针对的是第一个模式中的四年级学生，以及第二个模式中的八年级和十年级学生。

表31表明：

(1)2009年到2012年，这三个年级的女性掌握生活技能比例高于男性。

(2)2009年到2012年，生活技能比例有所波动。

(3)2009年到2012年，十年级的生活技能比例要比八年级和四年级高。

(4)2009年和2011年，八年级的生活技能比例高于四年级；2010年和2012年，八年级的生活技能比例则低于四年级。

表31　　　　四年级、八年级和十年级学生的掌握生活技能比例　　　　　（%）

年级	生活技能	2009 男性	2009 女性	2009 全体	2010 男性	2010 女性	2010 全体	2011 男性	2011 女性	2011 全体	2012 男性	2012 女性	2012 全体
四年级	批判性思维	49.6	49.7	49.7	48.0	49.4	48.7	40.5	48.1	44.3	51.7	52.9	52.3
	交流技能和对文化的开放心态	70.7	83.3	77.9	81.5	84.2	82.8	60.2	78.4	69.3	76.1	84.5	80.3
	环境意识	68.7	69.7	69.3	78.6	78.6	78.6	69.8	76.7	73.2	77.3	79.3	78.3
	自信	61.8	72.9	67.4	62.4	68.0	65.2	50.3	68.8	59.5	57.7	69.7	63.6
	问题解决能力和抗压能力	57.1	67.6	63.0	69.5	70.5	70.0	45.5	62.1	53.8	65.4	73.0	69.1
	整体生活技能	62.4	70.0	66.7	70.6	72.7	71.7	55.5	69.4	62.5	67.6	74.1	70.8
八年级	批判性思维	59.8	62.5	61.3	58.2	62.0	60.0	56.3	59.9	57.9	58.9	62.0	60.5
	交流技能和对文化的开放心态	75.8	82.2	79.4	73.2	82.8	77.7	69.6	80.5	74.6	73.2	84.5	79.0
	环境意识	82.3	85.1	83.9	79.1	86.0	82.4	77.0	83.6	80.0	81.0	86.3	83.7
	自信	68.6	75.9	70.8	64.0	74.8	69.0	61.9	72.2	66.6	63.8	74.4	69.2
	问题解决能力和抗压能力	69.3	74.0	71.2	66.0	74.3	69.9	63.0	73.5	67.8	68.0	76.6	72.4
	整体生活技能	68.6	72.9	71.0	66.0	73.3	69.4	63.5	71.2	67.0	66.7	74.0	70.4
十年级	批判性思维	62.2	66.1	64.6	60.8	65.0	63.0	60.8	62.7	61.7	60.0	65.0	62.6
	交流技能和对文化的开放心态	79.2	84.4	82.6	77.0	85.4	81.5	75.9	84.3	80.1	75.2	85.4	80.6
	环境意识	68.1	71.7	70.0	84.2	87.0	85.7	81.1	85.6	83.4	82.0	86.8	84.5
	自信	72.2	78.0	75.0	70.5	77.8	74.4	69.0	77.6	73.3	68.6	76.9	73.0
	问题解决能力和抗压能力	74.0	79.8	77.3	72.5	77.5	75.2	70.1	77.6	73.8	71.2	79.6	75.8
	整体生活技能	72.0	76.7	74.8	70.4	75.9	73.3	69.2	74.8	72.0	69.0	76.2	72.8

8. 预期的教育年限

在一个特定的年龄阶段，可以通过这样一个假设得出一个孩子的教育年限：他在特定的年龄接受教育的可能性等于该年龄的实际入学率。这样做的目的是为了全面地认识教育系统的整体发展水平，即教育系统为合格公民(包括未注册入学的)提供的平均教育年限。

预期的平均教育年限的相对增长表明,孩子们在教育上花费的时间将会增加。它还表明学校的整体规模扩大了。值得注意的是,由于留级而产生的额外教育时间不必与预期的教育年限相吻合。预期的教育年限是所有在校生教育年限的平均数,但是它可能没有考虑到未入学儿童的存在。与预期平均教育年限的学生相比,入学的孩子可以从更长的教育年限中获益。

表32显示,在初等教育阶段和中等教育阶段,女性预期的教育年限要高于男性预期的教育年限。

表32　　　2013/2014学年各教育阶段不同性别的预期平均教育年限　　　（年）

性别	初等教育阶段	中等教育阶段	所有教育阶段
男性	9.0	1.1	10.1
女性	9.3	1.5	10.8
全体	9.1	1.3	10.4

9. 学校生活的本质

教育部采用了一项关于学校生活本质的指数,这个指数被称为"儿童友好型学校标准"。依据巴勒斯坦的环境和现实情况,它被重新定义,该指数旨在确定巴勒斯坦公立学校达到可认可标准的比例。为了衡量这一指标,教育部制定了一些工具来揭示学校达到以下标准的比例:

（1）友好的、健康的和互助的环境。

（2）以学生为本,提高他们参与教育活动的积极性,让他们有能力与周围环境互动,并有效运用积极的学习方法。

（3）提供安全的学习环境,远离暴力。

（4）动员当地社区积极支持学校的各种活动。

（5）学校重视教师的作用,并为他们提供便利的条件,同时维护他们的自尊,培养他们的生活技能,并激励他们为学生提供知识。

表33列出了近几年在"儿童友好型学校标准"下学校取得的成果。

表33　　　近几年巴勒斯坦学校坚持"儿童友好型学校标准"的百分比　　　（%）

调查对象	2009	2010	2011	2012
学生、教师、校长、父母	64.2	63.5	63.5	63.9
有特殊需要的学生	65.5	63.2	64.0	65.8

表33显示,这些年来这一百分比波动不大。该表格还显示了"儿童友好型学校标准"取得的部分成绩和在某些方面遇到的困难与问题,以及可持续发展的不确定性。

表34显示了全球范围内"儿童友好型学校标准"和巴勒斯坦在这一范围内所处的位置。

表 34　　2012 年巴勒斯坦在全球范围内对儿童友好型学校标准的定位

标准等级	百分比	依据标准等级或比例描述成绩
+3	100%	对儿童友好型学校的可持续发展成果有一个真实的、全面的指标
+2	83%	大多数儿童友好型学校已经建立了可持续的标准
+1	67%	儿童友好型学校标准已取得部分成绩,但在某些领域仍有一些困难和问题,不一定取得可持续发展的成果
0	50%	儿童友好型学校标准已取得部分成绩,但在许多领域仍有一些困难和问题,取得可持续发展成果的可能性较小
−1	33%	儿童友好型学校标准没有成效,仅有一个主要的标准引起了注意
−2	17%	儿童友好型学校标准没有成效,引起了较少的关注,没有可持续发展的成果
−3	0%	儿童友好型标准没有成效

第四部分　全民教育战略与框架

九、全民教育战略

为了实现全民教育的目标,达喀尔的行动框架包括 12 个战略,在这个框架的第 8 个段落中提到,我们在世界教育论坛上的代表有政府、组织、机构、团体和协会,它们都将致力于:

第一,动员全国和国际上的政治力量,承诺支持全民教育,制订国家行动计划,加大基础教育的投入。

第二,加强全民教育政策的可持续性,使综合教育部门与消灭贫穷和实现发展的战略相协调。

第三,确保公民和社会参与到教育发展战略的制定、实施和追踪中。

第四,完善教育管理体制,满足人人参与教育评估的需求。

第五,满足受冲突、自然灾害和天气波动影响的教育系统的需要,并以理解、和平、宽容、抵御暴力和冲突的方式来管理教育项目。

第六,在战略实施中实现性别平等,这些战略包括意识到改变态度、价值观和实践的重要性。

第七,督促实施教育项目和措施,防止艾滋病病毒/艾滋病的传播。

第八,以公平的方式利用现有资源,确保安全和健康的学习环境,以提高学生的学习成绩,并明确所有人的理想成就水平。

第九,提高教师的素质,提升他们的精神,并提高他们的专业能力。

第十,利用新信息和通信技术,推动全民教育目标的实现。

第十一,定期监测目标的实现程度,在地方、区域、国际层面贯彻全民教育战略。

第十二,依靠现有的机制加快实现全民教育的进程。

接下来,将介绍这些战略在实现全民教育目标方面的有效程度,这些战略是怎样运用于巴勒斯坦全民教育改革的,以及实施改革的相关经验。

(一)承诺全民教育,加大教育投入

动员全国和国际政治力量,承诺支持全民教育,制订国家行动计划,加大基础教育投入。

教育部试图将全民教育计划与国家层面的发展与改革规划联系起来。巴勒斯坦教育发展进程的总体原则包括以下内容:

(1)确保学生的自由和安全,特别是耶路撒冷和边缘地区的学生,以回应以色列的措施。

(2)作为实现社会价值的工具和推动国家进步的杠杆,巩固教育发展伙伴关系。

(3)在各个教育阶段提高学生的分数,尤其是提高基本技能和知识方面的分数。

(4)提升民族认同感和公民意识,维护价值体系和法治原则。

(5)提升教师的专业性,提高教师的经济收入。

(6)在巴勒斯坦地区保持教育系统的一致性。

(7)加强对中等教育的关注,鼓励学生迈向学术科研之路,并增加孩子们参加学前教育的机会。

(8)按照巴勒斯坦教育系统的结构调整教室。

(9)明确学校标准以保障教育质量,特别是学术内容、入学机会公平和教学环境方面的质量。

(10)强调各方力量参与教育和学习过程的重要性,包括学生本人和他们的老师,这就保证了在教育系统建设中各方力量的有效参与。

(11)在地方和国际考试中,要更加重视比分数更重要的思维模式,包括强调公民意识、21世纪的技能以及以学生为中心的学习;此外,还应增加培养创造性、领导力和幸福感的机会。

(12)监督与教学工作相关的所有方面,加强对教师的信任,在以学生为中心的框架内运用评估系统来发展教育,并以评估为指导方针。

(13)投资科技领域的发展,使学习的来源多样化。

(14)把教育领导力作为所有教育工作者能力的固定组成部分。

在制定战略规划时,教育部考虑了全国和国际上制定的相关政策和文件,主要包括:

(1)巴勒斯坦发展和改革规划(2008—2012)和(2014—2016)。

(2)教育部的战略规划:第一次战略规划(2000—2005)、第二次战略规划(2008—2012)和第三次战略规划(2014—2019)。

(3)2013年儿童早期发展的国家战略。

(4)2013年成人教育国家战略。

(5) 教师培训和资格认证战略。

(6) 千年发展目标。

(7) 阿拉伯全球十年教育计划。

(8) 职业技术教育国家战略。

在第一、第二和第三个战略规划中，教育部确定了规划的愿景和战略。通过有意识地系统诊断北部地区（约旦河西岸）和包括耶路撒冷在内的南部地区（加沙地带）的巴勒斯坦人所面临的教育挑战来制定该规划。该规划概述了应对教育挑战的政策，并实现了巴勒斯坦在2000年签署达喀尔公约时所承诺的全民教育目标。主要成就如下：

(1) 提高幼儿园入学率，从2004/2005学年的29.9%提高到2013/2014学年的55.1%，提高了25.2%。

(2) 初等和中等教育的入学率达到令人满意的水平。初等教育的毛入学率从2004/2005学年的93.2%增加到2013/2014学年的95.3%，增加了2.1%。在中等教育中，毛入学率也从2004/2005学年的71.6%提高到2012/2013学年的73.5%，增幅为1.9%。

(3) 根据2013/2014学年的数据，巴勒斯坦已经实现了联合国教科文组织（教育的国际标准分类1）关于普及初等教育的第二个目标，并且在2013/2014学年巴勒斯坦初等教育（一至四年级）比例达到了99.2%。

(4) 各个教育阶段的性别差距已经缩小。

(5) 文盲率下降，青年和成人的识字率从2004/2005学年的92.3%上升到2012/2013学年的95.9%，增幅为3.6%。

(6) 教育体系基础建设已经有了很大的发展。除了教育环境的完善和财政资源的发展外，学校的建立和修葺也体现了这一点。

(7) 在教育部和大学层面上改革教师储备和复原体系。在这一框架内实施的具体战略包括教学工作的本质改变，即教师将成为一种职业，不再只是教育进程的推动者。应该指出，在2009年底教育部和高等教育部成立了一个永久的和半独立的教师职业发展机构，它是为巴勒斯坦教师储备和培训战略提供建议的机构之一。根据教师队伍和学校管理人员的标准，委员会正在努力制定教师职业标准、教师职业发展规划标准。教师职业发展机构负责教师储备和培训战略中的重要部分，目前正在为幼儿园、识字班、成人教育和职业教育的教师制定相应的标准。

教育部的第三个战略规划包括实现全民教育的原则、目标和战略，现介绍如下：

1. 确保全民教育中安全和平等的入学机会

(1) 确保所有巴勒斯坦儿童接受法律教育，特别是人权教育。重点关注生活在以色列控制下的耶路撒冷和边缘化地区的儿童。保护巴勒斯坦冲突地区儿童的权利是全民教育政策的要求。

(2)加强联合国难民救济及工程局和私立学校的关系,因为这些团体减轻了巴勒斯坦为儿童提供教育的负担。这种合作应该在伙伴关系和责任分担的框架下进行。

(3)提高学校中更多有特殊需求学生的融入度,关注所有类别学生的特殊需求,包括资优学生。国家战略应该明确与所有相关伙伴的关系、每个人的角色分配和实现整合所需要的条件。

(4)继续扩大学前教育的招生范围,包括将教育部提供的服务扩展到偏远地区。这项政策应通过特定的学前教育计划来实施,以将其融入小学的下一阶段。

(5)采取措施宣传职业政策,确保儿童拥有自由和安全的教育权利,重点是提供适当的解决办法,以保障被占领地区儿童的受教育权。

2. 确保安全的、激励的、平等的、以学生为中心的教育和学习环境,以保证教育产出

(1)通过对有推荐的学校、地区和学生类别项目的扩大,来确保早期教育阶段的所有学生优先掌握基本的技能。"定性项目"提供的资源在这个领域是有用的。

(2)鼓励教育朝着以学习者为中心的方向发展,尊重差异性和多样性,制定课程和培训教师的措施,并提供教育资源以服务这一目标。

(3)根据国家标准制定学校综合发展的原则,包括巴勒斯坦学校所有财政和教育方面的全面发展。

(4)加大对教师的技术支持力度,努力实现对教育体制的监督。这应该纳入学校和职业中心所采用的教师评估体系中。

(5)协调教育系统的输出和学生进修的需要,或者为社区发展做出积极的贡献。同时,使学生能够在地区和国际市场上具有竞争力,这就需要调整学术轨迹、课程内容和评估体系。学生应该受到有关21世纪所需技能的教育,而且学生和教师应该在领导力、创造力和卓越性方面得到支持。这主要是为中等教育阶段的学生提供合适的选择和机遇,并提高他们对学术和职业知识及其发展趋势的认识。

——提高教育体系在建设民族认同感方面的作用,并实施加强民族认同感和保护文化遗产的计划。这将以积极的方式来激发年轻人的热情和活力。

(6)提高职业教育质量,使之与市场需求相适应。激发学生自主学习的兴趣,为毕业生就业创造机会。

3. 加强教育体系中的领导力、治理和问责制

(1)除了审查有关规定和指示外,还要继续推进巴勒斯坦教育法的发展。

(2)将更多的权力下放给学校及其行政部门,同时促进社会参与教育的发展。

(3)在约旦河西岸、耶路撒冷、加沙地带巴勒斯坦的学校中,采取必要的步骤去维持巴勒斯坦教育系统的统一。

(4)制定规章制度和程序以提高教育体系的行政和财务绩效,并在该教育体系中确保教育服务的效率,提高透明度,加强问责制。

（5）通过建立正式的评估机制和完善后续工作，加强教育系统的问责制。这与战略规划中确定的目标相一致，并且与各领域具体的执行标准相一致。

（6）建立有利于促进教育事业的职工财务制度。

（7）完善教育部、行政部门和学校的组织结构。同时，根据规定的项目来培训员工以实现战略规划的目标。

（8）根据巴勒斯坦教育体系的要求重组班级，并确保遵守既定标准公平地进行分配。

（二）加强全民教育政策的可持续性

加强全民教育政策的可持续性，促进综合教育部门与消灭贫穷和实现发展的战略相协调。

随着对巴勒斯坦儿童教育重要性的日益关注，人们认识到儿童接受教育是一项人权，因而所有儿童都有权利接受免费的基础教育，尽管他们的信仰、社会地位和经济地位不同。教育是可持续发展和全面发展的基础。教育部的第二项战略包括一组应对挑战的政策，其中最重要的是对教育现实的诊断。它还致力于继续提供全民教育和提供必要的课程与项目，以保持一定的平衡，提高教育质量的成果。而且，人们都继续重视，要建立和发展在管理、财政、规划领域的能力与体系。下面是这一战略的主要成就：

1. 小学和中学阶段的入学率达到可接受的水平，并在各教育阶段实现性别平等。此外，实现文盲和辍学生比例的下降。

2. 从学校的建立和修葺可以看出，教育系统的基础建设已经有了很大的发展。此外，教育环境和可利用的教育财政资源也得到了改善。

3. 教育部和大学依据特定的战略对教师培训和资格认证进行改革，这为教育职业带来了本质的改变：教师变成了技术娴熟的从业者，成为教育进程的推动者。

4. 加强各个教育阶段工作的监测和评估体系，并改善了学校达到总体目标和各个目标中的专业问责制度。

5. 国家和国际考试的结果证明了学生成绩有所提升。巴勒斯坦学生在国际科学和数学研究中的表现也证实了这一点（国际数学和科学研究趋势 TIMSS，2011）。

6. 行政和金融体系的信息化，对教育部有效管理财务和人力资源产生了积极的影响。

（三）完善教育管理体制

作为落实达喀尔会议框架的一个步骤，完善教育管理体制是全球教育论坛的成果。在 2002 年，教育部组建了全民教育的国家委员会，它与官方组织、民间社会组织、私立部门和国际委员会合作，进而建构未来全民教育计划的框架。该委员会由来自巴勒斯坦高等教育部、社会事务部、卫生部、中央统计局、地方，以及国际组织和联合国等的代表组成，主要关注儿童事务、扫除文盲、老年人教育和继续教育等话题。

2007 年成立的国家全民教育联盟是一个有影响力的教育政策游说团体，其目的是协调巴勒斯坦各方教育力量并使之形成联系,以改善所提供的教育服务并取得高质量的成果。国家全民教育联盟敦促巴勒斯坦政府履行与全民教育目标有关的义务,以实现安全教育环境。此外,国家全民教育联盟的目标是建立和发展国际伙伴关系,并要求地方社区、教师联盟、儿童团体和残障人士等加入,以扩大教育联盟。

(四)以抵御暴力冲突的方式管理教育项目

满足教育系统受冲突、自然灾害和天气变化破坏教育系统的需要,并以理解、和平、宽容、抵御暴力和冲突的方式来管理教育项目。

以色列占领下的巴勒斯坦作为一个国家,其学校、教师、学生和教员正遭遇着不公正的对待,包括关闭或破坏教育组织,阻碍学生在校学习,阻碍学生或教师进入学校,中断教育过程等。因此,高等教育部特别重视如何在紧急情况下开展教育,以确保人们在紧急情况下的受教育权利。

在2000—2005年的第二次大暴动中,以色列占领巴勒斯坦社区并关闭教育机构(2002—2003),教育部采取了以下步骤:

(1)将权力下放给地方和学校,特别是偏远地区,以适合它们的方式管理教育过程。

(2)在初等教育基本课程(阿拉伯语、英语、数学和科学)中准备学习单,以便学生在宵禁、学校关闭和禁止入学的时候在家学习。

(3)为高中学生的考试开放大厅并准备考试需要的所有材料。教育部下发了一系列在学校内强制实施的措施,以应对紧急情况,例如:

准备:形成一个由校长、教师、辅导员、学生和当地社区组成的应急小组,对所有学生和学校工作人员进行疏散、灭火和急救等培训;制订应急计划,该计划包括分配角色机制、校长和应急委员会成员应如何采取行动以及如何运用学校广播和发挥辅导员的作用来减轻学生的恐惧和焦虑。

应对:文件,填写受害人的姓名和信息,计算财务损失情况,记录各种数据,撰写描述性报告;心理辅导,如通过心理辅导活动、艺术和体育活动来处理战争给学生带来的心理创伤,发挥当地社区和各种社会组织的作用来改善学生的心理状态。

教育部应该制订培训计划,主要包括培训学校的职员如何应对紧急情况和在紧急情况下如何开展教育活动。2 000多名校长和教师接受了最低标准的培训:准备、应对、恢复。约旦河西岸也将很快为校长和教师提供培训。

以色列对加沙地带的最后一次战争依然影响了教育进程,教育部于2014—2015新学年开始之际出台了一项应急计划,以监察新学年的工作机制。有关调查显示,战争造成了巨大的破坏,政府呼吁同行和援助组织为儿童和平民提供必需的紧急援助。此外,它还说明了该地区教育机构受到的破坏程度,其中教育部的19名工作人员被杀害,还有大量的儿童(学生)受伤。超过141所公立学校因以色列的侵略行为而遭受到不同程度(全部或部分)的破坏。为了应对这一紧急情况,教育部在加沙地带实施了一项程序性计划,主要包括:

(1)实施必要的应对措施。由于141所学校受到不同程度的影响,所以教育部建设了学校大楼并开展组织工作以开始新的学年,并提供25所公立学校用作流离失所者的避难所。为公立、私立和联合国难民救济及工程局学校的1~12级学生提供书包、文具和校服。

(2)教育部对干预机制进行了全面研究,并为学生提供了支持和健康帮助。为了满足学生的健康需求,教育部增加了学校卫生团队的数量,为学生和目标群体提供食物、水和个人卫生材料。此外,教育部还提高了教师在学校卫生委员会的工作能力,提高了他们的意识,完善了学校的安全和应急系统,并控制了传染性疾病的传播。

(3)教学监督计划包括一些行政程序,如成立专门的技术委员会,该委员会负责制订让学生逐步回归学校的计划。与相关各方进行协调,并为学校提供必要的支持,给予地方合并2所学校的权力,或根据需要采取2次轮班制或3次轮班制。教师的培训包括不同的课程,以帮助学生克服心理、道德或教育上的困难。此外,还引入了与当地社区沟通的机制,例如通过为他们设计特殊课程,以推动父母根据自己的家庭情况与学生交流。

(4)社会心理辅导计划强调通过实施一些项目,以减轻战争对学生带来的心理影响。该项目包括学生家长参加集体会议等。此外,除了为那些身体残疾的学生提供必要的检查和支持工具、机器和专门的机制之外,还动员专门的教育媒体,为他们提供心理上的疏导及其他支持性活动。

(五)在战略实施中实现性别平等

在战略实施中实现性别平等,这些战略包括使人们认识到改变态度、价值观和实践的重要性。性别平等是教育部实施战略规划的主要政策之一。尽管已经在教育领域取得了显著的成就,但教育部仍采取了额外的措施来缩小各类教育和各阶段教育中的男女差距。此外,这些措施的目的是鼓励女性参与教育领域特别是领导层方面的工作。巴勒斯坦教育部在2015年后的未来规划中将性别平等视为亟待解决的主要问题之一。

(六)防止艾滋病的传播

督促实施教育项目和措施,以防止艾滋病的传播。从2003年至今,教育部与联合国人口活动基金会进行合作,在2012—2013年度实施生殖健康项目和预防艾滋病项目,这些是正在进行的特殊项目。起初,他们专注于在课程中引入生殖健康的概念,现在关注的是青年的生殖健康问题。下面是开展的一些主要活动:

(1)与学校的辅导员和健康人员开展青少年健康计划。教育部组建了一支核心训练团队来确保计划的连贯性,并发布与巴勒斯坦文化相一致的青少年健康指南。

(2)培训大约7 000名教师,使他们能够解答学生关于生殖健康的问题。

(3)在巴勒斯坦课程中深化生殖健康的概念。

(4)将《国内经济》和《健康与环境科学》两本书合并到一本名为《我们生活中的健康与环境》的书中,用于七至十年级的教学中。教育部正在努力为每个班级制作一个教师指南。

(5)准备教师指南以预防艾滋病,重印教师和培训师指南用来教育青年学习生殖健康和预防艾滋病病毒传染的知识。

(6)培训1 000多名学生,通过朋辈教育法来传授与艾滋病、性传播疾病等青少年健康问题相关的知识和生活技能。

(7)以预防艾滋病为目标的学校组织了8个夏令营,对近800名学生进行生活技能强化训练。

(8)建设学校卫生队伍,通过对心理咨询和特殊教育的规划、监测和评价来反映工作绩效。

(9)通过与父母、当地社区领导人举行教育会议来普及生殖健康知识,并扩展到20个偏远地区。

(七)确保安全健康的学习环境

以公平的方式利用现有资源确保安全和健康的学习环境,以提高学生的学习成绩,并明确所有人的理想成就水平。在20年里,高等教育部明确了巴勒斯坦未来的教育愿景,即重视新一代人对历史的传承并开启他们迈向未来之路,因而,教育部致力于提高教育质量。并确保为儿童提供一个更高层次的全面健康教育,以及根据健康标准来改善教育环境,该标准以学生为主导并鼓励他们积极参与教学过程。此外,为了能够让教师更好地传递知识和教会学生掌握生活技能,需要为教师提供培训计划,其最终目的是使学生能够更好地适应生活,并自信地生活。

在实施计划和项目时,教育部着重改善学术环境,改进教学方法,丰富课程,培训生活技能,改善与当地社区关系,并在科学和教育方面让儿童感受到学校的友善。在2002年至2003年期间,教育部完成了一项以确定巴勒斯坦儿童友好型学校标准的特殊研究。最终,教育部在其规划中采用了这些标准,这成为对第二个和第三个战略规划进行监测和评估的最重要的指标之一。儿童友好型学校为学习、创新、教育资源,学生的参与和行动,学校、家庭和社区之间的交流创造了积极的学习环境。学校教育理念的基础是教师通过合作教育对儿童进行教育;学生通过合作的方式进行学习;通过教师的指导使学生学会与社会和自然积极互动;保护学生的资源并充分利用校内外学习和活动的教学环境。

监测和评价指标表明,巴勒斯坦学校在一定程度上已经达到了儿童友好型学校标准,但在某些领域仍存在一些困境和问题,教育产出的可持续性是不确定的。

(八)提高教师的素质

提高教师的素质,提升他们的精神,并提高他们的专业能力。教育部与巴勒斯坦高等教育机构、联合国教科文组织、联合国难民救济及工程局和教育公民社会组织展开合作,并于2008年推出了一项战略,旨在培养合格教师以提升巴勒斯坦教育质量。其目的还在于明确教师储备、职业可持续发展和提升教师职业的政策。这一战略包括以下几条:

1. 教师的愿景

教师对所有学生的学习负责,促进他们健康成长,把他们培养成为公正、民主、独立的巴勒斯坦社会的建设者;他们希望建立丰富和谐的阿拉伯文化、伊斯兰文化和人道主义文化。并且,教师以现代科学的方法教授知识并使学生发挥自己的特长,同时尊重学生的差异性,促使学生养成积极主动的学习习惯,帮助学生理解、应用和发展不同的生活技能,例如批判性和创造性思维;教师还负责管理和监督学生学习的过程,帮助他们以系统思考的方式从经验中学习,推动他们的专业发展,并积极与教师和同伴相互学习。

2. 教师储备计划

本战略适用于5种类型的教师:幼儿园教师,小学教师(一到四年级),初中教师(五到十年级),高中教师(十一和十二年级),被授予教学资格证书的教师(高等教育和成人教育教师)。

3. 正在进行的职业发展项目

这个战略建议实施4种项目,分别是:针对没有教育学位但有经验的教师,帮助他们获得教育部提供的合格的教育文凭;针对没有专业资格但有经验的教师,帮助他们在大学里学习学士学位课程;针对有专业资格且有经验的教师,使他们满足个人、学校和国家发展的需要;针对新的合格毕业生,使他们加入教育部或联合国难民救济及工程局与大学合作的教师储备计划。

4. 教育职业

该战略建议提高教师的工资,改善其工作条件,并形成职业阶梯:新教师(一年或两年不固定的)、教师、优秀教师、专家。制定教师从一个岗位晋升到另一个岗位所需的条件。该战略还建议明确教师标准,为教师提供执业许可证,以及制定教师选拔和聘用机制。

5. 教师资格制度的管理

该战略建议,要提高教育部在教师培训过程中的绩效,并通过内部机制(在教师储备计划中)进行监督,以保持并提高教师资格课程的质量。此外,还定期为储备教师准备课程,鼓励优秀学生参加教师储备计划。教育部应与各个大学合作,研究不同课程的毕业生质量,以检测教师资格和他们的学术成就。

6. 维持供需平衡

通过提高教育部在组织和监管教师职业发展过程中的绩效,并确定不同的责任主体(监督和采用,或组织,或提供服务),使教师在这一服务过程中成为合格的教师。通过定期评估,为职业持续发展提供规划和活动机构,从而保证和提高教育质量。

7. 使用的新标准

发挥教育督导和校长在促进教师职业持续发展方面的作用。

8. 拓展教育部的能力

通过建立一个发展教学职业的委员会、一个信息管理系统和采用一个相对分权的系统,来提高教育部的能力。

储备和审核教师的战略为教学职业带来了价值,改变了教师的现状,使教师职业变成受人尊重的和神圣的职业,这种职业应该吸引合格的人才并让他们追求卓越。而且,教师职业还要激励教师获得充实的知识并规范自己的行为,以推动自我成长和发展,进而对学生承担更多的责任。

9. 职前和在职的合格教师

根据这一战略的目标,自2009年以来,公立部门合格教师的比例增加到27.3%,其中男性为22.9%,女性为30.7%。2013年,合格教师的比例变为33.1%,其中男性为28.2%,女性为36.5%。

自2011年以来,联合国难民救济及工程局的合格教师的比例也增长到65.8%,其中男性为56.4%,女性为71.2%;而在2013年,合格教师的比例变为72.6%,其中男性为64.4%,女性为77.4%。在私立学校,2011年的比例是35.4%,其中男性为24.5%,女性为38.8%;在2013年为39.1%,其中男性为24.5%,女性为43.4%。至于所有监督机构的合格教师总比例,2011年为32.5%,其中男性为26.9%,女性为36.2%;2013年变为36.4%,其中男性为29.9%,女性为40.04%。值得一提的是,教育部决定从2015至2016学年开始,只接受合格的教师提交的就业申请。

10. 在职的合格教师

为了将合格教师的比例从2012—2013学年的30.6%提高至2019—2020学年的70%,教育部除了给教师提供职业发展规划项目和储备新教师的项目之外,还与大学合作审核工作期间不合格的教师。有两个项目需要提及:

(1)一到四年级的合格教师:该项目的目标是从2012/2013学年到2014/2015学年里共审核2 500名教师资格。2012年,在北部和南部地区中一到四年级的合格教师有697名,他们分布在5所大学:阿塔尔、比尔泽特、圣城、希伯伦和艾资哈尔大学。艾资哈尔大学与加沙地带的伊斯兰和阿克萨两所大学进行合作,该项目于2012/2013学年开始实施。在2012/2013学年第二学期结束时,约有400名教师从这个项目毕业。预计有297名教师将在2013/2014学年第一学期结束时毕业,该项目是根据教学方面的内容而设计的。在这一项目的最后阶段恰逢2014/2015学年的开始,将见证450名教师与约旦河西岸和加沙地带的伙伴大学进行合作。该项目包括几个讲习班,以实现教育部和高校教育学院之间的整合。

(2)五到十年级合格的教师:该项目共审核300所学校的教师,包括不合格的教师和校长。2012/2013学年到2015/2016学年,该项目预期将有300名合格校长和2 700名合格教师通过审核。它也是在2012/2013学年第二学期开始的,其目标是审核547名教师和4个城市中的94名校长。这4个城市分别是:杰林、库巴提亚、拉姆安拉和希伯伦。该项目审核五门学科：阿拉伯语、英语、科学、数学和技术。它是基于主修和辅修学科而设计的，但重点放在学科内容上。在2014/2015学年，该项目开始扩大。在资格认证项目的第二阶段，将有6名新的指导员加入，并有五至十年级的650名教师加入。如果培训人员能确保这种方法的连续性，并有效地投资经验丰富的合格工作人员，那么就可能被认为是国家级别的团队。当前，共有800名教师参与这个项目，他们来自萨尔菲特、希伯伦、伯利恒以及耶路撒冷的郊区、盖勒吉利耶和拉姆安拉。

11. 学校领导力项目

这个项目已经实施了一年，它以校长为对象进行为期340个小时的培训，并以圆桌会议、学习圈、电子教学的形式展开。促进教师职业发展的方式有很多种，它可以通过专业教育委员会来完成，还可以根据学校需要和教学的更新而通过组织研讨会来完成。此外，为了支持教师工作，教育部为学校、地方和教育部教师群体提供了职业持续发展项目。其中一些项目如下：

（1）模范学校网络项目。它包括培训伯利恒、拉姆安拉、杰宁和希伯伦等城市的校长40名，并培训阿拉伯语、英语、数学和科学教师大约2000名。

（2）在2012年和2013年期间，确保250名校长参加由教育部提供、教育培训国家协会组织的培训课程。

（3）教育部干部计划是推进行政人员培训的战略，在2011年和2012年期间，对超过200名不同等级的行政人员（主任、教育主任、学院主席、行政助理）的专业能力和综合素质进行专业培训。

（4）校长、辅导员和教育主管都参与了课程，使他们在管理和技术上发挥自己的作用，并履行相应的职责。

12. 职前教师储备

为了提高新任教师和官方合格教师的比例，高等教育部与伯利恒、阿拉伯美国、阿塔尔和艾资哈尔4所大学合力推行教师储备项目。这些项目为一至四年级的教师提供了实用的教学方式。在2011/2012学年初，该项目已有301名学生参与其中。该项目的培训时间为教育年限的第二年到第四年。值得注意的是，每所大学一到四年级的教师储备项目内容都不一样，并没有统一的体制。该项目将在巴勒斯坦大学的所有学部中推行。此外，2014/2015学年教育部宣布只聘用合格的教师。56%的老师质疑2011年的教师状况，他们表示学生不愿意申请教育专业，因为没有适用的政策吸引优秀学生去选择这个专业。尽管一些项目为参加教育工作的学生提供奖学金和一些补贴，但这不被认为是吸引优秀学生到教育行业工作的有效手段，因而选择教育行业的学生数量仍然较低，所以仍需要大力增加奖学金数额。

教育职业发展：2009年，为了发展教育职业，教育部成立了一个委员会，作为高等教育部的一个常设单位，并与教育部内外的所有相关机构进行协调和合作。这个委员会负责实施该战略中巴勒斯坦教师的储备与审核问题，建立一种专业化的教师资格证授予机制,引进一个教学职业的综合体系和专业化标准,以提高教师的地位。2011年,一份关于教师职业状况的研究结果表明,教师的地位在不断下降。而在过去,教师处于重要的地位,被认为是巴勒斯坦发展不可分割的一部分。但是,在调查中大约69.3%的教师认为他们拥有良好的社会地位,女性比男性更同意这一说法,加沙地带的教师比约旦河西岸的教师更同意这一说法。现在教师地位下降可能是因为工资和工作条件导致教师职业有更多的负面形象。通过面谈和小组访问发现,教师社会地位下降的原因主要有:教师在学校和社会中的角色改变,获得知识的方式增多,与其他职业相比教师工资水平下降,整体环境对教学动机的影响等。自从教育职业发展委员会成立以来,该委员会与所有利益相关者建立了合作伙伴关系和协调机制:

(1)不同岗位的教师(新教师、教师、优秀教师、专家)的专业标准和校长的常规性指标。教师的专业标准被分为三大主要互补领域:知识和理解力、专业技能、专业方向和价值观。校长的专业标准同样被分为三大主要互补领域:领导教学过程、专业技能和实践、把学校作为教育机构。

(2)为教师的教学和行为制定一套职业道德规范,旨在提高教师对其职业的认同感和归属感,提升教师的社会地位。激励教师认可其职业价值观和素养,并将其融入生活中去。为教师引进一个转介干部,以确保他们对职业道德的承诺。

(3)为教师提供一个参照框架,以确保他们恪守职业道德。现实调查结果和学校员工对2013年度综合管理规划的意见表明,学校职员恪守职业道德和完成教育工作的平均分是79.34分,这意味着需要更多地关注这个领域。

(4)为培训供应商制定标准,旨在为培训人员、培训内容和培训机构提供明确的标准,使培训内容符合教师、校长和其他团体的特定组织框架。

(5)教育专业:针对不同年级的教师,构建相应的教学职业实践体系。该体系将于2013到2014学年初实施(包括公共教育部门、教育部门和职业培训)。因此,教育与医学和工程一样,被认为是一种职业专业,要求能够在国家职业标准中选拔最好的职业候选人。

(6)就业考试:每年教育部都会组织新教师的就业考试,这些考试是根据教学需要和课程的发展而制定的。教育部目前正致力于完成"就业考试"问题库的建设,预计于2014年开始应用。在此之后,将准备启动电子考试项目。在招聘校长的问题上,高等教育部为那些想要成为校长的人组织了培训课程,当宣布校长职位空缺时,申请人会通过考试来衡量他的管理和技术能力,然后进行个人面试。关于教师现状的研究指出,有多种因素影响教师的就业供求关系,因为现有的教师岗位和教师的需求之间存在着很大差距,而且教育专业的大学毕业生在不断增加,而学校方面的需求却在不断地减少。

(7)绩效评估:教育部全体教职工根据企业员工采用的形式进行考核,并在所有政府部门和机构实施。教师的考核形式是根据教师的职业标准而制定的,并于2012年底开始使用这种形式的教师评估。2011年,关于对教师现状的研究表明,学校和教育部门应定期评估在职教师和新教师。有74.2%的教师都认识到了教育督导的重要性,且有 54.3% 的教师认为评估可能受到人际关系的影响。而定性研究的结果也使教师们普遍认为，人情关系在学校里是很常见的，似乎评估过程强化了这种观念，因为教师们表达了他们对评估过程透明度的担忧，由于他们无法获得评估结果，因此也没有办法改进自己。

（8）数据库：教育部与教师拥有不同的数据库，用于专门研究各自相关的领域。为教学职业发展而成立的委员会，给来自行政事务的教师提供了数据库。教育部另外两个数据库是：一个是负责监控普通行政部门的数据库，另一个是国家教育培训协会负责在职教师培训的数据库。在一个综合系统中，有助于利用所有教师的数据进行协调和工作，因而教师的数据库应与教师执业许可证和工作申请制度相联系。值得一提的是，所有的数据库都不包括有特殊需要的教师、幼儿园教师或非正式教育教师的数据，因为这些类型的教师数据十分有限。

（9）建立系统以保证审核和储备教师战略的正确方向：尽管自 2009 年以来就开始实施审核和储备教师战略，但没有采用一个有效的系统来监控和评估它。正因如此，教育部正在制定一套系统来监测和评估相关的战略，并评估该领域的国家科学论文。目前，正在进行的教师指标体系建设是该系统的步骤之一。

（九）利用新信息和通信技术

利用新信息和通信技术，推动全民教育目标的实现。教育部通过利用新信息和通信技术，提高教育质量。为了实现这一战略目标，教育部将重点放在基础设施、电子资源、能力建设等方面，并通过建立学校网络以实现信息的获取和交流。

教育部对 2003 年颁布的官方学校教材和教学方法进行评估。2009—2011 学年，在教育部内部和外部工作的国家专家小组对教材进行评估和分析，并将其与世界最新发展技术相比较。国家专家小组也对世界技术学科的标准、机制和内容进行了扩展研究，在此研究基础上，教育部开始组建专业团队重新编写教材。在过去的两年里，五到八年级用的 8 本书中有 4 本书已经出版了，并计划在 2016 年之前继续编写所有年级的教材。新的官方教材注重实践的应用，而且教育部也赞同在普通高中考试中运用实践技术，这是学校实现现代化教学目标的重要一步。

教育部在信息和通信技术应用领域中实施了一组项目，其中最突出的是：

1. 智力计划——技术

高等教育部、福利协会和阿塔尔协会合力制定并实施了一个杰出的教育技术项目，旨在引入一个有效的巴勒斯坦模型，这个模型可能在学校整合和运用技术的教育过程中占主导地位。针对巴勒斯坦学校的不同教育系统（公共、联合国难民救济及工程局、私人），项目主要分为四个方面：为适应新课程的要求，完善感官教育环境；在不同的教育阶段培养学生的思维能力；培养合格的教师，使他们在多媒体教学方面做出贡献；对于一些学科，在教育系统中加强认识和使用电子资源的可获得性。自 2012 年以来，该计划在为现代技术实验室制定国家标准方面迈出重要的一步，并且该计划符合官方课程的目标。这项计划还在学校建立了26个现代化的实验室。最大的计算机应用程序包含了49个阿拉伯语的电子教育游戏,并由巴勒斯坦政府委派富有创造力的教师开发了该应用程序的内容,在所有的学校进行推广。该应用程序在"苹果商店"中发布,在平板电脑上以"Tafkeer"的名字下载,它还在谷歌商店上进行发布,用于装有安卓系统的平板电脑上。

2. 科技创业计划

科技创业计划是教育部与阿塔尔协会合作开展的一个项目,其目标是培养九至十一年级学生的创造力,尤其是在与航天航空等物理领域相关的天文、工程和技术等课程中。该计划有助于传播研究文化,并通过发挥巴勒斯坦青年人的潜力,提高巴勒斯坦学生实施科学领域的原创和特殊项目的能力,激发学生在科学技术上的创造力,以便与世界的发展保持同步。年度计划中的杰出学生有机会参加美国宇航组织的专业培训项目,如美国国家航空航天局、美国国家航空航天局博物馆等。

3. 模范学校网络项目

该项目于2007年在约旦河西岸和加沙地带实施,并由"美国国际开发机构"资助,其目标是建立巴勒斯坦学者体系。模范学校网络项目的重点,是发展网络以使巴勒斯坦的基础教育现代化。在第一阶段,该项目资助了约旦河西岸的17所私立学校;在第二阶段,资助了40所公立学校。第二阶段还为当地学生提供奖学金,以及为加沙地带的12所私立学校培训教师。该项目的目标,是为69所公立和私立学校的英语、科学、技术、数学学科提供一个以学生为中心的现代化教学方式;改善学校的物资设备,包括计算机和科学实验室、图书馆、操场;提供教育资源,例如笔记本电脑;通过互联网交流,加强学校和社区的沟通与联系;鼓励家长参与孩子的教育。大约600名教师和校长参加了数百次的培训、研讨会以及以反思、表达、指导和咨询为主题的会议。这个项目更新了70多个实验室,并为教师和校长购买了700多个笔记本电脑用于课堂和学校。

4. 在巴勒斯坦学校实施电子学习项目(2010—2014)

该项目是巴勒斯坦政府与比利时政府合作开展的,用于支持和发展基础教育阶段的电子学习和教学。该项目旨在为学生和老师在教室外和社会上创造一个活跃的气氛。电子学习被认为是将教育中心向学生转移的主要基础,通过培养学生21世纪所需的技能,使其成为能够承担责任的一代人,从而为社会发展服务。该项目主要围绕以下四个方面展开。

(1)通过鼓励学生和教师参与电子学习的主要活动,来重构校内外与学生有关的电子学习程序,并改善教育环境。鼓励其他人也这样做,并从培训和专业技术支持中受益,以改善教育过程和学校网站。

(2)创建一个包含教育主题的电子门户,丰富巴勒斯坦的课程,通过互联网来帮助学生开展学习过程。

(3)加强教师以学生为中心的教学能力,教师的发展取决于他的专业化和利用电子资源的能力。

(4)在学校和其他领域的项目实施中吸取过去的经验教训,监督教育部门的政策形成过程,并从中受益。

该项目的活动主要集中在前一个阶段:

(1)学校举措:把学校或开展学校行为的团体看作一个整合的单元,根据国家需求来设计支持性项目,确保该项目在学校教育和发展规划中的可持续性。并且,学校举措的目的是在学校教育规划中通过利用技术手段来实现主动性学习。通过这些举措,大约有200所学校已经为计划的实施提供了设备,并以最佳的方式来训练教师如何使用和开发技术,以及建立电子教育模块来丰富电子门户内容。另有100所学校也提供了此类设备。

(2)电子门户内容:这个项目旨在建立一个包含教育模式的电子门户,以丰富巴勒斯坦的课程,并帮助教师开设与21世纪行为方式相关的课程,这是因为教师是教育过程的促进者,而不是灌输者。电子门户将包含不同的模块:教育模块包括学生参与各种活动的内容和手段,以帮助他们吸收内容;交流工具模块包括教师讨论教学内容并交换经验。模块之间的访问和搜索十分顺畅,用户可以方便快捷地进行搜索,同时在网上发布内容前,还可以核查各个领域的教育工作者和专家使用的工具和模块。

(3)利用信息和通信技术发展培训能力:为了使电子学习制度化,教育部在"国家教育培训协会"的计划和监管下开展了一项培训项目,该项目培养了90名培训人员。这些培训人员能够使不同部门的教师优化使用信息通信技术,并指导教师如何构建、完善和使用教育模块,以及如何以恰当的方式使用教育内容门户网站。

(4)提高研发智能平板电脑的能力:通过深入研究电子学习项目,教育部培训了22名培训人员,就移动设备应用程序对学生和教师进行培训,因为它可以激发学生的创造性思维,并帮助他们解决问题。该项目旨在提高巴勒斯坦学生的技能,以使学生学会使用、编程和生产移动设备应用程序,并将其用于电子学习过程中。

(5)开发电子设备:该计划是在电子学习项目框架下发起的一项教育游戏制作活动。这一计划的主要目的是在巴勒斯坦教育系统中开发教育游戏,以帮助完善巴勒斯坦学校的课程。

5. 巴勒斯坦学校网络

教育部与社区发展基金会签署了一份共识备忘录。该基金会为教育部的所有学校提供了至少一年的网络服务。目前,已有500所学校连接了互联网,其余学校将分几个阶段进行连接。学校网络将成为实现以下目标的重要途径:

(1)为学校和地方之间以及教育部和学校之间提供信息交流的机会。将数据存储在磁盘上的时代将会结束,因为它耗费时间和精力。

(2)以电子方式连接学生和教师,促进学生角色的理想化发展——从接受者到有影响力的互动者;教师的角色也发生了变化——从传授者到学习的指导者。

（3）访问教育门户并从中受益，使教师和学生能够在授权范围内从教室或学校内部的任何地方获取信息。

（4）提供集中的管理系统，减轻学校购买及更新不同软件版本的负担。这将使工作机制和它的同质性结合起来。

（5）在特定的权限内，为学生及其父母提供存取他们档案和个人资料的权利。这给了他们更多的信心，并加强了他们与学校的交流。

（6）编制与学生和学校相关的信息，以更好地管理各种后续工作。这提供了一种更快、更准确、更可靠的方式，而不需要填写表格、收集数据并将其写下来。

（7）提高各种电子服务的利用率——互联网服务、电子邮件、文件共享等。

（8）该网络将提供安全信息，监控相关部门的信息，并根据需要对互联网进行访问，从而减少其负面影响。

（9）降低财务成本，节约能源和资源，减少大量的文书工作。

6. 巴勒斯坦科技展览

这是教育部的一项年度特别计划，是2010年以来英特尔国际竞争的隶属机构，也是英特尔科学竞赛——"阿拉伯世界"的成员之一，每年在美国举办一次。教育部于2009年启动了这一展览，旨在培养学生的创造力和科学研究能力，并为其接受高等教育和参加社会工作做好准备。根据教育部的规划和提高教育质量的要求，教育部在17个科技领域开展了学生创造性项目。

全球性法律适用于巴勒斯坦科学技术展览。在教师和专业委员会的监管下，每年有600到700个学生创新项目参加本展览。教育部会评判这些项目的优劣，并从中选出50个最优秀的项目，前十个项目将会获得荣誉。然后，最好的三个项目会被推荐参加美国的"英特尔国际展览"，并会选取7~8个项目参与"英特尔科学竞赛"——"阿拉伯世界"。教育部还与科学创造力的相关组织（如阿塔尔协会等）进行合作，在科学研究领域和创意项目研发等方面为教师和学生提供培训讲习班。此外，教育工作者和大学教授对此类学生项目进行评估。自2010年教育部参与"英特尔国际展览"起，每年都会获得多个国际奖项。教育部还参加了阿拉伯世界的展览，并获得了几个奖项。

7. 学校电子门户项目

教育部最近与ULTIMIT公司合作建立了电子门户（线上学习），这将为每一所学校提供一个网站，以便与学校和各方教育力量进行更有效的直接交流。本网站已经在学校通过测试并确保可以与学校进行更直接的沟通，今年还将扩展到另外100所学校，然后再扩展到所有学校。

8. 完善科学教育项目

这是由巴勒斯坦教育部和以约旦王后拉尼娅为代表的约旦教育部信息和通信技术中心合作进行的一个项目，并得到日本发展署的支持。该项目旨在改善巴勒斯坦学校的科学教育，实现提高教学质量的战略规划。实现方式包括注重通过沟通并利用有效的沟通技巧来教授生活技能；对其他文化持有开放包容的态度；提高学生的批判性思维能力、决策能力、解决问题能力和环保意识等，使学生学会运用阿拉伯语和英语进行交流，并重视运用信息和交流技术。科学教育项目旨在通过运用信息与通信技术和全面开展科学教学实践活动来提高科学教育质量。从项目的角度来看，必须全面协调以下各个方面：

（1）在实际经验、电子内容和教科书内容之间。

（2）在不同学科（物理学、化学、生物学、地球科学）之间。

（3）在科学科目和其他同类科目之间。

项目的目标群体是普通科学专业1到4年级学生和教师，项目的持续时间是3年（2012—2015年）。这个项目的主要内容包括：

（1）训练：为项目团队提供科学知识和必要的技术，以创造性的方式编写和应用科学课程。

（2）电子内容：旨在开发和完善计算机科学课程。

（3）英特尔教育计划：旨在培养教师的能力，使他们能够培养学生具备21世纪的发展技能。英特尔公司从12年前开始实施这项计划，目前已在70个国家实施。巴勒斯坦于2008年10月开始实施此计划。

它主要包括五个培训阶段：

①预备阶段：在课堂上介绍所使用的软件，培养没有计算机专业知识的教师，使他们使用信息技术工具和以学生为中心的教育方式进行教育；

②基础阶段：在课堂教学中应用信息技术工具，加强以学生为中心的学习；

③使用互联网的基本阶段：在中等教育阶段重点使用互联网；

④思维与技术阶段：通过反思来训练有效的技能，从而提高和发展学生的思维能力；

⑤高级训练阶段：培养教师运用21世纪技能的能力。

自2009年初以来，教育部已进入筹备阶段，截至2011年底，已有1万多名教师接受了培训。该项目的第二阶段自2012年初开始实施，这一阶段旨在使教师能够通过互联网进行规划、设计、合作和研究，并使用技术来制作教育工具包。在这一阶段直到2012年底，预计将培训1000名教师。英特尔项目的培训主要是由1个协调员、14个主要培训人员和40个现场培训人员负责。该项目得到了地方16个协调员和教育部1个主要协调员的支持，并在教育部的"信息技术部门"实施。

9. "可持续发展伙伴基金会"的网络项目

根据教育部与可持续发展伙伴基金会签署的共识备忘录，该项目于2011年3月开始启动。该项目旨在通过问题解决的方法来完善已批准的课程，创造一个积极互动的环境来帮助学生获得批判性思维和创造性能力。根据信息和通信技术，该项目还提供了一份项目清单和工具，并将其作为课程的一部分，此外还为教师提供了在创新和创造方面合作的机会。这个项目在5个城市的7所学校中实施，面向的是四年级和八年级中科学和数学学科的学生,受益人数多达 500 名学生和 55 名教师。在教育模式建设和电子门户使用方面,对 30 名教师进行了专业培训。此外,这种类型的 7 个 ClassMate 设备被分配到这个项目的 7 个目标学校。目前,正在开发电子图书,以便在门户网站上下载。

10. 学习项目 1∶1

这个项目被认为是学习过程中的一个近现代模型,它旨在将技术引入课堂,并为学生们提供一个有效使用的学习机会。这种模式通过提供如笔记本电脑和 ClassMate、平板设备和智能手机等工具,使教师和学生可以在学校或家里进行独立的学习。通过将教育网站链接到互联网,学生们有机会利用应用程序学习,并通过彼此之间的经验交流,丰富学生的学习过程,同时赋予学生一种独立的感觉。这些设备包含的应用程序,有助于促进学生思维能力的发展。教育部已经向 44 所学校分发了 1 000 种 XO 类型的设备,向 44 所学校的董事会分发了 1 500 种 ClassMate 类型的设备。在教室内举办了多次关于如何使用这些设备的培训班。笔记本电脑针对的是一到四年级的学生,ClassMate 类型的设备针对的是五到十年级的学生。

从以上项目中可以看出,它们关注的主要是三个领域,即基础设施、培训和电子资源。具体包括:

(1)暂时为一些学校(大约 25%)提供互联网。

(2)在一些学校提供现代化的计算机设备,并改进计算机实验室。

(3)培训教师和监督员如何在教育中运用信息和通信技术。

(4)开发教育内容。

(5)开发电子图书。

(6)建立不同的教育门户网站,为不同群体之间的交流提供一个环境,并提供教育内容。

值得注意的是,这些项目所取得的成就包括不同的模式,这些模式应该加以推广,以便使其他学校受益,并在接下来的规划中实现教育部的目标。

(十)定期监测目标的实现程度

要定期监测目标的实现程度,在地方、区域、国际层面贯彻全民教育战略。

(十一)加快实现全民教育的进程

依靠现有机制加快实现全民教育的进程。在实施第二次战略规划(2008—2012)时,教育部采用了跟进和评估系统。该系统提供了发展规划和周边环境的数据,并提出了制定有效的干预措施的必要建议,这将导致战略规划的改变。此外,通过该系统发布的报告显示,它是一个有效的工具,可以在计划运行有缺陷的情况下提供早期预警信号。因此,它可以通过监测每个计划的一系列绩效指标,做出适当的评估,并讨论原因,然后实施修改计划。

教育部于 2009 年成立了专门的监测和评估系统,它是综合管理计划的一部分,以帮助各方的组织、合作伙伴和决策者进行有效的干预，并通过改革教育系统来实现培养高层次人才的目标，使其成员能够具备在当地劳动力市场进行竞争的能力。在过去的几年里，这一系统已经在行动机制和报告质量方面得到了发展。中央年度报告和教育部监测评估报告重点关注的是学校、老师和学生的业绩。

1. 监测和评估系统的主要目标

（1）加强教育制度中以结果问责制为基础的管理方法。

（2）验证实施和结果之间的关系，分析当前存在缺陷的情况及其原因，进而评估采取的政策是否合适。

（3）跟踪战略规划项目的成果，使其达到教育长期目标和中期目标的要求。

（4）在年度计划和政策制定过程中，以年度跟踪和评估报告作为参考和依据。

2. 监测和评估第三个战略规划（2014—2019 年）

在审查第一次和第二次战略规划的基础上，制定了与第三次教育发展战略规划（2014—2019）相关的绩效评估框架。该框架的指标涵盖了所有阶段的成果，而不是像以前那样仅仅关注某一个关键指标的实施情况。基于正在推行的服务提供项目，明确教育部所采用的新体系和新观念之间的联系，将有助于推进当前管理方式改革的制度化，并选择一种完善的方式来控制长期目标和中期目标，产出预期的成果。根据以下情况，制定出不同层面（学前教育、初等教育、中等教育、职业教育、非正式教育、行政管理）的监测和评估指标。

如图 37 所示，根据"结果链"将每个计划的项目指标分为三个层面：第一层面是绩效指标的成果，第二层面包括绩效指标的长期目标和中期目标，第三层面提供了输出和支出指标（输出和支出）。

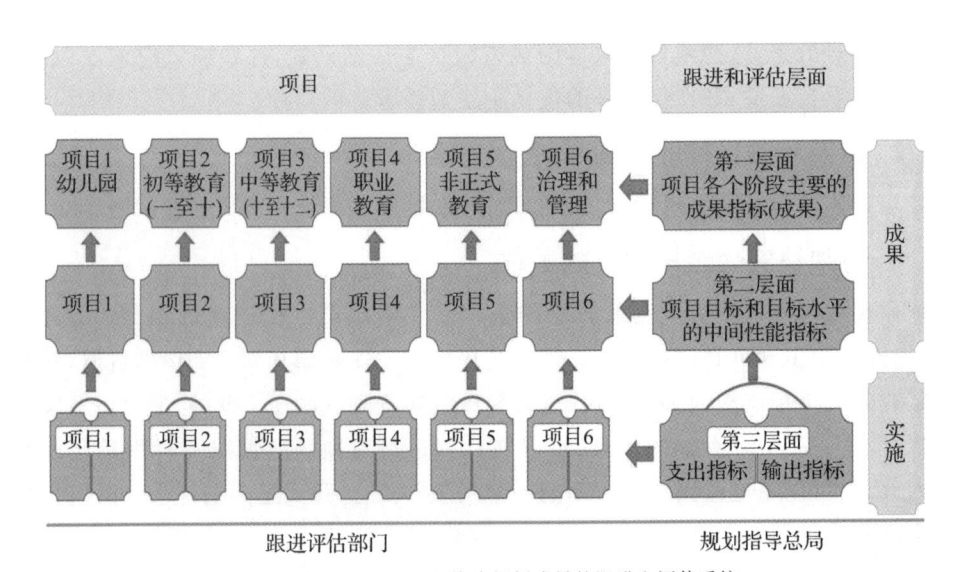

图 37　基于 2014—2019 战略规划成果的跟进和评估系统

此外,该系统还包括被占领地区的教育现状的指标,诸如学校基础设施的水平、学生和教育人员受到的攻击程度以及由此造成的教育损失。

十、全民教育框架

(一)当前全球全民教育的相关性框架

近年来,为实现"千年发展目标"所做的工作,已取得了前所未有的进展:贫困家庭数量已经大大减少;学校的入学人数比以往任何时候都要多;儿童死亡率大大降低;安全饮用水也得到了极大的改善。这些都是宏大的、可衡量的和令人印象深刻的目标,但实现这些目标仍然存在着重大的挑战。总的来说,全民教育目标和"千年发展目标"到2015年将无法实现。

尽管许多项目已取得了显著效果,但是由于其中的一些不足和缺点,这些目标也受到了批评,包括:

(1)与当前全球全民教育框架之间存在着巨大的差距,这充分说明还未能全面、综合地解决教育问题,如提高成人读写能力的次要目标,比其他目标的进展要好得多。

(2)这些目标没有充分考虑穷人和边缘化群体。

(3)当前框架的实施往往集中于初等教育,而不是其他教育阶段。它侧重于提高质量,而忽略了不平等问题。该框架提高了人们获得教育的机会,为儿童、青年和成年人提供所需的知识、技能和价值,使他们成为有知识、有责任感和有作用的公民,从而使他们可以找到一份体面的工作,并有助于实现社会稳定和可持续发展。

1. 教育入学的狭义愿景

教育的各个阶段都坚持全民教育目标,但在实施过程中仅限于初等教育。全民教育的议程被局限在狭隘的千年发展目标上(确保到2015年,无论是男性还是女性都能完成初等教育)。显而易见,实现全民教育的目标和实现其他教育目标的进展是不一致的,并且落后于普及初等教育目标的进展。

(1)幼儿保育和教育的进展非常缓慢。即使是在幼儿保育和教育覆盖面广的国家,来自贫困地区的孩子也没有上幼儿园的机会,或者他们只能去资源匮乏的幼儿园学习,因此幼儿保育和教育质量也是不稳定的。在学前教育入学率低的国家,学前教育是由收费昂贵的私立幼儿园提供的,而困难家庭的孩子是上不起这些私立幼儿园的。

(2)对学前教育阶段儿童的护理和发展重视不足。儿童死亡率下降,从1990年每1 000名新生儿中有88名死亡,下降到2010年每1 000名新生儿中有60名死亡。然而,千年发展目标不大可能在2015年实现每1 000名新生儿中死亡29名的比例。正如对学前教育阶段儿童的护理和发展重视不足那样,许多国家在幼儿健康、营养和教育方面仍远未达到可接受的水平。

(3)"千年发展目标"的第二个目标,把对普及初等教育的关注转移到了对中等和高等教育的关注。

(4)成人扫盲仍需付出相当大的努力。在1990年至2015年期间将成人文盲率减小到50%的目标将无法实现。对阅读和写作技能的直接测试表明,文盲成年人仍大量存在,即使是那些已经完成了初等教育的人也是如此。

(5)对教育质量缺乏关注。当前教育框架的实施主要集中在教育入学方面,并将注意力从确保学习成果的质量上转移开来,忽略了学生们真正学到的东西。有2.5亿儿童已经达到四年级水平,但是他们仍不能有效读写。要全面评估这些危机程度是不可能的。此外,对儿童和青少年学习成果的评估是有限的,难以评估全球范围内教育入学的程度。

在许多国家,孩子离开学校时没有获得足够的阅读、写作、数学知识或其他相关技能。因此,数以百万计的儿童和年轻人无法进入更高的教育阶段,从而无法获得高收入的就业机会。教育和培训不能完全满足所有年轻人全面参与社会和实现社会繁荣的需要。人们越来越关注可转移能力的发展。此外,在发展中国家,年轻人失业的可能性是成年人的三倍及以上,多数人(尤其是女性)无法适应工作中日新月异的技术变革。适当的职业技术教育和培训体系,为年轻人提供了必要的技能培训,有助于他们找到体面的工作。

金融资源、人力资本和基础设施方面的限制,对实现所有的教育目标和提供优质教育构成了相当大的障碍。尽管训练有素和热情的教师被认为是提高教育质量的关键因素,但教师队伍的质量却没有得到足够的重视。

2. "性别平等"还未实现

(1)尽管性别差距已经缩小,但许多国家并没有为女童提供平等的教育机会。2010年,有6 100万适龄儿童未进入小学,其中女孩儿占53%。2013年,在没有上学的5 700万儿童中,女孩儿占49%。在覆盖30个国家的调查中,超过10万名儿童失学,其中女孩儿占28%,男孩儿占25%。在55个发展中国家进行的调查显示,无论孩子的经济状况或家庭地位如何,女孩儿比男孩儿更容易离开高中。全世界有三分之二的成年文盲是女性,总计近7.75亿人。在发展中国家,高等教育在总体上存在着很大的差异,在研究领域也是如此。女性在人文和社会科学领域的成就更高,但在工程、科学和技术领域的成就则要低得多。

(2)在学校中,性别暴力破坏了受教育的权利。这是在教育中实现性别平等的一个重大挑战,因为它对女性的入学和持续接受教育的可能性产生了负面影响。此外,对性健康和生殖健康的无效教育限制了青少年获取信息的机会,正如互联网上的评论所指出的,无效的教育导致辍学,尤其导致了青春期女孩儿的辍学。

3. 不平等是最大的挑战

(1)国家内部和特定群体之间的不平等仍然是一个问题,为边缘化群体和弱势群体提供优质教育被认为是一个需要填补的缺口。生活在农村和偏远地区的儿童、卷入武装冲突的儿童、被强制工作的儿童、面临歧视的移民和少数族裔,都属于边缘化群体和弱势群体,他们无法接受良好的教育。

(2)关于教育的讨论主要侧重于残疾儿童和成人,而这些群体不包括在发展规划、政策或预算中。据估计,未入小学的适龄儿童中有20%是残疾儿童。

4.教育投资不足

(1)调动教育资源被认为是国家和国际各级目标框架的关键。达喀尔行动框架承诺,不能因资源缺乏而忽视任何一个国家。自2000年以来,增加教育支出是实现教育成果的一个重要因素,增加低收入国家的教育预算对教育的发展做出了重要贡献。

(2)全球教育议程也提及捐赠战略、项目和政策方面的影响。全球教育议程对于动员所有参与者(包括公民、社会组织)之间的合作至关重要,在非政府组织之间建立国家联盟是全球教育框架的成果。此外,私营部门在全球教育议程中的参与度正在变得越来越普遍,全球框架的重要性也正在突显,因为这有助于每个参与者之间相互问责。

(3)缺失政治意愿的教育投资被认为是一个主要的问题,因为政府的资助和承诺常常被认为是推动全球教育取得飞跃进展的主要障碍。达喀尔行动框架做出的承诺,即确保任何一个有完善教育规划的国家不会因资源缺乏而感到沮丧,没有得到兑现。2010年,全球全民教育监测报告估计,到2015年,每年需要额外增加160亿美元为所有的儿童、青少年和成年人提供基础教育。最近的研究估计,援助不足和通货膨胀导致资金缺口增加到260亿美元。

5.提供优质教育的常见障碍

(1)社会环境:贫困是儿童辍学或无法接受正规教育的主要原因。学费和间接的教育费用(教育材料、校服和学校餐饮等费用)、营养不良、生活条件差以及父母的教育水平与参与度都和学习水平有关。

(2)片面关注初等教育:没有考虑到所有的教育阶段,尤其是学前教育阶段。

(3)不公正:主要的障碍包括对被边缘化和被社会排斥群体的歧视,无法满足残疾儿童和青年的需求,对生活在政治动荡、冲突、灾难和突发事件频发环境下的儿童缺乏关注,偏远和农村地区缺少足够的学校。

(4)援助和基础设施:恶劣的学校环境(尤其是卫生设施不足);缺乏适当的教育、学习材料和书籍;学习条件差(缺少合适的场所、教室和学校建筑)。

(5)治理:缺乏良好的治理与两个方面密切相关:政府对教育投资的消极态度;课程、政策改革的实施和发展。

(6)教育进程:影响教育进程的因素包括:侧重于评估而导致课程的狭窄化;缺乏合格的教师;缺乏对教师职业的支持或专业发展;过时的课程;缺乏相关的就业机会;学校的性别暴力。

(二)巴勒斯坦全民教育的相关性框架

1.扩大幼儿保育和教育:在巴勒斯坦的教育中,学前教育仍然不是义务性的。2013年到2014年,学前儿童的入学率为55.1%,这意味着约有一半的儿童没有入学。这远远没有达到达喀尔目标的 70%。学前教育几乎完全是由私营部门提供的,除了由教育和高等教育部监管的两个幼儿园之外,其他幼儿园均由私立部门经营。这是 2004 年到 2013 年的现实情况。

2. 普及初等教育:一到十年级的初等教育,经调整后的净入学率达到 94.2%。根据联合国教科文组织的分类,它包括两个教育阶段:国际教育分类标准 1(ISCED 1),即一到四年级的初等教育;国际教育分类标准 2(ISCED 2),即五到十年级的初等教育。巴勒斯坦已经实现了全球目标,即巴勒斯坦地区一到四年级调整后的净入学率达到 95%,2013 年到 2014 年的净入学率达到 99.2%。根据联合国教科文组织的分类,在 2013 年到 2014 年,巴勒斯坦五到十年级的净入学率在 90.5% 以下,远未达到 95% 的目标。

3. 青少年和成人教育需求的可持续性:2013 年 15~24 岁青少年的识字率为 99.3%。2012 年到 2013 年中等教育的毛入学率为 73.5%,而普通中等教育的比例为 72.2%,职业教育为 1.3%。

4. 提高成人读写水平:2013 年巴勒斯坦 15 岁以上成年人的识字率为 96.3%,实现了 95% 的目标。

5. 教育中的性别平等:巴勒斯坦已经基本实现了这一目标,大多数指标都趋向于达到性别平等的标准。

6. 教育质量:教育质量是教育部规划的重点之一。多数指标表明,巴勒斯坦教育未能实现教育部规划中提出的计划和目标。

十一、2015 年后的全民教育水平

受教育权是一项基本人权,它能够提高社会、文化、经济、公民和政治权利实现的水平。因为教育促进了社会、经济和环境的发展,促进了和平与安全,所以它是可持续发展的基础。投资优质教育带来的相关收益是不可估量的,包括最优的经济收入、个人和社会的可持续发展、对健康和性别平等的影响以及创建更安全、更适应和更稳定的社区等。

(一)2015 年国际背景下的教育愿景

国际统一协调教育框架需要借鉴"千年发展目标"和全民教育议程的成功经验。该框架将这两个教育目标整合到了全民教育系统中。

1. 将全民教育议程和"千年发展目标"整合到全民教育系统中,可以使这两个教育目标相互促进、密不可分。

2. 需要国际行动框架来响应国家和地区的优先事项。今后,国际行动框架将在国际承诺和国家优先事项之间取得平衡,使各国能够确定具体的目标。这可能使得 2015 年后的教育规划得到更多民族认同。

3. 2015 年后,应该把重点放在教育质量上,教育质量的提高是国家发展和个人福利的关键。

4. 性别、地理位置(边缘地区、中心区、耶路撒冷等)和社会阶层(贫困、普通和富裕家庭)的不平等必须得到解决。在任何教育阶段(幼儿园、小学、中学和大学教育),所有的孩子都应该享受良好的、培育的和适当的教育,以便为其以后的工作和幸福生活做好准备。

5. 改善健康和营养状况:人们注意到,教育除了有助于促进社会的可持续发展外,还有助于减少贫困和饥饿。儿童早期的健康和营养状况长期影响着教育的进程以及儿童的成长。2015年后的发展议程明确指出,健康状况的改善是儿童学习的基础。从教育和健康的联系中可以明显看出,受教育程度对抗击疾病和改善家庭健康具有一定影响,教育在降低儿童死亡率、改善儿童健康和营养、减少每个家庭的儿童数量等方面发挥了积极的作用。参会者特别提到了女童与妇女的教育、她们的健康和家庭规模之间的联系,父母接受过良好教育的孩子在上学次数上明显增加,体检次数也有增加。此外,教育有助于女童预防艾滋病,并为她们提供了保护自己所需要的知识和信心。

6. 教育对加强食品安全至关重要:营养不良对教育具有重要影响,教育改善了人们对食品的选择,增加了与健康营养有关的行为。营养是建立在食品安全之外的几个因素之上的,这些因素包括妇女的受教育程度、收入、计划生育、接受的卫生保健服务以及其他适当的教育。通过教育赋予妇女权利,可以使妇女控制包括食物在内的家庭资源。

(二)2015年后教育议程的原则

1. 以人权为基础的教育方法

在学习环境、教学、学习过程、政府政策、学校管理和对教师的支持等教育领域的各个方面,都要考虑人权。克服适当教育取得成功的结构性障碍,对于实现全民教育权利至关重要。2015年之后,基于权利的议程,平等是首要原则,而教育的不平等仍然是一个持续的挑战。它与"千年发展目标"有关,这些目标关注的是平均值,而不考虑这些数字背后的意义,并缺乏对边缘化和薄弱地区的关注。实现教育平等,要求缩小社会上广泛存在的差距,并集中力量应对不同形式的不平等,改进边缘化和弱势群体不平等的机制。教育平等意味着采取有针对性的措施,逐步支持边缘化和薄弱地区的教育。

2. 相关团体的参与

这一原则体现了包括教师、学生、捐助者、多党机构、商业机构、公民社会和倡导组织在内的有关各方参与教育的重要性。这些团体参与教育和发展问题的讨论,通过监测和评估所取得的进展,最终确定最佳的做法和标准。在地方、国家、区域和国际层面上,应将团体参与度制度化。在明确规定的国家框架内,学校和教师都必须为教育管理承担更大的责任。为了保证对学校和教师的问责,家长和当地社区将与学校进行更多的互动。社会将强化参与意识,积极参与应对挑战和改变标准的活动,但这可能会导致对边缘化和薄弱地区的排斥。公众对教育的领导、当地非政府组织对教育进程的评估等,是社会参与教育的正面例子。

有关部门将制定一个明确的非集中化的教育框架,来分配相关利益者角色的责任,包括政策制定者、校长、教师、家长和当地社区的成员等。其中,公民和社会组织在教育中起着决定性的作用,尤其是在让政府负责任的时候,他们可以通过在政策制定、预算编制等方面发挥监督作用来实现这一点。他们的参与度将扩展到游说、对教育政策的影响、加强适当和全面的教育方面,讨论内容还将涉及私营部门在提供适当和公平的教育方面所发挥的作用。考虑到私立部门从高质量的教育中受益,政府和私立部门之间是伙伴关系,双方互惠互利。

关于私立学校的讨论主要集中在私立学校的作用方面,特别是学费较低的私立学校,并指出政府和捐助者应通过支持现有的学校而不是建立新的公立学校来提高教学效果。政府在私立部门监管中也发挥着作用,有效的监管可以确保私立学校与政府之间的合作,有助于提供适当和公平的教育。一些参与者指出,学生(尤其是低收入家庭的学生)选择私立学校,通常是由于政府未能提供足够的教育。

象征性的参与和决策过程容易形成障碍,该障碍阻碍了授权和参与的实质性操作。有关各方将通过国家机构等各个层面参与教育的各个阶段,从制定议程到监测评估的结果和效果。在国际层面上,通过发出邀请来加强与公民社会组织、联盟,尤其是南半球国家的合作,以加强国家在国际决策中的话语权。

3. 问责制

有效的参与与问责制密切相关。问责制要求教育部门、公众、捐助者、国家机关、教师和家长机构具有一定的透明度,从而打击腐败和滥用职权。有关各方需要获得更多的信息,以便更好地理解教育投资和政府问责的结果。在缺乏包容性和信任以及国际监测系统的国家和地区,实现一定的透明度难度很大,只能提供详细的数据来跟踪和记录教育平等的促进情况。无论2015年议程的最终教育目标是什么,有效的监测系统对于加强教育问责制,保证教育投资的有效性和公平性都至关重要。

问责方法包括审查同行、报告卡和引入透明预算机制。国际社会和联合国将给予政府有效的支持以履行其国家和国际承诺,确保人们享有受教育的权利。这些建议主要包括:

(1)通过制定指标,确保全球教育的权利,促进国际教育讨论的一致性。

(2)政府对教育的投资占国内生产总值的比例为6%,占比较低。

(3)利用最佳实践以提高教育质量,并增加可持续发展的机会。

(4)在实施教育政策、改革和规划时,向国家机关、公民社会和地方组织提供技术和财政援助。

良好的治理需要有关各方依据可靠和可信的评估形式,积极参与教育规划及其实施,从而使教育在国家、地区和国际层面上取得进展。它还可以促进教育权利的实现,并授权当地社区揭露腐败,防止滥用职权,从而实现教育平等。

4. 灵活性和适应性

在当前环境下,全民教育和"千年发展目标"被认为是不同的教育制度。这是由撰写报告和通知的框架差异所导致的,因为该框架优先考虑设置特定的目标和指标,而不是其他方面。2015年后的新教育框架将建立在这两种框架的基础,并在统一的结构框架中运行。与此同时,国际目标框架将优先考虑地区和国家背景下的重大事项。因此,它们将会有一些共同的目标,这些目标可以根据实际情况做出调整并解释国家和地区的目标。

(三)2015年后教育议程的重点

1. 2015年后教育的国际趋势

千年峰会上确定的教育优先事项,仍与2000年的优先事项有关:普及普通初等教育;人们平等获得各级教育的权利;教育中的男女平等。千年峰会还明确要求,保护社会边缘化和弱势群体,特别是遭受自然灾害和冲突的人们。2015年后,教育的总体趋势主要集中在以下几个方面:

(1)不完整的教育议程:当前的国际教育议程是不完整的,要实现2000年国际教育论坛商定的全民教育目标,还有很长的路要走。这些会议都重申了千年目标,特别是扩大社会边缘化和弱势群体的受教育机会,以及加快实现现有的教育目标。2015年后的教育议程将继续致力于履行2000年做出的承诺,以及长期目标和中期目标的实现。在制定2015年后的教育议程时,需重新考虑当前的国际趋势,这些趋势包括人口增长、气候变化的影响、环境威胁和其他问题,这些问题使人们比以往任何时候都重视教育产出、技能发展和教育公平。

(2)各个阶段的教育机会:2015年后的教育议程将提供更多的入学机会,如扩大初等教育范围,使其至少包括八到九年级;创造接受中等教育和终身教育的机会等。所有人(儿童、青年和成人)都有机会接受适当的教育和所有类型的教育(正式的和非正式的),包括学前教育、初等教育、中等教育、高等教育和职业教育。教育框架将是全面的,而且在每个教育阶段都将提供平等的教育。2015年后的教育议程面临的挑战是,实现基本教育权利和投资更高水平的教育之间的平衡,进而实现教育平等和可持续发展。

(3)教育质量:2015年后的任何教育框架都将教育质量作为基本的优先事项,不同类型的教育机构对教育质量的要求都应当是完整的、全面的和明确的。适当的教育被定义为:教授给人们技能、知识和态度,帮助人们获得一份体面的工作,使人们成为能在社会上发挥作用的公民,帮助人们了解环境恶化和气候变化对生活和可持续发展带来的威胁,加深人们对权利的认识。制定教育和综合评估政策仍然是一个复杂的过程,但这是儿童发展和成人获得生活及工作所需技能的最佳途径。这些内容主要包括:

①学习:学习将是未来目标和需求的核心,并将得到教育评估的支持,而且这个评估是公平和全面的。学习目标包括掌握阅读、写作和数学基础知识,这些知识被称为"学习能力";也包括培养批判性思维能力、问题解决能力、信息整合能力和生活技能等。

②教师:教师在保证优质教育和学习方面起着核心作用。教师的资格、能力、承诺和热情是实现任何教育目标的关键。为了支持教师的活动,必须满足下列基本条件:

A. 适当的工作条件，包括合同、工资、工作发展和晋升的机会

B. 基于便利教学的学校环境来确定适当的条件

C. 根据尊重人权和全面教育原则，对教师进行正式的岗前和岗后培训

D. 有效的行政管理，包括教师的聘任和分配

E. 注重教育质量并通过规定的程序来评估教学，培养学生需要的技能。评估应该用来改进教育质量，而不是简单地鼓励"为考试而教育"

F. 学科适用性：明确了两个综合维度。第一个维度是赋予人们权力，特别是使青年人获得生活所需的技能，并获得一份体面的工作，从而参与国家的发展。第二个维度是提高个人意识，使人们学会尊重权利，获得与社会和世界和谐相处所需的技能，主要包括性教育、学习的可持续以及使人们的言行符合其国家和国际公民身份。在考虑这些维度时，可以为个人提供所需的技能，使其成为一个负责任、有价值和有意识的公民。此外，还可以帮助个人找到体面的工作，使其参与国家的可持续发展和稳定社区的建设

G. 体面工作所需的能力：学习和培训面临的一个巨大挑战是建立工作机会与就业之间的联系。教育系统没能使儿童和青少年掌握从事一份体面工作所需的技术和能力。有关调查表明，许多教育系统无法满足就业市场的需求，过时的课程无法提供 21 世纪所需的技能，这导致失业和低生产率等问题日益严重。如果不尽快解决知识和技能上的问题，就无法解决劳动力和就业问题。适当的教育和培训被认为是至关重要的，教育方法和程序必须适应市场的需。

H. 性教育和生殖健康教育：教育与性健康和生殖健康密切相关，因为全面的性教育和生殖健康教育是预防早期意外怀孕、暴力和攻击以及性暴力的两个关键因素。因此，2015 年后的发展框架保障了每个人在教育系统中接受性教育的权利。对教师进行充分的培训，是学生接受科学的性教育和生殖健康教育的前提。

2. 国际公民教育——从更具包容性的视角看待当今世界所需要的技能和态度

我们需要制定一个教育议程，让儿童、青年和成年人成为能够适应社会和世界变化的合格公民，这也符合联合国秘书长发起的第一个国际教育倡议的承诺。开展全面且有益的教育，尊重国际环境的多元化并保障人权，这一理念在满足当地需求的课程方面引起了全国性的反响，而在国际层面则侧重于让人们在不断变化的国际环境中生活。在国际上，通常是在人权、性别平等、和平、正义、宽容和多样性的原则下来定义公平。国际公民法重申了社会和公民的能力（包括政府的职责、人权、和平与冲突解决）、国际理解（包括不平等、贫困、社会和经济危机）、环境保护、粮食生产、可持续发展、地理、国际价值观、跨文化教育、宽容（理解每个国家的不同文化）以及对其他生活方式的认知和同理心。提高国际公民意识有几种主要的教育方法和项目，其中包括由公民社会、青年组织和非正式教育机构提供的项目。

3. 教育的可持续发展

在通常情况下，教育的可持续发展是重中之重，它要求人们有更多的可持续行为，

并制定相应的战略,以减少环境危机并适应自然需求。它还要求受教育者了解保护文化和生物多样性的价值。全球气候变化和环境恶化阻碍了当今乃至未来社会和经济的发展,教育为我们提供了应对这一挑战的知识和技能。

这里引用两个例子:

(1)语言:除了使用英语进行教学外,使用母语和学生所在国家的语言进行教学也很重要。我们已经意识到,国家语言作为一种权力形式和解决不平等问题的手段是至关重要的。"那些不学习所在国家语言的人,往往很少有机会参与公共生活,接受高等教育,影响政治决策,并从经济机遇中获益。多种形式不平等的根源可能是对语言的排斥,也有可能与少数民族的语言政策有关。"

(2)通信和信息技术:通信和信息技术与教育在许多方面都有联系,在国际交流背景下,通常需要为受教育者提供21世纪所需的技能。除了这些技能之外,教育还必须超越传统的方法,将通信和信息技术与教育和学习过程相结合。科技是对教育的有益补充或整合,例如支持教师职业发展,鼓励教师探索新的信息资源。通信和信息技术还可以激励教师,提高他们的监测和评估能力。因而,可以将这项技术应用于开放学习(远程学习)等领域,使非洲和亚洲偏远地区的人们也可以获得教育;也可以利用现代计算机等技术来帮助残疾人。有效使用信息技术可以弥合数字鸿沟、培训通信和信息技术方面的教师,并有利于获得充足的资金。

4. 教育环境

教学和教育质量的重要性应予以优先关注。能够拥有一个正在改善的学习环境,仍然是许多群体尤其是穷人优先考虑的事项,如确保充足的教室等基本设施。大量参与者为适当的教育明确了基本的教育环境:为学生、教师、教育者和学习者提供安全、具体和健康的预防环境,包括一些基础设施,如可以抵挡灾难的学校建筑和教室(包括合适的课桌和急救设备的供应),为男孩和女孩提供充足的独立卫生间以及饮用水。教科书、校服、膳食和学校交通都被认为是教育环境的重要组成因素,这些都有助于确保教育质量。良好的教育环境不仅应包括物质基础设施,还应包括加强和保护人权的制度政策。有关研究表明,需要采取有效的政策来防止虐待、身体或心理暴力、恐吓和性别歧视,可通过制定教师和学生的行为准则等具体政策来实现这一目标,并将这些政策作为维护权利的重要工具。

有关人士建议,应界定有效学习环境的指标,包括定量和定性指标,物质基础设施、卫生和安全方面的指标以及行政管理指标(儿童的贡献、学校当局的授权以及与父母和社会的合作);此外,还包括设备和教育材料的可用性等指标。

相互关联的问题:如果不解决性别平等、整合和紧急情况等问题,基于权利的教育框架就是不完整的。

(1)性别平等:教育中的性别平等是2015年后优先解决的事项。在学前教育、初等教育和中等教育中应保障女童和女性的受教育权利,包括获得适当教育的机会,预防基于性别的暴力以及维护教育中的平等。

(2)整合:重点整合所有的群体,以解决弱势群体和边缘化地区被排除在外的结构性问题。这要求必须解决公平教育的缺乏、经济和社会的剥削以及不平衡的基础设施建设等问题。当地社区的参与是识别和消除整合全民教育障碍的有效手段。洲际协会提出了几项具体的整合目标:

①一种全面的教育政策,禁止基于性别、族裔、社会地位、宗教信仰或任何类型的歧视;

②制订教师培训计划,探讨性别、文化或任何形式的其他歧视带来的影响;

③为有特殊教育需要(身体残疾和童工)的儿童制订教育方案;

④建立一个运作良好的学生组织去解决学校和社区的学生问题;

许多目标都凸显了有障碍儿童平等地获得适当教育的重要性。

(3)紧急情况:灾害预防、和平建设和教育冲突的解决都是十分必要的。一个以自然灾害、暴力冲突和人口迁移为特征的国际环境,需要采取全方位的应对措施,以减少对儿童、青年和成年人的影响。全面教育计划将包括保护学校安全、预防学校灾害、恢复教育和解决冲突的方法。

(四)2015年后巴勒斯坦教育愿景

前　言

教育被认为是巴勒斯坦社会的基本支柱。目前为止,巴勒斯坦的教育得到了很大发展,入学率是一些国际和地区标准中最高的,巴勒斯坦人也越来越认识到教育的重要性。巴勒斯坦是知识和文化领域的先驱,多年来一直积极吸收阿拉伯世界及其他国家的教育技能和人文素养。1948年和1967年的战争,使巴勒斯坦的财产和其他生计来源受到损失,这使其教育资源比任何邻国都要缺乏。

教育部战略规划和未来展望

教育部力图在2001年至2005年期间通过一项五年规划的长期战略来发展巴勒斯坦教育。教育部还积极寻求与本地及国际上的合作伙伴保持密切合作。随着第一个战略规划的推行,教育部成功提高了正规教育中各阶段学生的入学率。第二个战略规划是在关于巴勒斯坦教育的几个指导性框架(包括巴勒斯坦发展计划和全民教育计划)的基础上制定的,并在制定之前优先考虑了之前战略分析中出现的挑战。2014年,教育部发布了第三个战略规划,重申了提高教育质量的重要性,保持和提高了各个阶段(幼儿园教育、初等教育和中等教育)和各种类型教育(学术教育、职业教育、信息教育)的入学率,并建立了问责制。

国际救济局启动了"2011—2015年教育改革战略"以提高教育质量。该战略包括四个基本项目:提升教师的绩效并下放权力给学校;全民教育;课程和学生评估;青年职业技术培训。该战略的配套组成内容包括治理、战略规划、管理、项目、合作伙伴关系、通信和信息技术、研究和教育管理系统。

在2015年之后的教育愿景框架内,巴勒斯坦对全民教育目标进行了修订,并重点关注最新的技能,将教育视为迎接未来的第一步。目前社会和国家就教育体系及其产出问题进行了讨论,并在2015年后的教育中重点强调以下几个方面:

1. 受教育权

教育与发展关系密切,公民是教育与发展的中心目标。社区结构中文化发展和社会变革影响了人类的福祉和苦难。教育和个人的培养是个人成功或项目有效发展的主要因素。社区必须给个人教育和职业培训提供资金,这是发展所必需的,并且会影响社会和经济收入。许多社会经济研究已经表明,国家发展所带来的收入大部分投资在教育上。受教育权是个人了解社会、经济和文化权利的最重要因素之一。受教育权允许学生或家长自由选择合适的教育类型,还允许个人和团体建立私立教育机构。这些机构反映宗教和伦理信仰,但必须受到国家机构的监测和评估。

许多公告、公约和国际协议都提到了受教育权利,并为社区中每一个人提供保障。1948年的《国际人权宣言》《国际文化私人公约》,1966年的《社会和经济权利》,1989年的《儿童权利协议》,1981年的《消除对妇女一切类型的歧视协定》,1952年的《难民公约》以及其他有关受教育权的协定和国际公约中,反复提到的最重要的规定主要包括:义务教育和免费基础教育,消除教育入学方面的歧视,将消除文盲作为国家义务,促进高等教育的公平和平等,提供高质量的教育,建设和完善学校网络,父母自由选择适合自己孩子的教育类型。

受教育权不仅意味着学生有权接受各个阶段的教育,还意味着除了要教授学生21世纪所需的技能外,还要保证在安全合理的教育环境中提供优质的教育。21世纪的教育注重以学生为本,这与传统的以教师为中心的教育不同,它有其独特的内容、方向、环境、评估和技术等。

(1)巴勒斯坦的受教育权

①基本法:经修订的《巴勒斯坦基本法》第二十四条第(1)款规定,在基础教育阶段接受教育是每个公民的权利和义务,学校、社会机构和公立机构均提供免费的基础教育。

②巴勒斯坦教育法:巴勒斯坦社区期望制定符合时代要求的现代法律和国际人权所认可的规定。然而,直到现在巴勒斯坦仍然没有制定教育法,只保留了巴勒斯坦立法委员会,因此巴勒斯坦开展教育工作仍依靠的是约旦和埃及的法律。

③高等教育法:《巴勒斯坦高等教育法》第二条规定:"有合理学术要求的每一位公民都有权利接受高等教育。接受高等教育的公民,除了需要符合进入高等教育阶段的条件外,还需符合国际惯例和协议。"

(2)巴勒斯坦受教育权的指标

①学前教育仍未得到推广。入学率约为55.1%,私立学前教育不是免费的;

②尽管在巴勒斯坦民族权力机构和联合国难民救济及工程局的学校里,基础阶段

的教育是义务性的和半免费的,但是没有任何监督形式来保证学生们留在学校。另外,对于不把孩子送到基础学校,甚至让孩子辍学的行为,也没有规章或制度来确定父母是否需要为此行为负责。2013到2014学年,基础教育的毛入学率为95.3%,仍有4.7%的学生未入学;

③2013到2014学年,中等教育(十一到十二年级)的净入学率为68.2%,还有31.8%的中学生没有上学,并且净入学率每年都在下降;

④职业教育依然薄弱,只有1.92%的学生参与了职业教育,并且大多数是男性,因为职业教育的专业更适合男性;

⑤对课程及其内容的分析表明,教科书不利于学生掌握生活技能。此外,巴勒斯坦的课程没有考虑到两性平等和提升学生创造力的问题;

⑥有关监测和评估表明,适合培养学生生活技能的教育环境所占比例很低(八年级为57.8%,十年级为54%,教师为42.9%)。这说明,需要营造鼓励研究的课堂环境,并允许学生在快乐和振奋的环境中应用教育资源,以满足学生的需要和各种形式教育的要求;

⑦2012年的监测和评估表明,学生积极参与(学生主动提出问题)了10.5%的课堂活动。还有人指出,58%的课堂活动是由教师主导的,38%的课堂活动是由学生主导的,其中86.6%的课堂活动是由学生回答教师提出的问题。这表明,实现以学生为中心的目标还有很长的路要走;

⑧2012年的监测和评估表明,有8.1%的学生使用图书馆,但在图书馆学习的学生平均花费的时间为22.3分钟;

⑨2012年的监测和评估表明,有42.4%的学生在科学实验室进行科学活动,每名学生实际花费在科学活动上的时间为1.1分钟,但学生实施科学活动所需的实际平均时间为2.6分钟。根据书本上的课程计划,实际实施科学活动的时间占计划的40.1%;

⑩2012年的监测和评估表明,有33%的学生使用计算机实验室,但每个学生花费在计算机实验室的实际时间为2.5分钟,在电脑课上的练习时间为15.3分钟;

⑪2012年的监测和评估表明,13.8%的学校使用了现代教育方法,14%的学校采用的是传统方法;

⑫监测和评估成果(统一的国家和国际数学与科学研究趋势测试)表明,学生成绩低于目标要求的水平,被认为是处于弱势的一方。

A. 2011年国家和国际数学与科学研究趋势测试中,八年级学生的数学科目达标率为40.4%

B. 2012年国家测试中四年级学生的平均成绩为33分

C. 2012年国家测试中四年级学生的科学平均成绩为47分

D. 2012年国家测试中十年级学生的数学平均成绩是29分

E. 2012年国家测试中十年级学生的阿拉伯语平均成绩为51分

F. 2012年国家测试中十年级学生的科学平均成绩是34分

G. 2013年国家测试中四年级学生的数学平均成绩是46分

H. 2013年统一考试中七年级学生的阿拉伯语平均成绩为60分

I. 2013年国家测试中八年级学生的数学平均成绩为39分

J. 2013年统一考试中九年级学生的科学平均成绩为35分。

⑬有关儿童友好型学校环境的监测和评估表明,尽管在特定的领域存在特定的障碍和困难,而且成效缺乏可持续性,但是巴勒斯坦学校部分实现了对儿童友好的措施。

(3)全民教育议程的未来愿景

为了实现全民教育的目标,除了要消除所有侵犯受教育权的行为之外,还需要国家机构、教育部和全国范围内的合作伙伴采取多种措施。这些措施包括:

①保护教育机构免遭占领,保护教师与学生免遭攻击,允许教育部和民间社会团体在C区、耶路撒冷和隔离墙后自由地建设学校;

②制定保证教育过程正常运行的基本准则,避免因团体罢工或审议而中止教育过程;

③增强人们重视学前教育(幼儿园)的意识,并帮助其融入教育环境。"早期儿童战略"是在一个综合计划中起草通过的,旨在落实教育部第三个战略规划中关于学前教育的规划;

④考虑性别平等,在各个不同的领域建立职业教育体系。制定国家职业技术教育战略,并在教育部第三个规划中制定一体化的方案来发展职业教育;

⑤提高各阶段的教育质量,运用现代教育技术;

⑥采用以学生为本的教育方法,并提供必要的培训和资源支持;

⑦为残疾学生群体(有特殊需求的学生)提供资源和资金;

⑧提供足够数量的合格教师来满足学生的课堂密度,同时尽可能改进教学方法;

⑨尽快制定教育法,要坚持义务教育的原则。这将形成一个全面的法律框架,通过这种框架可以对绩效进行评估,并追究违规者的责任;

⑩增加总预算中的教育拨款,特别是教育的发展费用;

⑪执行全民教育政策,为学生提供更多平等的教育机会。尽管学生的需求不同,但要确保学生能够融入学校教育,并实现他们个人的教育需求。

2. 以色列对巴勒斯坦职业教育的影响(略)

3. 不公正和不平等

实现全民教育目标,需要解决教育中的不公正和不平等问题,消除教育中的性别差距。

(1)相关指标

①从定性角度来看,大多数评估框架都提出了性别对等指标,并且得出对等指标的百分比在95%到105%之间。这些指标大多针对的是学前教育和初等教育的入学率以及五年级的保持率;

②在中等教育入学指标中,某些方面还存在着不平等,其中包括:直到十年级的保

持率、初等教育阶段的完成率、从初等教育阶段到中等教育阶段的升学率以及女性合格教师比例；

③在国家和国际统一测试中获得的定性指标表明，女性优于男性。生活技能指标表明，各个年级的女性都优于男性。此外，在所期望的就读教育年限指标中，女性的指标也高于男性；

④大量研究表明，不同类型和形式的暴力在男性学校中更为普遍。

从这些结果中可以明显看出，教育中的性别差距仍然存在。与女性相比，男性指标的下降可能会对巴勒斯坦的社会结构造成影响。

(2) 确保公正和平等的教育愿景

为坚持巴勒斯坦教育中的公平和平等原则，国家机构、教育部和合作伙伴必须采取以下几项措施：

①通过获取资格证书来平衡男女教师比例，强调男女平等和公平原则；

②努力使课程内容反映平等原则；

③构建学术渠道来培养和授权教师去形成不断学习和教育过程的愿景。这将使教师能够使用多种方法向学生传递信息。它还将增强教师的意识，让他们用一种将学生视为伙伴的方式推动讨论、促进理解、传递知识和激发积极性；

④通过行动而非理论框架，来确立和探索学术可以拓展他们的身份和实践价值及其原则，例如公平、民主和平等。这可能包括开放机构和志愿者工作，作为课程和学术成就的一部分；

⑤通过校外学习来减少学生对教育系统和环境的疏离，比如参观博物馆、实地考察，接待有名望的作家、政治家和其他来访者等；

⑥从权利和知识的角度，改变对传统师生关系的一般定义，教师必须认识到他们不是信息的唯一拥有者。这种关系应该转变为，学生为了学习知识而与教师进行讨论和争辩；

⑦教育的重点应该是，从仅仅培养获得大学文凭的人才，向培养了解社会和国家问题且对未来和个人自由有美好愿景的学生转变；

⑧在所有学校和各个教育阶段推行图书馆课程，这是教育过程中公认的一部分，它在辅助课程方面(特别是在前面提到的过程中)扮演着重要角色；

⑨统一家长委员会在学习和教育中扮演的角色；

⑩改善学校的教育、物质和心理环境，特别应关注男子学校；

⑪加强对学生的支持，提高学生的生活技能，特别应关注男子学校；

⑫鼓励教师获得教育资格，提高他们在教育和教学方面的技能，特别应关注男子学校；

⑬把职业指导和培训计划作为教育的基本组成部分，以明确学生的能力，激发学生的工作热情，并确定他们未来的学术和职业选择。这被看作是限制和降低辍学率的最有效的方法。

4. 非正式教育的发展

非正式教育是指学校、高等教育机构、大学以及其他正规教育机构(包括社会、经济或政治机构)之外的、每一个有针对性的和有组织的教育活动,它是由工厂或公民社会组织开展的关于知识、技能、价值和行为的教育活动。非正式教育包括在学校系统框架之外进行的所有有针对性的教育活动,或在学校教育系统之外进行的任何有组织的活动。

(1)巴勒斯坦正式和非正式成人教育机构的课程和活动

提供此类课程和活动的机构包括:教育部、劳动部、社会保障部、公民社会组织、文化中心和私立部门(公司和机构)。最突出的课程如下:

①非正式教育:在教育部的监督下,开设以下课程:

A.消除文盲的课程:该课程面向没有掌握阅读、写作和数学技能的人员,从来没有接受过教育的人员,完成一到两年基础教育后被迫离开学校并随着时间的流逝变成文盲的人。该课程面向14岁到65岁的个人,学生参加为期两年的学习后参加考试,并获得相当于六年级水平的证书

B.平行教育课程:该课程面向完成5到6年基础教育后辍学但有实际生活技能的人。学生参加为期两年的学习后参加考试,并获得相当于九年级水平的证书

C.夜间教育课程:该课程面向的是中学(私立学校)学生或成绩较差的普通学生

②半官方教育和继续教育:半官方教育基本上是对官方教育的补充,是公立学校没有提供的教育形式。它通常是由教育部、社会保障部以外的当地和国际慈善组织、利益相关者组织、宗教和私立部门等联合投资而提供的。

继续教育是应对经济和社会变化的一个关键因素,它包括由两种机构提供的职业培训:提供正式培训课程的机构是社区学院、巴勒斯坦技术学院和中等职业学校;提供半官方培训课程的机构是隶属于巴勒斯坦劳动部的职业培训中心。职业培训课程由监察机构概括为以下内容:

A.隶属于劳动部的职业培训课程:这是为年轻人提供的基本培训课程和再培训课程,以提高他们的技能;并为工业、农业和服务业中受过培训的熟练和半熟练劳动者提供再培训,以满足社会和未来发展的需要。隶属于劳动部的培训课程包括37个,其中9个在约旦河西岸,4个在加沙地带。这些培训课程可以分为两组,第一组是工业职业培训课程,第二组是针对商业和服务部门的职业培训课程。这些中心的录取条件是学员满16岁,并满足所参加课程的学术要求

B.隶属于社会保障部的职业培训课程:这些课程是教育过程的一部分,旨在整合社区的不同领域,面向的是从学校辍学的青少年、社会关怀群体、残疾人和低收入群体。社会中心的职业培训课程包括由约旦河西岸7个中心和加沙地带12个中心提供的26个课程。录取条件根据目标群体而有所不同。青年康复中心要求12~18岁之间的身体健康的学员,并由社会保障部主管推荐。在残障人士康复中心,受训者必须是残障人士或来自收入有限的家庭。在其他中心,学员必须来自社会保障部关怀的家庭或有

囚犯被释放的家庭。有19个青年康复中心隶属于巴勒斯坦社会保障部,其中7个在约旦河西岸,12个在加沙地带

C. 隶属于联合国难民救济及工程局和社会专业组织的长期职业培训课程:这些课程旨在培养熟练劳动力,以满足社会工业、其他服务业和未来发展的需要。联合国难民救济及工程局课程面向难民子女,在约旦河西岸的联合国难民救济及工程局和其他特殊社会组织的职业培训课程有22个,而隶属于加沙地带的联合国难民救济及工程局的7个中心提供36个课程。进入这些中心学习是有条件的,学员必须完成职业培训中心九年级和十年级特定专业的学习并获得毕业证书,或者获得社区大学中等教育某些专业的毕业证书。教育理事会特别关注巴勒斯坦的职业技术教育。联合国难民救济及工程局的教育课程包括学校教育、教师培训、职业技术培训和教育,这代表了联合国难民救济及工程局的大部分课程。该项目雇用了77%的联合国难民救济及工程局的员工,并耗费了52%的预算

D. 发展机构和非政府组织的职业培训课程:这些课程包括机构和组织提供的旨在提高技能的基础培训课程,此外还有针对社会边缘地区的特别课程。这些机构将培训的概念与工业、农业、服务业或行政管理的培训课程联系起来,特别是建立和管理涉及贷款的微型项目

E. 慈善团体提供的培训课程:社会提供的培训理念,与社会边缘化地区特别是妇女和穷人的慈善工作有关。提供这些课程的目的是支持并授权社会边缘化地区的人们寻找工作机会

F. 私人培训中心提供的培训课程:在巴勒斯坦的教育、职业和技术培训领域,存在许多营利性机构,其中大部分是在教育部授权的文化中心框架下运作的。这些机构提供的培训课程可以提高学生的技能,从而满足当地市场的需求。但由于这些机构的营利性质,培训课程通常仅限于管理、计算机、语言和其他不需要大量资金投入的领域。在约旦河西岸,有91个有执照的文化中心;在加沙地带有80个

G. 政府机构提供的培训课程:巴勒斯坦国家权力机构通过提供专门的培训课程,培养国家建设和公共安全工作所需要的合格人才,比如为警察和犯罪学家提供培训。加沙地带的政府机构除了提供一般的安全培训、为军事人员和警察提供培训课程外,还为所有的社会部门提供22个课程,为政府机构中的全体人员提供培训课程

H. 扫除文盲和成人教育课程:成人教育和培训项目主要是由文化中心提供的。这些课程主要是计算机技能和商业领域的课程,此外还有健康、工程、农业、新闻、电子、机械和其他专业领域的课程。2011年巴勒斯坦中央统计局的数据显示,巴勒斯坦地区15岁及以上的人口中有4.7%的人是文盲,男性占2.9%,女性占9.1%

I. 文化中心:这些中心位于约旦河西岸和加沙地带,其中一些中心是由教育部许可的,有些则不是。文化中心在继续教育领域扮演着重要角色,为社区各阶层和各年龄段的人提供教育和培训。这些中心通过为目标群体提供各种培训和教育课程,帮助他们获得符合其需求的技能

J.巴勒斯坦大学的继续教育部门:它们旨在通过提供现代化且高质量的培训课程来满足巴勒斯坦社区(私人、政府和民间)的需求。通过培养目标群体的技能,巴勒斯坦大学继续教育部门也有助于确定当地社区的需求,并加强社区内的联络和合作。通过建立国际和地区网络关系,为实现该部门的愿景和使命提供物质和资料上的支持。它还为学术研究提供专门的资源中心,并就巴勒斯坦社区中的重要问题进行调查

K.教育部教师和工作人员的培训课程:这些课程是为新教师和校长提供的。

(2)发展非正式教育的愿望

国家机构、教育部及其合作伙伴采取如下措施发展非正式教育:

①实施成人教育国家战略。该战略是与教育部、地方和国际合作伙伴协调制定的;

②建立统一的数据库中心和机构来负责非正式教育,并关注目标群体的年龄、性别和教育水平。而教师负责非正式教育的教学和培训,并不断提升自身能力,增强专业化水平,提高教学绩效,以保证教育质量;

③面向取得非正式教育和成人教育资格证书的人,创建一个特殊的中央数据库。该数据库提供并监测专业领域(继续教育)的课程,包括不同专业领域的数据和统计信息,校友在特定领域的就业比例,以及各专业未来的市场需求;

④制订一个全面的规划或发展项目,对技术人员在其相关专业方面的能力和资格进行培训;

⑤鼓励毕业生不断提高其技能并形成自主学习的习惯,以增强毕业生在专业领域发展的独立性;

⑥增加与扫除文盲项目有关的专业和职业培训课程的数量,以提高文盲的专业水平,并使其继续使用之前获得的阅读和写作技能;

⑦为非正式教育提供固定资金、基本材料和基础设施;

⑧研究非正式教育机构的成就、项目、个人需求的可持续性、就业市场和国家规划;

⑨扩大一些职业项目的入学人数,消除人们对职业培训中心的偏见,减少一些低品质的非正式教育项目;

⑩将国家非正式教育和成人教育重组为统一的教育层次;

⑪对职业教育和非正式教育提供多样化和专业化的项目,考虑每个领域在性别上的公平分布,注重为女性开设新课程,而不是那些已有的课程,例如缝纫和美容师课程;

⑫扩大文化中心的开放程度,消除文盲并推行平行教育;

⑬解决项目中残疾人士尤其是智障人士的问题。

5.教育系统管理中的社会合作关系

教育系统管理中的社会合作关系包括教育系统的管理、监督、任务分配,确保问责制,以及明确私人、国家和国际机构的角色。

(1)相关指标

①教育部依靠各学校的家长委员会制度在学校内开展规划和实施活动;

②教育部依据伙伴关系的原则来提高教育水平,因为这具有很高的社会价值,促进了国家的进步。教育部组建了一个国家计划小组,这是教育部第三个战略规划之一;

③巴勒斯坦向国民承诺实现全民教育目标的同时,成立了国家全民教育小组;

④在诊断教育领域中,当地社区及其机构是教育战略实施中最重要的数据和信息来源之一;

⑤民间社会机构积极地在巴勒斯坦学校实施许多教育项目;

⑥教育部制定的第三个战略规划是为了确保教育系统的问责制,而目前进行的工作是为了确定这一进程的框架和程序;

⑦国际伙伴和捐助者应定期了解教育部的战略规划及其实施情况,并评估已取得的成果。

(2)如何发展和激活合作伙伴关系

①在教育过程中为民间社区机构制定全面的愿景;

②成立一个包括相关党派成员的辅助型教育咨询委员会,其对象无论是不是政府机构人员,都需建立一种特殊的伙伴关系;

③相关的民间社会机构参与问责,并讨论相关的政策、制度和评估;

④积累经验以达到合作的高级阶段;

⑤社会机构应该呈现其整合计划,并要考虑教育部的计划;

⑥合作机构应当考虑巴勒斯坦人在学校的需要;

⑦借鉴并宣传社会机构的成功经验,为教育部的政策方向和指标奠定基础;

⑧需要对私立机构进行监督并促进其发展,私立机构通常富有多样性并鼓励创造性思维;

⑨为巴勒斯坦学校、公民社区、机构的计划和项目制定基本程序,并建立一个清晰和集中的监测与跟踪机制;

⑩重视通过社区(家庭)成员来发挥作用,而不是通过学校(校长)来发展和加强家长委员会在学校中的作用。家长委员会的职责不应局限于向学校提出要求或处理学生与学校之间的纠纷,而应扩大到对学校的问责和监督。

6. 残疾儿童保育和全民教育

教育制度必须适当地将残疾儿童纳入其中。相关指标如下:

巴勒斯坦中央统计局的残疾调查显示,根据残疾的狭义定义,2.7%的巴勒斯坦人是残疾人,其中男性占2.9%,女性占2.5%。杰宁的残疾率最高,为4.1%;其次是希伯伦,为3.6%;耶路撒冷的残疾率最低,只有1.4%。该调查还指出,行走不便是最普遍的残疾类型,占48.5%;其次是学习迟缓者,占24.7%。然而,实际残疾人数比调查数据要高,其原因如下:

(1)隐藏残疾,尤其是女性残疾。一些家庭由于考虑社会影响而没有登记残疾儿童。

(2)对巴勒斯坦残疾群体没有统一和合适的定义。

(3)官方团体(社会保障部、卫生部、教育和高等教育部)和巴勒斯坦残疾人联盟根据调查数据记录了残疾人士的数量,因为残疾人数据并没有统一保存在一个数据库中。

(4)贫困家庭不能提供准确的信息,因此未能获得援助。

教育部通过了使残疾学生融入官办学校的全民教育政策后,在1999年颁布了4号残疾人法以保障残疾人权利,包括受教育权。然而,该法律由于缺乏问责机制和监督机制而无法全面实施。与残疾人有关的一些立法规定存在冲突,例如《劳动法》规定,残疾人员工应该至少占5%;而《公务员法》第24条则规定,所有申请人不能有残疾、疾病和其他障碍。

巴勒斯坦中央统计局2011年的数据显示,残疾人士的文盲率超过50%,加沙地带比约旦河西岸更加严重。数据显示,政府机构实行全纳教育项目16年后,尽管有33.8%的人接受了教育,但他们没有完成第二阶段的学业,都中途退学了,并且仍有37.6%的残障人士从未接受过教育。

1997年,教育部在全民教育战略下实施了全纳教育项目,并把它作为一项为期三年的试点项目,尝试将残疾学生融入官办学校。为了应对巴勒斯坦人民正在遭受的威胁(如暴乱),该项目已经扩大到所有公立学校。残疾人数量的减少,经济条件的不断恶化,巴勒斯坦土地、村庄、城市都分布着军事检查点,私立学校和残疾人康复中心数量有限,所有这些因素都对全纳教育项目的实施产生了影响。

由于融合面临着巨大的挑战并缺乏成功的融合手段,学生们通常在没有采取任何措施的情况下进行融合。最初,融合开始于如视觉、听觉、身体和语言障碍等更明显的残疾,后来,他们开始将患有精神障碍的人融入官方学校,但还没有就其他残疾问题作出决定。

2012至2013年,5 152名有特殊需求的学生被纳入了约旦河西岸的公立学校;在约旦河西岸的公立学校中,残疾学生的比例为0.96%。有关残疾人的统计数据并不能反映残疾学生的真实情况,因为统计时往往关注的是明显的残疾,而不是学习困难、精神障碍和自闭症等残疾,而且缺乏适当的评估和诊断来确定和查明数字的真实可靠性。

教育部任命了"全纳教育项目"的顾问,来监督残疾学生并督促他们尽快融入学校。顾问人数由一开始在16所学校董事会(在约旦河西岸,每所官方学校的董事会有2到3名顾问)工作的36人减少到27人,这意味着到2013年底每个董事会都有1名顾问。整个顾问团队接受了各种各样的残疾课程培训,但没有接受专业的培训,特别是他们并没有残疾领域的学术背景。

在教师教育战略中,教育部决定授予教师一种特殊教育文凭,使整个工作团队都能从中受益。有关特殊教育的所有科目都被这一文凭所覆盖。到目前为止,这些课程的教学已经完成了60%以上,剩下的课程将在下个月提供。

虽然教育部和高等教育部为那些有明显残疾的人提供了教育方法和资源设备(听力设备、帕金森病治疗仪、轮椅和眼镜),但2013年外国顾问的报告表明,学校仍缺少设备,特别是缺少某些类型的残疾人设备,如智力残疾、自闭症和学习困难等没有得到正确诊断的残疾类型。

学生评估机制没有考虑到学生的个人综合能力,这引发了人们对评估工具可信度的担忧。

教育部在一些科目中为盲人开设了盲文课程,但还需要修改部分科目以适应所有学生的要求。物质环境仍然没有适应所有类型的残疾人,因为仅关注了身体残障人士的需要,而没有考虑到其他类型残疾人的需要。2012至2013年,约旦河西岸大约设计修改了1 013所官方学校的建筑(学生们常去的地方和斜坡),但是492个学校没有被修改,64个学校无法修改。

在考试委员会的配合下,教育部为残疾学生设立了辅助证书考试。这一考试目前仅局限于公认的和明显的残疾(身体、听觉和移动残疾)。参加考试会带来以下挑战:

(1)学生们都以同样的方式参加考试,对盲人等残疾学生没有隐私权,例如盲人可以在盲文试卷上答题,或者在一台特殊的机器上打字,这样可以减少监考人和教科书的数量。

(2)所有学生均无一例外地参加考试,有些学生可能在写作方面比较困难,但也没有指定考试中某些部分的评估方法。

(3)许多类型的残疾学生在课程设计中面临着严重的困难,这仍然需要进一步改进。

教育部介绍了资源室的分布情况。正规学校的教室配备有教育游戏、其他必需品、适当的设备以及一名特殊教育教师。学生们在这种特殊教室里学习阿拉伯语和数学,而在其他常规教室里学习其他科目。2013年,有82个资源室分布在教育的各个领域。到目前为止,资源室还没有被列入学校的基础设施,由于对这些教室的管理政策不明确,所以它被认为是残疾学生教育的一项额外费用。

2005年引进了资源中心计划。在拉姆安拉开设了一个资源中心,另一个中心在加沙,第三个中心在希伯伦。资源中心有5名专家,为专门从事口语、教育、咨询和特殊教育治疗的专家团队提供支持和其他附加服务。该团队对各个学校进行实地考察,然后为教师和家庭提供考察评估结果,从而为其制订独特计划,以更好地让残疾学生融入学校。

调整教育体制以满足学生特殊需要的愿景:使教育满足学生的特殊需要,需采取以下措施:

(1)采用全纳教育国家政策,而不是教育系统的选拔趋势。

(2)为学龄阶段不同类型的残疾学生创建一个统一的数据库。

(3)除了雇用员工外,还要以战略眼光扩大资源中心,并为教育的各个领域开创一个新的中心。

(4)在允许的战略愿景范围内,尽可能扩大开放学校和各个教育领域的资源室,并任命合格的员工。

(5)培训专业的特殊教育工作者,以扩充他们的数量。为所有有特殊需要的学生(无论是天赋异禀还是学习困难,抑或是患有自闭症的学生)提供专业的工作人员。

(6)帮助家庭和社区认识到有特殊需要学生的需求,并将他们融入社会。

(7)雇用辅助型教师。

(8)为不同的残疾类型制定不同的规则和指导方针,包括对残疾学生进行普通中等教育考试的指导。此外,政府部门要为残疾毕业生提供就业指导。

(9)在教育的所有阶段建立学生评估体系。

(10)让残疾学生参加课外活动,并为他们提供心理辅导。必须发展残疾学生的能力,以使他们达到最大限度的独立。

(11)加快残疾学生和有特殊需要的学生在官方学校的融合。

(12)在国家战略规划内开展全国宣传活动,为残疾学生提供设备和资源,并建立相互关联的国家数据库。

(13)建立巴勒斯坦残疾人资源中心,包括四个方面:数据库;可获得服务的数据库;服务和项目咨询中心;咨询和培训计划中心。

(14)建立一个综合性诊断中心,使其包括所有相关政府机构(卫生、社会和教育),并与社会保障部合作,为残疾学生提供最优教育。

(15)将特殊教育职业文凭列入国立大学,以便在特殊教育领域工作的所有职员(包括教育顾问)都获得教师资格证,包括管理教室资源的职员、教师、特殊教育教师、希望在特殊教育领域工作的教师。

(16)扩大假期制度的职业范围,使其不仅包括职业培训的咨询者、监督者和教师,还包括特殊教育的教师和员工。

(17)制定并实施专业标准和职业道德标准,使其不仅包括职业培训的咨询者、监督者和教师,还包括特殊教育的教师和员工。

(18)选择特定的学校以满足有特殊需要学生的需求,并提供专业教师、设备和设施等所有必要的资源。

(19)向有特殊需要的学生提供必要的服务,如建筑设施、学术、物质环境和健康支持项目。

(20)制定并发布具体的程序和方法,以发现有才华的优秀学生,并为他们提供支持和关怀计划,这些计划在学校受到监督;此外,除了为学习迟缓的学生提供学术治疗方案外,还要为他们提供支持和关怀。

(21)全纳教育的学校数量受到财政的限制,而且需要在技术上懂得如何与有特殊需要的学生更好相处的管理者。

(22)通过提供适当的教育和卫生设施来改善学校环境,并为教育过程提供工具和设备。

(23)授予教师充分的权利,使其在教育过程中自由、独立地开展工作,教师应当对其学生的成绩负责。

(24)审查全纳教育,其最终目的是让残疾学生融入学校,从而不会影响学生的态度,或者通过关心这个群体而不是整个班级而浪费教师的时间。

(25)与大学、教育学院和教师合作开展培训项目,在个别学科中增加全纳教育的新概念。

7. 发展学前教育

(1)相关指标

①在2013到2014学年,只有55.1%的儿童参加了幼儿保育和教育项目(幼儿园),这与2015年全民教育的国际目标相差很大;

②幼儿保育和教育项目的进展非常缓慢。即使是在幼儿保育和教育覆盖面广的国家,贫困地区的孩子也没有上幼儿园的机会,或者他们进入了资源缺乏的幼儿园学习,因此学前教育的质量不稳定。在学前教育入学率低的国家,学前教育是由收费昂贵的私立幼儿园提供的,生活困难的孩子负担不起这些私立幼儿园的费用;

③2013到2014学年,私立幼儿园占99.1%,它们通常在没有任何质量监督的情况下开展学前教育并获得盈利;

④2013年起草了巴勒斯坦幼儿保育和教育战略,该战略如果得到全面实施,将在很大程度上改善幼儿保育和教育工作;

⑤教育部采取了具体的政策来扩大学前教育的覆盖面,特别是要覆盖到没有幼儿园的边缘化地区和贫困地区。在这一政策下,幼儿园课程被作为初等教育学校的附属课程开放,以吸引更多潜在的学生;

⑥教育部特别提出了在第三个战略规划(2014—2019年)中全面发展学前教育的完整计划;

⑦在约旦河西岸,每个教室的学生人数平均为22.2人,加沙地带平均为27.1人;

⑧北部省份(约旦河西岸)的每一位教育者平均对应17.2名儿童,南部省份(加沙地带)的每一位教育者平均对应21.5名儿童;

⑨目前没有任何学前教育的教材,幼儿园工作人员实施的互动课程是由约旦河西岸制定的。这是基于手册的指导,包括工作人员的规划和日常的计划、活动,关于健康和一般性的安全活动,家庭内部的儿童和周围环境的社会关系,以及数学逻辑和语言概念的学习计划单。这些理念是通过学习单和其他教育活动进行交流的。这种方法已经适应了巴勒斯坦儿童的需要;

⑩无论是在学术资格方面,还是在实际培训方面,幼儿园的员工都不合格。教育部要求幼儿园的负责人或任何行政管理的负责人必须持有学术学位或更高的学历,但这一要求并未被严格遵守。工作人员在接受培训之前不允许就业,但如果个人是专门从事初等教育工作的,那么教育部会考虑这一点并另作安排。幼儿园并没有致力于消除学前教育和初等教育之间的差距,幼儿园工作人员的培训课程是由教育部提供的;

⑪教育部已经建立了4个幼儿教育中心,其中2个在加沙,2个在伯利恒和纳布卢斯,这些中心为在职幼师提供培训。此外,教育部还将成立一个培训中心,为耶路撒冷郊区、拉姆安拉和杰利科三个城市的在职幼师提供培训服务。在希伯伦也将设立一个培训中心,为在职幼师提供培训服务。这些中心每年将培训150名幼儿园工作人员;

⑫在过去的两年里,教育部通过提供设备、教育和教育游戏来支持370所幼儿园的发展。国际和地区组织也根据教育部门和具体议定书给予幼儿园补贴。在耶路撒冷,40个幼儿园已经被翻新并提供了一些教育设施,如工具、小剧场、诊所和交通信号灯等玩、教具。在纳布卢斯和伯利恒也建设了幼儿园;

⑬在与卫生部、民防部和工程部的协调下,教育部正在着手为幼儿园发放许可证。这需要经过许多程序,包括为活动中心的孩子提供安全的游戏区域。持有执照的幼儿园,必须遵守这些指示才能重新获得许可;

⑭教育部通过了儿童保护项目,旨在保护儿童特别是孤儿和破碎家庭的儿童免受各种形式的虐待、剥削和忽视。教育部任命了一个名为"儿童保护顾问"的专门顾问团体以监督该项目,每个部门将任命一名男性和一名女性顾问。教育部还设立了2个儿童保护中心,为那些遭受虐待、剥削和被忽视的儿童提供服务。教育部还通过监督孤儿院来保障儿童的权利,为他们提供保护和保健,从而促进儿童全面发展。教育部还指定了29个机构来开展住宅开发项目,该项目用来解决儿童的身心问题并跟踪病例,同时在家庭条件允许的情况下试图使儿童重新融入社会;

⑮针对许多领域的育婴人员开展培训课程,包括以下内容:

A.通过生活环境中可利用的且低成本的原材料来开发教育和教学方法

B.培训育婴人员如何为困难儿童提供社会的和心理的支持,有56名社会顾问接受了培训

在幼儿园阶段,残疾幼儿的需求没有得到适当的满足,康复中心也缺乏足够的资源来提供这些服务。此外,智力发育迟缓的儿童面临的障碍依然很多,他们的基本需要没有得到满足。数据表明,专门机构的数量难以满足这些儿童的需求。

(2)幼儿园阶段的国际趋势

①重申全民教育第一个目标中关于学前教育的目标,并将这一目标作为教育进程的第一阶段;

②2014年马斯喀特协议通过了第一个目标,即到2030年提高适龄儿童的小学入学率。这一目标将通过提供优质的学前教育来推进,包括在接受初等教育前至少接受一年义务的学前教育。

(3)发展学前教育的愿景

为了发展学前教育,满足儿童早期需要,应采纳和考虑以下措施:

①为所有儿童提供早期教育服务,提高幼儿园的入学率,使学前教育覆盖边缘地区和贫困地区。对学前教育划拨专门经费预算,支持幼儿园继续在贫困社区提供教育服务;

②更新基础设施,改善幼儿园的教育环境。制定严格的许可证和建筑法规,分配足够的预算支持学前教育;

③为幼儿园开发一门特殊的课程,同时考虑到巴勒斯坦独特的环境,使孩子在上学前获得某些技能。通过开发培训课程和教材,培训幼儿园的工作人员;

④通过行政和职业培训,开发幼儿园的制度潜能;

⑤为学前教育员工设立大学课程和培训课程,使他们能够利用更现代的教育方法来完成任务;

⑥成立智力障碍儿童诊疗机构;

⑦提高父母和孩子们的生活能力,使他们掌握新的生活技能;

⑧培养孩子对母语的自豪感;

⑨制定一项明确的政策,将幼儿园阶段纳入正规教育;

⑩制定《巴勒斯坦儿童法》,并起草各个领域的立法文件(卫生、教育和民事法律),采取必要的程序来保证其实施;

⑪在战略规划和政府发展项目中确定儿童早期的需求,扩展家庭项目、提高媒体关注度和增强项目意识;

⑫明确书面文件的制定和信息的获取;

⑬加强与幼儿家长的合作;

⑭在一个工作计划中,与幼儿家庭和当地社区建立关系并保持沟通,提高幼儿园对孩子重要性的认识;

⑮鼓励幼儿园之间开展成功教育经验的交流活动;

⑯鼓励当地社区和家长参与起草学前教育项目;

⑰从整合和包容的角度,统一不同部门对幼儿概念的看法;

⑱对儿童进行研究,以提供有关学前教育的信息并统计数据,以便进行深入的分析调查;

⑲从整合和包容的角度(包括卫生、文化、媒体和立法)来定义国家参考指标,以监测儿童的状况。

8. 私立教育的作用、得到的支持、在教育系统中的整合以及伙伴关系

(1)私立部门与公民社会机构之间的关系

私立部门在巴勒斯坦的教育中扮演着重要角色。它主要集中于中心城市,例如拉姆安拉、耶路撒冷及其郊区、伯利恒的南部和纳布卢斯的北部。村庄和难民营缺少这个类型的教育。

(2)相关指标

①在学校教育中,13.5%的私立学校(小学和中学)为巴勒斯坦9%的学生提供教育;

②私立幼儿园为99.1%的学前儿童提供服务;

③私营部门对职业教育的贡献为 10.5%；

④官方机构(教育部和其他部门)的作用仅限于为私立教育机构颁发执业许可证，私立教育机构不受政府的监督或监管。监督机构的责任在教育和职业培训方面产生冲突，这削弱了长期战略规划的功能；

⑤私立教育机构缺乏来自政府财政和非财政的支持。官方机构对教育项目没有相应的经济政策和鼓励措施。此外，由于以色列的占领行为造成的安全缺失，政治和经济条件阻碍了私营部门对教育的投资；

⑥教育部为私营部门提供了一些形式的支持，例如支付教育机构工资和部分学校的开支，特别是有特殊需要的学校，如盲人学校和耶路撒冷的一些私立学校。教育部还通过提供培训和监督，向一些私立学校提供间接支持。教育部向私立学校免费提供教科书和教育方法，并且邀请他们参加一些发展项目。

(3) 如何发展和支持私营部门的教育

①不鼓励私营部门建立营利性学校。制定严格的规章制度，只有符合规章制度，才能获得开办学校的许可。许可证每年更新一次，并附有课程及学习成果的监督与报告；

②维护私立和公立部门之间的关系。私立学校作为孵化器或互动教育的形式，在以后的教育阶段可能会有所贡献。如果私立学校表现突出，可以将其整合到公共教育部门；

③彼此透明的关系是构成良好关系的基础。

9. 协调教育、生活和工作

这包括公民教育、教育与生活技能的协调、交流和沟通、批判性思维和自主学习。

教育部根据第三个战略规划制订了若干计划：

第一，加强民族认同感，增强公民意识，注重强化价值观和法治观念。

第二，将教育体系扩展到国家和国际考试之外，包括增强公民意识、获得生活技能、提高创造力、增强幸福感等。

(1) 相关指标

①教育部制定了符合国际趋势的教育战略和职业技术培训战略。这一战略已由特别小组审查，利益相关者、私营和公共部门的社会伙伴共同参与了这一战略；

②研究表明，社区对职业教育的定位不是正面的，大多数家长更倾向于让孩子在完成中等教育后接受大学教育，而不是选择职业教育；

③在巴勒斯坦，接受职业教育的学生比例为 2.94%，其中在约旦河西岸为 4.6%，在加沙地带为 0.51%；

④许多研究表明，阻碍女性参加职业技术教育的主要障碍是：

A. 适合女性学习的机构数量有限，这导致专业选择非常有限

B. 社会大众对女性工作的态度，以及社会对职业技术教育的认识普遍欠缺

C. 中学的女校长、女教师和女学生对职业技术教育的重要性缺乏认识

D. 大量的女性倾向于选择开放式学习,这阻碍了女性加入职业技术教育机构

E. 女性参与就业的比例很低,为15%,而男性的就业比例达到了67%(其原因是女性参与家务劳动的占65%,参加学习活动的占27%)

F. 女性失业率为22%(失业率随着教育水平的提高而增加,随着年龄的增长而降低

⑤在巴勒斯坦,有18所职业学校(官办和私立),其中13所是工业和农业部门的官办学校。除杰利科和图巴斯以外,约旦河西岸的其他管理机构都设有职业学校。在耶路撒冷和伯利恒的管理机构中都没有官办的职业学校。在加沙地带,加沙北部、加沙中心地带和加沙以东,有几所工业和农业部门的职业学校。

(2)提高教育与就业市场的相容性

实现巴勒斯坦教育与就业市场之间的相容性,要求国家机构、教育部门、地方和国际合作伙伴执行以下内容:

①将职业技术教育的基础知识通过正式课程和课外活动纳入公共教育体系,直至初等教育阶段(十年级)结束;

②提高中等职业教育学生的比例,同时通过提供适当的项目来扩大女性参与的比例;

③增加教育和职业培训机构的入学人数,通过在许多地方实施新项目(专业化)来满足教育系统输出质和量的需要;

④增加职业教育的入学人数,增设与女性相关的专业课程;

⑤为家长和学生开展宣传推广活动,加强对他们的职业指导,增加职业教育和职业培训的入学人数。为学生和家庭制订辅导计划,并强调自主创业的成功因素;

⑥根据就业市场的需要和实际情况,在教育机构和职业培训机构中增加、改变和发展相应的专业;

⑦缩小职业教育与社会现实之间的差距。通过在生活技能和创新方面增加新的培训,来培养就业市场所需要的技能;

⑧开展包括实际应用方面的培训,并模拟就业市场,让学生在毕业后可以尽快融入类似的市场;

⑨发展和提高职业教育中教师和培训人员的能力;

⑩发展职业教育以适应就业市场和职业发展需求;

⑪支持毕业生进入就业市场,并通过与支持毕业生就业的单位和校友沟通,实现他们进入就业市场的愿望;

⑫制定并实施新的职业规划,为现有学校的女生提供新的职业选择;

⑬在部分职业学校里提供技术课程的文凭将有助于提高出勤率;

⑭通过以下方式加强与劳动力市场的伙伴关系:

A. 开发LIMIS信息系统,建立教育与运营机构之间的信息网络

B. 引入新的培训方法,如实习、邀请劳动力市场代表参与培训计划、可设教育课程以及职业培训

C. 支持建立独特培训中心相关的举措

D. 寻找合适的资金支持培训

E. 采用国家学历体系以加强伙伴关系进程

F. 采取自愿和强制相结合的原则制定法律和法规

G. 使用网络教育来交换信息

⑮扩大职业教育(专业网络)体系,包括特殊教育的团队和教师、顾问、督导以及职业教育教师;

⑯制定和采取职业措施并遵守职业道德,将特殊教育的团队和教师、顾问、督导以及职业教育教师结合起来。

10. 加强创业教育,提高创新教育技术

教育部将重点放在了创新创业教育上,依据如下:

第一,企业家的精神和创造力对巴勒斯坦国家的经济发展至关重要。

第二,鼓励学生思考,使其具有批判精神,培养学生的奉献精神,提高其生产能力。

第三,利用新技术来填补巴勒斯坦地区不同教育领域之间的差距。

(1)相关的指标

①教育部与开创性的公民社会机构合作,使巴勒斯坦在与创新创业有关的国际活动中发挥作用;

②教育部和高等卓越与创新委员会的法律地位平等,根据国家的公共政策,已经在这个领域征求学生的意见,满足他们的需求;

③在过去几年里,教育部开发了一项新的技术课程,将其与其他学科相结合。目前教育部已经出版了四本图书,其余图书正在出版中;

④教育部还实施了其他项目和计划,将技术应用到教育中,并成功地用现代技术和相关资源完善了学校现有的基础设施。

(2)创新创业教育的愿景

①加强与巴勒斯坦、地区组织和国际机构之间的战略伙伴关系,并启动支持性行动;

②按照教育部规定的标准,继续完善学校基础设施建设,加强与战略伙伴的合作;

③开阔巴勒斯坦学生和创新者的视野,使其与全球同行交流,代表巴勒斯坦参加国际活动;

④将具有创造力的学生与国家、国际和地区大学的支持项目联系起来,为他们的发展和成长营造一个适宜的环境。

(3)将原则和重点转为目标

2015年后的发展框架是将目标转变为优先事项,其内涵是以权利和正义为基础的。不平等导致了某些领域的边缘化,包括少数民族、残疾人士和生活在贫困地区的人。要实现平等这一目标,首先要解决不平等的结构和不平等的历史问题。

为教育目标制定一个具体的框架:教育目标有三种不同的表达方式,质量和平等是所有项目的基础。

第一,某些组织特别是非政府组织认为,教育目标是发展框架的一部分,就像"千年发展目标"一样。这些框架保留了主要政策、"千年发展目标"和全民教育目标,改变和补充了教育成果的不足。逻辑基础的承诺还没有实现,但重申"千年发展目标"的承诺,并制定一个宽泛的目标是很重要的。

第二,2015年后的发展框架提出了许多建议,这些建议是按主题排列的,而不是基于部门的目标排列的。这是一个合理的计划,它将重点放在可持续发展的基础上。例如,可持续发展目标框架明确了世界上所有国家实现全面发展的原则,它反映了社会、经济和环境方面的可持续发展。在这个框架内,教育成为一个具有包容性的目标,通常被纳入其他的逻辑范畴。

第三,某些提案只专注于设定教育目标,而没有制定2015年以后的发展框架。对全民教育的国际监测报告提出了2030年的"更大目标":每个人都能平等地接受基础教育,且无论其条件和环境如何,同时有五个次要目标。

优先目标:在任何国际教育议程中都有两个基本要求,即平等和质量。这两个基本要求反映了在2015年后的发展框架中的主要目标。它表达了这段时间内应提供的教育内容,包括教育的不同水平和形式,详情如下:

第一,入学机会平等:在2015年后的教育框架内,入学机会平等将成为主要承诺。这一目标对幼儿教育、边缘化教育、弱势群体儿童教育以及成人初等教育进行了补充。

第二,优质教育平等:平等、适当的教育和学习是2015年后教育议程的核心。学习是一个独立的目标,这已经达成共识。

审议中规定,质量的其他方面是确保适当教育的基础,包括:

①安全、健康和良好的教育环境,包括学校建筑、抗灾教室、清洁用水、学校营养计划和具有性别差异的卫生设施;

②有足够数量的训练有素的教师;

③严谨的系统和良好的合作伙伴关系,使父母和当地社区能够有效参与决策。

制定教育的目标和指标:更加关注并确定优先事项,而不是就合适的长期目标、中期目标和指标达成一致,就一组主要目标达成协议;

④长期目标和指标应具有相关的国际愿景;

⑤对长期目标的评估应包括定性和定量的测量;

⑥评估长期目标的指标应集中在过程、结果和输入上;

⑦中期目标和指标应尽可能多地表达长期目标中的愿景;

⑧中期目标和指标应当从平等和公正的角度提供独立的数据。

第三,明确教育的理想目标:必须有宽广的教育视野来处理最重要的问题,并应对国际变化。这一愿景应该包含气候变化、知识社区、人口动态变化等方面的问题。教育的理想目标是扩大获得优质教育的机会,并兼顾平等和终身教育。

确定理想目标的四个核心:

①男孩儿和女孩儿应当接受并至少完成一年的学前教育;

②平等入学并完成一轮完整的初等教育,并且其学术成果是可识别和可测量的,特别是阅读、写作和数学方面;

③授权所有男孩儿和女孩儿参加适当的中等教育,并获得可测量和公认的学术成果以完成学业;

④让所有的成年人和年轻人,特别是女童和妇女,在中学后获得接受教育的机会,并把它作为一种拓展知识和获得技能的有效手段,其中包括实用的技术和职业技能;此外,能够接受继续教育,建立更公平的社区。

(五)2015年后教育议程的成就

实施教育议程的主要思想是:从当前国际教育议程中吸取经验教训,以实现上述目标。研究融资和其他因素是非常重要的,因为这有助于实现议程中的新目标。

1. 完善国家教育系统

2015年后教育议程的优先事项必须再次重申。这包括保证国家教育经费,改善教育管理和人力资源,提高包括教师和家长在内的所有教育参与者的能力。在没有强大的教育系统的情况下,等级制度的许多缺陷和不足将继续存在。

2. 针对边缘化和薄弱部门进行干预和实施前瞻性项目

在许多讨论和建议中,为来自底层社会和经济背景的儿童接受基础教育提供支持被认为是重要的。在评估进展时,应该把规模与平等联系起来。例如,在收入方面,经济条件较好的家庭更易接受适当的教育。

3. 保证充足的资金

2015年后教育议程的理想越来越宏大,但是扩大教育规模和范围是一个巨大的挑战,各国政府和国际机构可能会因缺乏政治意愿而停止提供资金。提供资金是保证规划实施的一个决定性因素,需要制定并实现教育议程的创新融资战略。

4. 有效参与起草教育政策

许多参与者都提到了这个话题。重要的是要广泛参与讨论,争取就目标达成共识。在广泛参与制定2015年后教育议程的过程中,长期目标可能会被采纳和实现。

5. 加强 Al-Rad 系统和国家评估

评估对任何既定目标的实现都至关重要。监测和评估国家的基本方面,有助于制定政策并建立数据库。特别是在不同情况下,要加强有效的监测和评估系统,以提供可信、准确的信息。

6. 公立和私立部门之间有效的、有组织的伙伴关系

保障公共利益和达成教育愿景的统一是十分重要的。和谐的伙伴关系有利于在国家教育方面达成一致。

以色列

　　以色列国，简称"以色列"，位于西亚巴勒斯坦地区，地中海的东南方向，亚洲西部，亚、非、欧三大洲的结合处。沿海为狭长平原，东部有山地和高原。以色列北靠黎巴嫩，东临叙利亚和约旦，西南则是埃及。2019年以色列总人口909.2万，其中犹太人约占74.4%，阿拉伯人约占21.0%，其余为德鲁兹人等。以色列是地中海型气候，夏季炎热干燥，冬季温和湿润。

　　以色列有优质的大学教育，推动全国的高科技繁荣和经济的快速发展。24%的以色列劳动人口拥有大学学历，这使以色列成为工业国家里学历程度第三高的国家，仅次于美国和荷兰。以色列的高新技术产业举世闻名，其在军事科技、电子、通信、计算机软件、医疗器械、生物技术工程、农业、航空等领域具有先进的技术水平。严重缺水使以色列在农业方面形成了特有的滴灌节水技术，政府充分利用现有水资源，将大片沙漠变成了绿洲，还大量出口优质水果、蔬菜、花卉和棉花等。

注：以上资料数据参考依据为中国外交部官方网站以色列国家概况（2020年10月更新）。

以色列教育法规和教育系统结构

一、教育法规

以下是与教育相关的主要法规。

(一)义务教育法 1949 年

根据本法,义务教育适用于所有 3～15 岁的儿童。此外,法律还规定 16 岁、17 岁甚至 18 岁的青少年,如果在十一年级未完成规定的学业,还可以接受免费教育。国家依法对接受义务教育的学生免收学费。

国家和各地方教育局有责任共同维护公立教育机构,父母也有权为他们的孩子选择一所被大众认可的学校。

本法对原始版本的重要补充包括:禁止种族歧视,禁止在接收、安置学生和提高学生成绩方面有歧视,禁止父母因学生的过错或疏漏而惩罚学生。

(二)国家教育法 1953 年

本法确立了国家教学内容和教学流程的指导原则,并规定每周上课时间为六天。

国家教育是指国家根据教育部批准的课程所提供的教育,不隶属于任何一个政党、公共机构或其他非政府组织,受教育部部长的监督。本法涵盖了国家教育在普世价值观下的目标、以色列社会和传统的价值观、大屠杀纪念和英雄主义、儿童个性的发展、能力和创造力、各学科知识、科学和艺术、体育活动、文化和娱乐。

国家教育系统包括两种:国家教育和州立宗教教育。根据本法规定,如果有高达 75% 的父母发起申请,教育部部长有权额外批准一门由地方当局、家长资助的课程。

本法还详述了将非官方学校认可为公认教育机构的程序和条件,以及在该机构实施核心课程并监督其实施。本法进一步规定了开办官方机构的条件,规范了国家教育机构的检查和监督程序,并确立了对检查员、校长和教师的任命要求。无论是教师、雇员还是教育机构外的个人,我们禁止任何形式的党派人员在教育机构进行宣传活动和政治活动。

(三)高等教育理事会 1958 年

高等教育理事会是以色列的国家机构,负责高等教育方面的相关内容,包括教学及学术研究。该理事会是根据 1958 年通过的《高等教育法》而进行运作的,它是一个可以行使权利、承担义务并进行法律活动的法定机构。理事会成员的任期为五年。

理事会主席由教育部部长担任,负责高等教育理事会的整体运行以及理事会总干事的任命。

1.高等教育理事会的主要权力:

(1)有权授予高等教育机构的办学许可。授予高等教育机构办学许可还需要得到政府的批准,如果理事会拒绝批准一个机构,教育部部长可以向政府提出上诉,提请政府将这个问题交付理事会重新审议。重新审议后的决定必须经政府批准,理事会的决定是最终决定。

(2)有权授予高等教育机构资格认证。该认证也需要得到政府批准。如果有异议,理事会应按政府的要求重新考虑认证请求,理事会的决定是最终决定。授予认证的公告会在官方公报上公布。

(3)有权赋予所认可机构授予学位的权力。

(4)有权授权所认可机构使用"高等教育理事会授权"的字样。

(5)有权向认证机构就合并、扩充和改进等方面提出建议,并就其合作开展教学和科研工作。

(6)有权建议政府设立更多的高等教育机构。

(7)有权根据国家和社会的需要,通过规划和预算委员会,对政府是否参与高等教育系统的预算活动和有关高等教育发展问题提出相应的建议。

理事会由包括主席(教育部部长)在内的25名成员组成。规划和预算委员会的主席和全国学生协会的主席是该委员会的成员。理事会成员中至少有三分之二是"教育领域的杰出个人",其余成员也都是公众人物。理事会成员是经政府推荐、由总统直接任命的,任期为五年。

2.规划和预算委员会是高等教育理事会的执行机构,由政府设立,负责资金和规划工作。具体职能包括:

(1)作为国家政府机构与高等教育机构间的独立中介机构,负责高等教育的所有预算问题。

(2)在考虑国家和社会需要的同时,提出高等教育的定期预算和发展预算,同时保障学术自由,确保研究和学习的进步。

(3)拥有向全球授权的高等教育机构拨付预算的专属权力。

(4)向政府和高等教育理事会提出高等教育的发展计划,包括资助计划。

(5)提高高等教育机构的效率,并在它们之间进行协调。

(6)监督拨款的使用,防止赤字或过剩。

(7)作为重要的财务认可机构,有权向高等教育理事会表达其对成立任何新机构或新单位的意见。

(四)学校检查法 1968 年

本法规定,开办和经营学校须获得许可证。本法规定了不属于国家教育系统的学校获得许可证的条件,并做出了其建立和运作的规定。

(五)特殊教育法 1988 年

根据这项法律,"特殊教育的目的是促进和发展残疾儿童的能力和潜力;改善和提高他们的体能、精神、心理和行为表现;传播知识、技能,使其适应社会,成为社会的一部分,并能够很好地融入工作"。本法规定,要对 3～21 岁的青少年进行特殊教育——系统地学习与治疗,包括物理治疗、语言治疗、职业治疗和其他治疗。本法的一项重要修正案涉及将接受特殊教育的儿童纳入正规教育系统,规定了这项内容并给予立法支持。

(六)学长日和学习改进法 1997 年

颁布这项法律的目的是在教育机构现有的学时内增加学习和教学时长。

学长日的具体内容包括:

1. 每周四天——每天学习时间至少为 8 小时。
2. 一个工作日,除了星期五,最多 5 小时。
3. 星期五——最多 4 小时。

教育部部长可以在议会教育和文化委员会的批准下,在某些教育机构或学习班中规定不同的学习时间,但每周学习时间不得少于 41 个小时。

本法是由教育部部长下令并在社区和居民区开始实施的,将优先考虑教育部部长确定的需要额外援助的地方或社区。

(七)学生权利法 2000 年

本法旨在防止因种族出身、社会经济背景或政治观点而歧视学生,禁止体罚或以言语侮辱学生。

必须在学生和父母亲自参与听证会后,才能做出将学生永久地从某个教育机构开除或将其转校至另一所机构的决定。学生及其父母有权向区听证委员会提出上诉。委员会由区主任领导,通常由一个工会教师、一个全国父母协会的代表和区学生委员会主席或副主席组成。

教育机构应鼓励成立学生委员会。

本法还规定,只要符合规定的条件,每名学生就有权参加国家入学考试。

(八)教材借贷法 2000 年

根据本法规定,只要有 90% 以上的学生家长同意将书籍转移到学校,每所学校就可以参加出借教科书的计划,但学校必须遵守教育部部长的规定。

教育部部长将规定每个年级的最高借贷费,这需经议会教育委员会批准。还为请求参加项目的学校提供援助,并确定援助水平参数。

本法将根据教育部部长发布的命令逐步实施。由于经济原因,本法已经推迟执行。

(九)地方当局法(学校资金使用) 2000 年

本法规定,地方当局不得以任何理由占用国家分拨的用于支付教师和教育机构其他雇员的工资,也不能占用教育机构用于教师或学生购买相关学习设备以及教育设施配备和维修的资金。

地方当局必须为教育资金建立一个专用的单独账户,国家须将指定的预算转入该单独账户。

(十)患病儿童免费教育法 2001 年

本法要求教育部部长制订一项计划,为因患病而连续住院 21 天以上的或无法上学的儿童提供教育。该计划将考虑医疗限制来设立相应的学习课程。

经卫生部部长批准,教育部部长将制定在医院建立和使用教育设施的规章制度。

由于经济原因,本法已经推迟执行。

二、教育系统结构

以色列教育系统包括正式和非正式两大教育系统。正式教育系统主要包括学前教育、小学教育、中学教育(初中和高中)、大专及以上教育;非正式教育系统主要包括社会上从事青少年教育的各类教育以及成人教育。

学前教育包括0~6岁儿童的教育。

在2001年2月,有371 000名2~6岁的儿童在市政、公立和私立幼儿园以及托管机构就读。其中,有307 000名儿童进入公立幼儿园。在2002年3月,在公立幼儿园就读的儿童总数为315 000名。

人们对幼儿教育发展以及以色列社会面临的问题愈加关注。为确保给所有孩子提供使其成才的必要条件和发展机会,幼儿教育系统提倡要尽早让孩子接受教育。幼儿教育的目的是为幼儿以后的学习打下良好的基础,包括发展语言和认知技能,促进学习和创新能力以及运动技能。教育部正准备实施《义务教育法》,对3~4岁的儿童免收学费。2004年,国家为来自弱势群体的近10万名儿童提供了学前教育资助,这些被资助儿童占总数的36%。

1968年,教育部决定对整个教育系统进行改革,主要包括:小学六个年级,包括一至六年级;初中三个年级,包括七至九年级;高中三个年级,包括十至十二年级。

改革主要在官方教育①制度下实施。2003年初,有72%的学生在七至九年级参加了改革后的教学体系,其余28%的学生仍按照之前的教学体系上学(小学一至八年级;中学九至十二年级)。

改革还包括对《义务教育法》的改革。改革前,《义务教育法》规定学生可以接受义务教育的阶段为一至八年级。改革后,扩大到十年级(包含十年级),使义务教育的总时长达到十一年(包括强制性的幼儿园教育)。此项改革于1978年开始生效。

大专及以上高等教育也参与了改革。

---

① 官方教育:由国家和地方当局开设的教育机构,并在官方公报上被列为官方学校提供的教育。公立教育机构可提供国家和州立宗教教育。

大专教育机构(非学术性机构)包括在许多不同的领域(如技术、行政和艺术等)提供知识和培训的机构。

学术性高等教育机构包括大学、开放大学、学术学院(包括师范院校)。

在2003年,共有290 000名学生考入高等教育学府。

表1显示了2002年3月统计的从幼儿园到高中的教育系统结构。

表1　　　　从幼儿园到高中的教育系统结构(2002年3月)

学前教育(3~6岁)	小学教育(6~13岁)	中学教育(14~17岁)	
公立幼儿园	小学 (一至六年级,一至八年级)	初中 (七至九年级)	高中(九至十二年级, 十至十二年级)
315 000人(77%)	771 000人(97%)	247 000人	342 000人(96%)

2002年3月,在教育系统登记(在教育部的监督下)入学的从幼儿园到中学的学生总人数约为1 675 000人[①]。

表2显示了2002年3月[②]统计的大专及以上高等教育的系统结构。

表2　　　　大专及以上高等教育的系统结构(2002年3月)　　　　(人)

机构	中学后教育	学士学位	高级学术学位
教师培训机构	14 000	21 000	
开放大学		36 000	1 000
学院和中学后教育机构	49 000	46 000	1 000
大学		77 000	4 400

截至2002年3月,共有249 400名学生进入大专及以上高等教育机构学习。其中,大学在读的人数不到一半。

三、学习机构及教育计划总结

(一)学习机构

1. 学前教育

(1)介绍

学前教育旨在为6岁以下的儿童提供教育和教学服务。为此,教育文化体育部与

---

① 表1中数据是在教育部监督下的教育机构中的学生人数。括号中的数字是指在教育系统中该年级入学人数占该年龄组中少年儿童总数的百分比。在应参加学前教育的儿童(3~5岁的儿童)中,有77%进入幼儿园学习。在应参加小学教育的儿童(6~13岁的儿童)中,入学人数占该年龄组总人数的97%。在初高中教育(14~17岁)中,入学人数占该年龄组总人数的96%。用于计算该比例的初高中学生包括在劳动部或宗教事务部监管下的教育机构上学的学生。

② 除去以色列扩招的外国留学生,2002年3月大学的入学人数估计在11 000至14 000人之间。

地方当局开办日托中心的妇女组织、外部组织和基金会、犹太机构和其他政府部门保持联系和合作。

幼儿园是儿童接触的第一个正规教育机构,在幼儿园他们会形成一种对学习和学校的看法,这对他们能否融入接下来的学校生活有很大的影响。

学前教育主要在以下领域促进儿童发展:

①促进认知技能,通过使用学习工具提高认知能力,参加特定课程以接触各个领域的知识;

②培养生活技能、社交技能,培养孩子的人际交往能力;

③鼓励形成独立人格,教育孩子学会尊重他人,宽容他人,接受人与人间的相似性和差异性;

④学习发音和识字,熟悉术语和交流的方式,培养孩子对美学、艺术及其他各种艺术表现形式的欣赏能力;

⑤培养技能,将儿童培养成终身学习者。

(2)基础课程

相应的教学活动要根据学前教育系统的基本课程开展(截至 2000 年 3 月 1 日)。

本课程是根据教育系统中学生的年龄结构而制定的:

①以色列教育系统中 3~6 岁的儿童几乎都就读于国家和国家宗教幼儿园,或阿拉伯和德鲁兹幼儿园(根据 1995 年《教育法》);

②特殊儿童需要在综合规范的特殊教育幼儿园上学(根据 1996 年《教育法》)。

幼儿园工作人员可以自主选择教材,并选择适合的教学方法,在保持授课多元化的同时,还要满足特定的区域性要求。为了给所有孩子提供平等的机会,使他们能够最大限度地发挥自身潜力,孩子们的基础课程应包括几个必修科目。

(3)技能目标

①语言技能和综合素质:口语和书面语言、符号语言、数字语言、艺术表达(视觉造型艺术、音乐、舞蹈、戏剧和文学)。幼儿园的教师可以选择使用科学表达、视觉听觉表达,或使用多媒体;

②学习技能:认知技能、探究和解决问题的能力(略微具有一定的复杂性);

③社会情感技能:自我意识、自信、合作、同伴关系、化解社会矛盾、话语规则,接受和承认人与人之间的差异(相互尊重、帮助和宽容),了解法律和社会规则的重要意义,熟悉不同文化背景,保持个人卫生和健康,保护环境,安全与安保,文化消费和媒体;

④身体运动技能:日常运动和使用户外运动设备,体育锻炼和球类运动;

⑤形成共同的文化-社会-公民基础的教育内容:国家机构及其标志、以色列遗产、文化遗产和传统(酌情用于每个部门)、民间音乐和文学。

2. 小学教育

(1)小学教育理念的原则

①建立一个灵活的学术机制以适应社会文化、经济和技术变革;

②开发核心课程；

③不断发展和提高基本技能；

④提高教育机构的自主权；

⑤鼓励在学校和社区开展社会教学活动；

⑥为学生提供更多主动和自由选择的机会；

⑦使学生获得能力上的提高而不是机械地将他们分类；

⑧引入学校反馈和评估程序作为教学理念的一部分；

⑨创建信息集中型的学习环境。

这些原则的实施需要改变学校的组织和管理：

教师：不再扮演"知识守护者"的角色，而是作为帮助和促进学生学习的调解者。作为工作团队的一部分，教师负责帮助学生发起、选择、查询、发现和实验。考虑到学生之间的差异（速度和兴趣），教师会为学生营造一个灵活多变的学习环境。

校长：担任教学团队的主管，并制定灵活的时间表，让不同工作有条不紊地进行。负责促进整个团队工作人员能力的提高，允许教师在各个领域发展专业特长。在相互理解、目标一致的基础上，创建一个既掌握具体学科专业技能又具有凝聚力的团队。

学校自治理念要求校长根据现有的资源、教育部的政策以及学校和社区的需要，对学校进行规划、选择和管理。

(2)工具

教育部已经制定了一套方便学校管理的工具：

①工作计划：年度工作计划应由学校全体工作人员基于特定信息制订，具体包括：

A.学校数据（来自环境监测系统——学校评估增长机制，有效性措施及其他来源）

B.教育部的政策

C.学校的独特性（例如艺术、科学）

②GEMS——学校发展与效率评估：这是一个系统性的控制学校的工具和工作机制；提供可靠的学校图片，并允许检测在多领域的应用（成就、学习环境、计算机应用程序、学校气候、学校－家长关系等）；评估的结果应反映在学校的工作计划中；

③核心课程：根据所有学校教授的内容、技能和秉持的价值观，使学生在科目中应用共同的学习标准；

④标准：确定所有学生在各个学科必须达到的水平，并对教学方法做出相应的调整。

(3)计划

①教学阅读方法的改革：改变所有教师一年级阅读的教学方法，并为全国的教师提供在职培训；

②数学专业化：通过培训使普通教师成为专业的数学教师，重点是学校的二线工作人员；

③人际沟通计划:通过调解、规范语言、辩论活动、决策和团队合作(教师之间、学生之间以及教师和学生之间的合作)来解决人际沟通问题;

④Lev Hayishuvim 方案:旨在及早发现并制订面向学习有障碍学生的教学方案,培训教师为这些学生提供教学援助,避免产生教育差距;

⑤信息技术:制定一份文件,说明学生在信息技术领域应掌握的技能,并在学校实施;

⑥实施 Shoshani 报告:实施让小学根据既定的标准自主安排教学时间的制度,以促进学校自我管理,使学校成为能够独立做决定的个体;

⑦介绍新课程:语言课、以色列研究课、社会研究课、以公民和圣经为主题的课程;

⑧学校反馈:建立反馈机制。

3. 中等教育(初中教育和高中教育)

(1)组织安排

中等教育系统已经开始对课程和学习方法进行整合,该举措首先在2000年入学的十年级学生中实施。

新的结构具有以下特点:

①中学的概念发生变化,中学是指从七年级到十二年级的教育阶段,根据时代变化而采取灵活的教学方案;

②增加学校自主权,其特点是学校增加了可供学生自主选择的课程和学习方法;

③减少一次性学习科目的数量。学生每周见到教师的次数减少了,使教学更加个性化;

④增加独立工作:锻炼了学生的自主学习能力,激发了他们的学习动力和求知欲,同时提供了更多机会使学生在自己感兴趣的领域进行研究;

⑤集群和跨学科科目:该计划鼓励中学生重新安排他们的学习计划和上课时间,主要包括学习不同的科目,在一个集群框架内或用其他方式将不同科目的学习联系起来,选择综合领域的课程,鼓励不同学科不同项目共同发展;

⑥多样化的评估手段,用于评估个人能力,例如批判性思维、创造性、原创性、伦理性等;

⑦班主任的重要教育作用和学科教师的概念:提高班主任的地位,使其成为学生生活中具有重要意义的角色,充分发挥教师在教育中的作用;

⑧促进学校教学人员的团队合作:团队合作在教学规划和教学实践中发挥着重要作用,将框架体系内不同领域的知识结合在一起,并使用替代性的评估方法;发扬团队精神是实现中学教学整合的关键。

(2)时间安排(初中教育和高中教育)
①初中教育时间表(表3、表4)

表3　　　　希伯来教育系统的初中教育时间表(七、八、九年级)　　　　(小时)

学科	每周时间	
	国家教育	州立宗教教育
希伯来文学、语言和表达	12	11
英语	11	11
阿拉伯语/法语	9	9
数学	14	14
自然科学/技术	18	15
《圣经》和犹太教	14	24~26
历史、地理、人文和社会研究	16	12
艺术	4	3
教育和公民	7	7
体育	6	3~5
总计	111	109~113

注:犹太语和乌帕纳语课程:高级口语作为选修课程的一部分,每周12个小时

表4　　　　阿拉伯和德鲁兹教育系统的初中教育时间表(七、八、九年级)　　　　(小时)

学科	每周时间
阿拉伯语	15
英语	12
希伯来语	12
数学	14
自然科学/技术	18
阿拉伯文化/伊斯兰教/基督教/德鲁兹遗产	7
历史、地理、人文和社会研究	16
艺术	4
教育和公民	7
体育	6
总计	111

②高中教育时间表(表5、表6)

表5　　希伯来教育系统的高中教育时间表(十、十一、十二年级)　　(小时)

学科	每周时间	
	国家教育	州立宗教教育
希伯来文学、语言和表达	12	11
英语	9~11	9~11
阿拉伯语	3	3
数学	9	9
自然科学/技术	8	8
《圣经》和犹太教	9	20~26
历史、地理、人文和社会研究	8	8
选修科目	6	6
教育和公民	7	7
论文写作	2	2
体育	26~28　　32~34	16~24　　24~32
总计	99~103　　105~109	99~115　　107~123

表6　　阿拉伯和德鲁兹教育系统的高中时间表(十、十一、十二年级)　　(小时)

学科	每周小时数
阿拉伯语	12
英语	9~11
希伯来语	9
数学	9
自然科学/技术	8
阿拉伯文化/伊斯兰教/基督教/德鲁兹遗产	3~4
历史、地理、人文和社会研究	8
选修	6
教育和公民	7
论文写作	2
体育	6
强化学习和扩大学习时间	85~91　　31~34
总计	113~119　　119~125

(3)目标和活动

介绍教育系统的主要目标,以及为实现这些目标而开展的主要活动。

教育部将一些目标定为首要任务,这些目标包括:

①缩小差距和提高学业成绩;

②培养正确的价值观;

③培养为两性和有特殊需要的人群提供平等机会的民主价值观;

④培养宽容和预防暴力的人道价值观;
⑤提高科学技术教育水平;
⑥保障教师的专属权利。

(二)教育计划总结

以下是几个旨在促进这些目标的主要教育计划的总结:

1. 缩小差距和提高学业成绩

(1)根据学生的差异实施新的预算制度

这种新的正规初等教育机构的资金分配方法是根据初等教育审查预算办法委员会的建议提出的。

该方法基于以下原则:

①每名学生的标准:分配给学校的预算小时数要根据学生人数及其社会经济背景来确定;

②平等标准:所有以色列学生都根据统一的社会经济指数进行评估;

③差别标准:每个学生根据其所属的类别(社会经济背景)进行分类,并相应确定教育部应为该学生分配的时间预算;需求越大,学生的学习预算时间越长;

④教学条件:任何预算的必要条件都是要基本符合(核心)课程以及参与全球环境监测系统工程,为学校发展提供有效措施。

新的预算编制法在2003年4月新学年的普通初等教育系统中开始实施。

(2)提高母语、数学和英语的基本技能

义务教育幼儿园儿童的阅读和写作准备;一年级读写教学的语音教学方法;小学数学教师专业化;2 000名教师在2002年3月新学年完成第二年的数学专业化培训。

(3)开设领先课程,增加有资格获得预科证书的学生人数

例如:过渡到预科辅导班;为十一至十二年级的学生提供个人辅导,使其得到获取预科证书的资格(与布兰科斯发展思维的研究院合作开展的项目);2002年3月,在四年级和五年级的学生中开展数学和英语深入研究方案,共包括1 500名学生。

十二年级的毕业生有机会参加补考(参军前)。部队中的士兵在退伍前有机会参加考试。冬季也可以参加考试。该入学考试特别适用于有学习障碍的学生和新移民。学习包括数学和英语的所有预科课程并取得一定的成绩。

(4)继续实施阿拉伯和德鲁兹地区的五年计划,重点是提高教育机构的资历和教学成果,对教师进行培训,以及安排小学和初中教育顾问的职位。

(5)继续在正规和非正规教育机构吸收新移民,通过教育系统将新移民融入以色列社会中。

(6)扩展OMETZ计划(希伯来语"我相信自己,我会努力,我希望成功"),防止十年级学生辍学。学生在特殊的班级进行集中学习和接受个性化教学。

2. 培养正确的价值观

犹太人七、八、九年级的文化遗产课程：初中生每周上课时间为 1 小时；为 600 名初中教师提供在职培训。

3. 培养为两性和有特殊需要的人群提供平等机会的民主价值观

(1)实施核心课程，其中包含共同的价值观和所有教学科目(母语、第二语言——英语、数学和科学)。

(2)将公民课扩展为 5 个主题单元，包括社区活动和参与项目。

(3)实施学生权利法。

(4)"青年领导变革"与以色列妇女网合作，促进和赋予两性平等的领导权；促进女孩儿的数学、科学和技术学习；任命学校工作人员负责学校的性别平等工作；为负责该工作的检查员、校长和教职员提供指导和在职培训。

(5)在 8 个地方当局为性虐待的受害者创建危机中心。

(6)加强特殊学生融入正规教育系统中学习的趋势。

(7)实施"虐待儿童教育法"。

(8)通过诸如 Lev Hayishuvim 的计划，发现并帮助有学习障碍的幼儿园学生，该计划目前在 40 个社区运行；作为评估和治疗有学习障碍的学生的运行中心。

4. 培养宽容和预防暴力的人道价值观

通过各种方案，在教育场所营造安全的氛围，尽量减少暴力和吸毒酗酒。

(1)生活技能——处理暴力和吸毒酗酒问题的计划，由班主任和学校辅导员负责实施。

(2)为青少年制定的 ASA 项目(暴力-毒品-饮酒)，在 9 个地方机关运行。

(3)强化校长在加强秩序和纪律方面的义务和权力。

(4)让幼儿园和小学老师参与预防暴力的计划。

(5)开通暴力问题紧急热线(1204)。

(6)人际沟通——学习好礼仪、辩论文化和调解技能的课程(针对小学)。

(7)"学校作为教育场所"——在整个社会环境中为其设定一个"质量标准"。

(8)为暴力学生成立治疗小组。

(9)道路安全和警告：幼儿园和一年级学生的课程——每周给 1 200 所幼儿园和 2 500 个一年级的课程分配 1 小时。对十一年级学生提供驾驶员培训，2 500 个班级的 1 800 名学生会在 2002 年 3 月参加驾驶理论考试。

(10)青年运动——鼓励学生参加。

(11)将环境研究纳入核心课程，并为加强环境意识和提高环境责任感开展额外的项目。

5. 提高科学技术教育水平

(1)促进专业化的数学、科学技术培训，并对这些学科的教师进行在职培训。

(2)继续与地方当局和国家彩票站合作,实施学校计算机化计划;继续对24个物流中心进行技术支持和维修;继续在全国各地设立70个科学、技术和艺术的付款中心与协调中心,这些中心主要面向初中学生;在电信和互联网研究的框架内实施创新的研究方案。

(3)实施高中教学技术的整合(改革适用于在2003年4月所有就读于十年级的学生)。

6.保障教师的专属权利

(1)三个在职培训和教学分配框架:直接分配给学校;分配给区检查员;分配给教育工作人员发展中心。

(2)继续向以学校为基础的管理系统过渡,并只在部分进行自我管理的社区完成这一过程。

(3)提高师范院校学生的基本录取要求。

重点应该是提高对教育参与者(教师、学生和家长)的服务质量。

应该指出的是,在2003年,教育、文化和体育部再次接管了文化和体育相关领域的活动。

四、教育、文化和体育经费

本部分主要介绍三个数据:

(1)教育、文化和体育部的预算。

(2)国家在教育、文化和体育方面的支出。

(3)家庭收入的教育支出。

这些数据主要来源于教育、文化和体育部与中央统计局。

以下是本节中的一些主要发现:

(1)2004年,教育、文化和体育部的常规预算接近247亿新谢克尔①。这笔款项未列入2003年预算,并已转入该部2004年的预算账目中,包括大约9.6亿新谢克尔分配到文化管理局、体育管理局和宗教机构。如果没有额外的进项,该部的预算应该是237亿新谢克尔。

(2)1991—1996年,教育部的预算(固定价格)比学生人数增加得更快。而在1997—2003年,预算增速比学生人数的增速要慢。2004年,预算减少了2.1%,而学生人数则增长了1.9%。

(3)2004年,预算的经济分类显示,88.8%用于工资,11.2%用于购买支出和其他费用,见表7。

(4)教育、文化和体育部也为其他机构的预算做出贡献:财政部为该部分拨的总预算的27.6%分配给了地方当局。

---

① 这是议会批准的原始预算(包括文化、体育和宗教机构的预算,2003年转入该部,但仅列入2004年预算)。

(5)2001年,国家教育支出达到国民总收入的10%。估计2002—2003年国家教育支出仍为国民总收入的10%。

(6)2002年,全国每名学生的教育支出中,学前教育预计为1.3万新谢克尔,大学教育预计为0.42万新谢克尔。

(7)2003年,全国文化、娱乐和体育支出占国内生产总值(GDP)的5.5%。

表7 1990—2004年教育、文化和体育部按照经济分类的常规预算(占预算总额的百分比)(%)

年份	总预算	教学工资	其他工资	购买支出
2004	100.0	71.0	17.8	11.2
2003	100.0	72.6	18.0	9.4
2002	100.0	72.3	18.2	9.5
2001	100.0	72.0	18.0	10.0
2000	100.0	73.1	16.3	10.6
1995	100.0	73.8	17.2	9.0
1990	100.0	71.2	19.3	9.5

(一)教育、文化和体育部的预算

教育预算从1990年的39亿新谢克尔增加到2004年的247亿新谢克尔[①],与固定价格(1990年的价格)相比增长了87%。2004年的发展预算总额为4.55亿新谢克尔。

2004年预算包括用于文化管理局、体育管理局和宗教机构的资金,这些资金没有列入2003年的预算。除去这些资金,教育部的预算为237亿新谢克尔。与固定价格(1990年价格)相比增长了80%。1991年的年度预算是9个月。

2000—2003年,预算不包括文化和体育领域。其中,文化管理局、体育管理局和宗教机构的预算已于2004年并入文化体育部预算。因而,此后不包括文化管理局、体育管理局和宗教机构的预算。

1991—1996年,教育部的预算(固定价格)比学生人数增长得更快。1997—2004年,预算增速比学生人数的增速慢。1997—2004年,学生人数增长了18%,预算减少了5%。

还应提及的是,2004年的预算与2003年的预算相比减少了2.1%,而学生人数增长了1.9%。总预算大约为247亿新谢克尔。

按照分配的预算显示,大约三分之二的预算资金(66.6%)用于小学和中学教育。2004年教育、文化和体育部的预算分配(按经济分类)表明,88.8%的预算用于工

---

① 2004年和2003年的对比不包括文化、体育和宗教机构的预算,这些都是在2004年加入到预算中的,且增加了4%,与2003年同比增加了1.9%。

资,11.2%用于购买、服务、产品和其他费用①。工资预算包括教师工资(71.0%)和其他雇员的工资。

多年(1990—2003年)的审查预算显示,预算分配保持稳定,波动较小。应该指出的是,2004年有11.2%的预算用于购买。这可能是由于文化和体育领域的预算以及原隶属于宗教事务部的宗教机构的预算都已经归到教育、文化和体育部。

表8显示,2004年该部的发展预算为4.55亿新谢克尔。在新建教室方面,预计拨款为3.89亿新谢克尔,占发展预算的85%。

表8　　　　　　　　2004年教育、文化和体育部的发展预算②　　　（百万新谢克尔）

项目	费用
发展总预算	455
教室建设	389
建筑装修	32
设备	8
外围基础设施	10
储备价格上涨	16

表9　　　　　　　　　2004年教育系统中的新建教室

项目	数量/个
2004年新建教室	240
教育部资助建设的教室	540

1. 政府教育支出及高等教育支出总额占政府总支出的百分比

1990—1995年,政府用于教育的支出占比上升。自1995年起,教育开支维持在政府总开支的9.5%~10.0%。这是在债务偿还被排除在外时出现的类似情况。在1990—1996年,政府高等教育支出的占比有所增加。自1996年以来,已经稳定在2%左右。

2004年,教育部每周给教育机构(从学前教育到高中教育)分配了超过280万小时的教学时长,分配时间的百分比如图1所示。

2. 教育、文化和体育部预算及其按照服务类型为地方当局预算做出的贡献

2004年,教育、文化和体育部为地方当局的捐款预算为66亿新谢克尔,这一数额占该部预算总额(不包括储备金)的27.6%。教育、文化和体育部全部预算的29.6%分配给了正式教育机构,1.6%分配给了非正式教育机构,行政和总部单位预算的6.1%用于地方当局的预算。

---

① 例如,学生的交通以及参与教育设施的维修和服务的费用。
② 截至2004年3月3日。

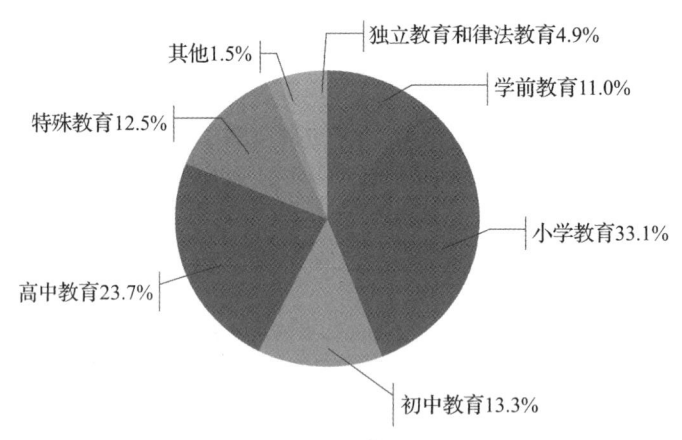

图 1　2004 年各级教育机构①分配的时间（百分比）

3. 教育部为中学学费预算拨款

2003 年预算明细（按递减顺序）：

约 38% 的预算分配给地方当局的学校。

约 29% 分配给私立学校和其他教育机构。

约 18% 分配给职业技术教育机构。

约 15% 分配给农村教育机构。

虽然有 73% 的学生在地方当局的公立学校、私立学校和其他教育机构登记入学，但这些机构只分配到 67% 的预算。预算的 33% 分配给了职业技术教育和农村教育，而登记入学的学生只有 27%。分配给职业技术教育和农村教育的预算占比大于其学生占比，这主要是因为职业技术教育和农村教育培养每名学生的成本高于一般教育培养学生的成本。

（二）国家在教育、文化和体育方面的支出

国民教育支出占国民总收入的 10%，其中公立教育支出占国民总收入的 7.8%。

1999—2001 年，政府和地方当局对国家教育支出的贡献为 78%，与 1993—1998 年的 80% 相比有所下降。剩余 22% 的支出来自家庭支付，即每个家庭的教育支出（幼儿园和大学、私人教师、学习材料、各种教育服务费用）和国外捐赠资助。

1999 年全国教育支出中大约有 57% 用于小学和中学教育（小学教育为 26%，中学教育为 31%），9% 用于幼儿园教育。大专及以上教育的支出占国家教育总支出的 21%（大学为 13%，专科学院和大学为 8%）。每个学生的支出水平都提升了一个等级。2002 年，每名学生在大学或学院读书的费用估计为每年 4 200 新谢克尔，而学前教育的学生费用估计为每年 13 000 新谢克尔。

---

① 不包括教师培训机构。

以色列三个教育阶段中(学前教育、小学教育和中学教育),每名学生的支出低于经合组织国家的平均支出。高等教育(大专及以上教育)中每名学生的支出也低于经合组织国家的平均水平。

然而,就教育支出占国内生产总值(GDP)的百分比而言,以色列的教育支出是经合组织国家的平均支出中最高的。

产生这种差异的原因如下:在以色列,上学儿童在总人口中占相当大的比例。因此,国家教育支出分配给儿童的比例相对较多,与经合组织国家的平均水平相比,每名学生的支出就比较低。

以色列学前教育、小学教育和中学教育的每名学生的支出与经合组织国家的平均支出相似。在高等教育(大专及以上教育),特别是大学教育中,每名学生的支出高于经合组织国家的平均水平。

国家在文化、娱乐和体育方面的支出,从1990年占国内生产总值的4.7%上升到1999年占国内生产总值的5.8%,1999年以后下降到5.5%。

近年来,全国各地的文化、娱乐和体育人均支出近4 000新谢克尔。与1990年相比,这一数字增加了大约70%。应该指出,全国超过75%的文化、娱乐和体育方面的开支由家庭资助。

(三)家庭收入的教育支出

作为家庭支出调查的一部分,中央统计局调查了各个家庭相对于其收入的支出情况。家庭支出为国家教育提供了22%的资金(见前一部分国家在教育、文化和体育方面的支出)。

在2000年和2001年,高收入群体(收入最高)的每月平均净收入约为17 000新谢克尔,是低收入群体(收入最低)的4倍还多。这两部分人的总收入即扣除强制付款之前的收入相差6倍。总收入包括收入和福利。

从绝对数字来看,家庭每月的教育支出随收入增加而增加。2000—2001年,低收入群体(收入最低)每月花费287新谢克尔,而高收入群体(收入最高)每月花费664新谢克尔。如果计算教育支出占净收入的百分比,那么情况则恰恰相反。

以色列教育法

第一条 在本法中：

"国家教育"是指国家在课程基础上提供的教育，它不依附于政党、团体或政府以外的任何组织，受教育部部长或其授权人的监督。

"宗教国家教育"与"国家教育"有所区别，它的生活方式、课程、教师和检查员都是宗教的。

"课程"是指教育部部长为官方教育机构规定的课程，以实现第二条所阐述的目的，并包括教育部部长规定的"基本课程"，作为每一个官方教育机构的强制性方案。

"国家教育机构"是指提供国家教育但不包括宗教国家教育的官方教育机构。

"宗教国家教育机构"是指提供宗教国家教育的机构。

"补充课程"是指教育部部长根据本法规定或批准的一部分课程，其在官方教育机构中的教学时间不超过25%；"宗教国家教育机构"的补充课程包括对书面和口头宗教法规的研究，旨在以宗教生活方式补充课程，包括该机构内的宗教仪式和宗教氛围。

"学生"是指儿童或青少年。

其他术语的含义与《义务教育法》(5709—1949)中的含义相同。

第二条 国家教育的目的是，使国家的初等教育基于犹太文化的价值观和科学成就，基于对国家的爱和对国家及犹太人的忠诚，基于对农业工作和手工艺的实践，以及基于努力而建立一个自由、平等、包容、互助和对人类友爱的社会。

第三条 从5714学年起，每个官方教育机构都应实行国家教育；5713学年属于米兹拉希趋势，或以色列趋势，或劳动趋势宗教部门的一个官方教育机构，并在该机构中引入宗教国家教育。

第四条 教育部部长应规定每个官方教育机构的课程。在非犹太教育机构中，课程应适应其特殊的环境。

第五条 教育部部长可为每个官方教育机构补充课程的引入做出规定，或是为整个机构的一个课程，或是为不同的或并行班级的课程的引入做出规定；对于宗教国家教育机构，应为宗教国家教育机构的一个补充课程做出规定。

第六条 根据学生家长对教育机构的要求，教育部部长可在条例规定的条件下批准该机构除第五条规定的补充课程以外的课程。

第七条 如果教育部部长认为另一项补充方案将涉及额外的开支，则教育部部长不得根据第六条行使其权力；如果要将额外开支下拨给地方教育机关，则教育部部长可以在该机关的同意下行使上述权力。

第八条 教育部部长可在条例规定的条件下,根据该机构学生家长的要求,批准官方教育机构开设的课程以外的课程,但在执行补充课程时所有涉及的开支应由受教育的学生父母或承诺进行支付的地方教育机关承担。

第九条 教育部部长可出于实验目的,在特定的官方教育机构中引入不符合本法规定的课程;但须按照规定的方式,在根据第九十条①开始注册前,预先发出引入通知书,并且这种机构不得被指定为属于附近居住学生的唯一机构。

第十条

1.教育部部长可命令地方教育机关去合并若干其地区的官方教育机构。但是,教育部部长不得命令合并具有宗教国家教育机构的国家教育机构。

2.除非教育部部长事先通知相关的地方教育机关,或者除非上述机关有机会向教育部部长表达反对意见,否则教育部部长不得命令将位于两个或两个以上地方教育机关领域内的官方教育机构合并。

第十一条 教育部部长可以根据规定,规定非官方机构认可的公认教育机构的程序和条件。在教育部部长决定同意的情况下,可以引入基本课程,管理和监督国家对其预算的援助。

第十二条 应设立教育事务委员会(以下简称"教育委员会"),其成员人数不得少于十五人。委员会成员由教育部部长任命,经政府批准,任期四年。这些任命的人员应是活跃于教育领域的人,或是教育文化部的人员。根据教育部部长提交的名单,其人数不应超过委员会全体成员、地方机关参选人、高等教育机构和教师联合会总人数的25%。

第十三条 应设立宗教国家教育理事会。理事会成员应由教育部部长任命,经政府批准,任期为四年。两名成员应是教育部部长的代表,六名成员应从宗教事务部长提出的十二名候选人名单中选出。其中,根据规定,有三名可从代表宗教教师的教师组织提交的含有至少六名候选人的名单中选出,另外三名可从教育委员会的宗教成员中选出。

第十四条 除根据第十二、二十九及三十二条所赋予的权力,以及根据第十七条第一次行使权力外,教育部部长在行使本法赋予他的任何权力之前,须咨询教育委员会。

第十五条 在行使本法所赋予的关于宗教国家教育的任何权力之前,教育部部长需根据规定的程序,征求宗教国家教育理事会的意见,包括在国家教育机构的师资部门任命宗教教育主任的权力,但不包括他在第十二、十三、三十一和三十二条下的权力,也不包括根据第十七条第一次行使权力时的权力。

第十六条 宗教国家教育机构的补充课程由教育部部长在宗教国家教育理事会的同意下制定。

---

① 在厄路耳月的1日,5713学年(1953年8月12日)由以色列国会通过,于厄路耳月9日,5713学年(1953年8月20日)发布在 *Sefer Ha-Chukkin* 第131期,137页;《法案及解释》于坦木兹月10日,5713学年(1953年6月23日)发布在 *Hatza'ot Chok* 第170期,242页。

第十七条 教育部部长应颁布教育委员会的章程和宗教国家教育理事会的章程。章程应规定委员会和理事会的召集和工作程序,因为没有出席任何相关会议的成员而进行补充的规则,以及教育部部长认为对执行委员会或理事会的任务所必需的其他条款(视情况而定)。

第十八条 在仅限于宗教理由的情况下,宗教国家教育理事会可以将宗教国家教育机构的校长、督察或教师的任命或继续服务的资格取消。如果理事会成员反对取消资格的决定,只要反对意见未按照规定的方式确定,则不生效。

第十九条 教育机构的教师或其他雇员不得在教育机构的学生中为一个政党或其他政治组织进行宣传。

第二十条 为履行《义务教育法》第三条(aa)和(d)款所述的义务,学生须:
(1)在其居住地附近的国家教育机构或宗教国家教育机构登记;
(2)如果学生的居住地在当地教育机构的管辖范围内,而该范围内没有官方教育机构,则向当地教育机构登记;
(3)如果学生不在官方教育机构,而在公认的教育机构接受初等教育,则在该公认的教育机构登记。

第二十一条 登记的程序、执行有关程序责任的规则、确定学生居住地附近教育机构的规则以及允许注册学生的条件,如果不符合第二十条的规定,则按照符合规定而行事。

第二十二条 学生依照本法和《义务教育法》登记的每个教育机构,应当按照规定的规则,向管辖其所在地的地方教育机构提交该登记报告。

第二十三条 在根据第二十条第(2)款向当地教育机构登记时,登记家长应说明他是否选择国家教育机构或宗教国家教育机构。该声明的程序需按照规定来进行。

第二十四条 如果当地教育机构的区域内有国家教育机构,但没有宗教国家教育机构,反之亦然,那么登记的家长可在根据第二十条第(1)款进行注册时,说明他希望学生接受当地教育机构区域外的教育。

第二十五条 根据第二十条或二十一条,在教育机构注册的学生应在登记的教育机构入学;如果在机构登记的学生人数超过规定的定额配额,则超过配额的学生应当按照规定到为其确定的教育机构入学;对于在国家教育机构注册的学生,教育机构不得将其分配到宗教国家教育机构,反之亦然。

第二十六条 如果根据第二十四条做出的声明,在当地教育机构区域内开办了官方教育机构,即按上述所说的,视该学生在登记和声明时已经在该机构登记。

第二十七条 《义务教育法规定》如下:
(1)在第一条中,"教育委员会"和"认可趋势"的定义应予删除;
(2)在第三条中:
①(a)分条应由以下各分条代替:
A.5岁以下儿童的父母各自有义务在法律规定的时间内和方式下向儿童所在地的地方教育机构登记。如果其中一人已经进行了注册,另一人的责任则解除;

B.6岁及以上儿童的父母或青少年的父母各自有义务按照(b)分条的规定在教育机构或地方教育主管部门按照《国家教育法》第5713—1953号第二十条和二十一条的规定进行登记。如果其中一人已经给儿童或青少年登记,另一人的责任则解除。

②(b)分条中

A.第(2)节应由以下各节代替:

B.关于在5714学年或接下来的学年入学的学生,其年龄为六岁,则是在规定的时间内;

C.下面一节应加在第(4)节之后:(5)对于处于义务教育年龄且居住在没有官方教育机构的地方教育机构区域内的儿童或青少年,依照规定,该权力机构按照规定的方式公布,在公布之日起三十天内在那里开办该机构。

③在(d)分条中

A.在开篇中,"到其居住地所在地的当地教育机关"一词应按照《国家教育法》第5713～1953号,改为"在教育机构或当地教育机关";

B.在第(4)节之后插入此节:(5)如果青少年没有居住在为青少年提供初等教育的官方教育机构的地方教育机关的区域内,但是机关按照规定的方式公布,在公布当日起三十天在那里开办该机构。

(3)在第十条中

①(a)分条将予废除。

②在(b)分条中,开头的标记和第四行"某一认可趋势或其他官方教育机构的初等教育"应删除。

(4)在第十四条中,将"教育董事会"改为"教育委员会"。

第二十八条 教育部部长可以指示本法中第一至十九、二十九和三十四条的规定,他可根据需要对其修改,并使其适用于教师培训学院和幼儿园。

第二十九条 除规定的权力和第十条(b)、十二、十三和十七条赋予的权力外,部长可以将本法所赋予的全部或任何权力下放给他人。根据本条授权的通知应在官方通告栏中进行公布。

第三十条 从本法生效之日起至5714学年末,除非学生的居住地发生改变,否则未经教育部部长批准,不得将学生从一所官方教育机构转移至另一所官方教育机构。

第三十一条 在5714学年,由于对本法的执行而发生或将会发生的变化,官方教育机构的校长或教师转移到另一个官方教育机构,即使有任何相反的做法,也不得作为因未能提前通知转移而提出赔偿要求或任何其他支付薪金的理由。

第三十二条

(1)在教育部部长确定并在官方通告栏发表的日期之前,在5713学年于官方教育机构入学的学生家长可以书面方式通知机构所在地的教育机关,表达希望让学生在一个非官方的教育机构接受包括基本方案在内的具体方案的教育。

(2)如果在5713学年在某一机构入学,并且家长已如前文所说提交了通知的学生数量大于等于学生总数的三分之二时,当地教育机关应当向教育部部长提交有关上述家长所选择的课程和有关学生人数的报告。

(3)如果教育部部长认为课程是可以接受的,且认为家长希望学生接受此类方案下的教育的学生数量足以保证为他们开办一所教育机构,那么教育部部长既可以为这样一个机构的开办将曾为上述官方教育机构准备的所有房屋和设备分配给该机构,也可以指示或命令当地教育机关分配房屋和设备。

(4)如果教育部部长确知上述机构已经开办,房屋和设备已供其使用,确保按照上述课程定期提供小学教育,则应宣布该机构为公认的教育机构。

(5)本款的规定应在第5714学年期间增加至第十一条和第二十条第(3)节的规定,不得减损。

第三十三条

(1)根据第三十二条开办的教育机构的维护和管理费用由学生家长承担,且应共同承担由维护和管理所产生的任何责任。

(2)如果国家或当地教育机关将房屋分配给该机构,供其在某一特定的时间段内使用,那么无论任何其他的法律如何规定,该机构和任何持有该房屋的代表人都应在期满时将房屋空出。

第三十四条 教育部部长负责执行本法,对有关执行本法的事项做出包括如下内容的规定:

(1)监督国家教育机构的程序和委任督察、校长和教师;

(2)监督宗教国家教育机构的程序,该机构审查人员、校长和教师的任命,以及宗教教育理事会行使提出教师、校长和督察候选人,取消教师、校长和视察员任职资格,或以宗教理由反对他们任命的权利;

(3)在不是官方教育机构公认的教育机构里引入基础课程,以及对其实施情况进行监督;

(4)本法全部或者任何规定适用非犹太学生的基础教育和设立此类教育理事会;

(5)将学生从一个小学教育机构转移到另一个机构的程序;

(6)如果学生人数未达到最低限度,教育部部长可以不按照第三条的规定,命令关闭该官方教育机构,或在该机构提供国家教育的情况,以及这些学生进行小学教育的规则;

(7)根据第二十四条发表的声明或根据第二十三条的选项开办官方教育机构的条件;

(8)在教育机构中,无论是由该机构的教师、雇员还是外部人员以任何形式对任何一个党派或政治宣传的预防。

第三十五条 本法自议会通过之日起施行。

附 录

附录一

推动共建丝绸之路经济带和 21 世纪海上丝绸之路的愿景与行动

国家发展改革委　外交部　商务部
（经国务院授权发布）
2015 年 3 月 28 日

前　言

2000 多年前,亚欧大陆上勤劳勇敢的人民,探索出多条连接亚欧非几大文明的贸易和人文交流通路,后人将其统称为"丝绸之路"。千百年来,"和平合作、开放包容、互学互鉴、互利共赢"的丝绸之路精神薪火相传,推进了人类文明进步,是促进沿线各国繁荣发展的重要纽带,是东西方交流合作的象征,是世界各国共有的历史文化遗产。

进入 21 世纪,在以和平、发展、合作、共赢为主题的新时代,面对复苏乏力的全球经济形势,纷繁复杂的国际和地区局面,传承和弘扬丝绸之路精神更显重要和珍贵。

2013 年 9 月和 10 月,中国国家主席习近平在出访中亚和东南亚国家期间,先后提出共建"丝绸之路经济带"和"21 世纪海上丝绸之路"（以下简称"一带一路"）的重大倡议,得到国际社会高度关注。中国国务院总理李克强参加 2013 年中国-东盟博览会时强调,铺就面向东盟的海上丝绸之路,打造带动腹地发展的战略支点。加快"一带一路"建设,有利于促进沿线各国经济繁荣与区域经济合作,加强不同文明交流互鉴,促进世界和平发展,是一项造福世界各国人民的伟大事业。

"一带一路"建设是一项系统工程,要坚持共商、共建、共享原则,积极推进沿线国家发展战略的相互对接。为推进实施"一带一路"重大倡议,让古丝绸之路焕发新的生机活力,以新的形式使亚欧非各国联系更加紧密,互利合作迈向新的历史高度,中国政府特制定并发布《推动共建丝绸之路经济带和 21 世纪海上丝绸之路的愿景与行动》。

一、时代背景

当今世界正发生复杂深刻的变化,国际金融危机深层次影响继续显现,世界经济缓慢复苏、发展分化,国际投资贸易格局和多边投资贸易规则酝酿深刻调整,各国面临的发展问题依然严峻。共建"一带一路"顺应世界多极化、经济全球化、文化多样化、社会信息化的潮流,秉持开放的区域合作精神,致力于维护全球自由贸易体系和开放型世界经济。共建"一带一路"旨在促进经济要素有序自由流动、资源高效配置和市场深度融合,推动沿线各国实现经济政策协调,开展更大范围、更高水平、更深层次的区域合作,共同打造开放、包容、均衡、普惠的区域经济合作架构。共建"一带一路"符合国际社会的根本利益,彰显人类社会共同理想和美好追求,是国际合作以及全球治理新模式的积极探索,将为世界和平发展增添新的正能量。

共建"一带一路"致力于亚欧非大陆及附近海洋的互联互通,建立和加强沿线各国互联互通伙伴关系,构建全方位、多层次、复合型的互联互通网络,实现沿线各国多元、自主、平衡、可持续的发展。"一带一路"的互联互通项目将推动沿线各国发展战略的对接与耦合,发掘区域内市场的潜力,促进投资和消费,创造需求和就业,增进沿线各国人民的人文交流与文明互鉴,让各国人民相逢相知、互信互敬,共享和谐、安宁、富裕的生活。

当前,中国经济和世界经济高度关联。中国将一以贯之地坚持对外开放的基本国策,构建全方位开放新格局,深度融入世界经济体系。推进"一带一路"建设既是中国扩大和深化对外开放的需要,也是加强和亚欧非及世界各国互利合作的需要,中国愿意在力所能及的范围内承担更多责任义务,为人类和平发展做出更大的贡献。

二、共建原则

恪守联合国宪章的宗旨和原则。遵守和平共处五项原则,即尊重各国主权和领土完整、互不侵犯、互不干涉内政、和平共处、平等互利。

坚持开放合作。"一带一路"相关的国家基于但不限于古代丝绸之路的范围,各国和国际、地区组织均可参与,让共建成果惠及更广泛的区域。

坚持和谐包容。倡导文明宽容,尊重各国发展道路和模式的选择,加强不同文明之间的对话,求同存异、兼容并蓄、和平共处、共生共荣。

坚持市场运作。遵循市场规律和国际通行规则,充分发挥市场在资源配置中的决定性作用和各类企业的主体作用,同时发挥好政府的作用。

坚持互利共赢。兼顾各方利益和关切,寻求利益契合点和合作最大公约数,体现各方智慧和创意,各施所长,各尽所能,把各方优势和潜力充分发挥出来。

三、框架思路

"一带一路"是促进共同发展、实现共同繁荣的合作共赢之路,是增进理解信任、加强全方位交流的和平友谊之路。中国政府倡议,秉持和平合作、开放包容、互学互鉴、互利共赢的理念,全方位推进务实合作,打造政治互信、经济融合、文化包容的利益共同体、命运共同体和责任共同体。

"一带一路"贯穿亚欧非大陆,一头是活跃的东亚经济圈,一头是发达的欧洲经济圈,中间广大腹地国家经济发展潜力巨大。丝绸之路经济带重点畅通中国经中亚、俄罗斯至欧洲（波罗的海）；中国经中亚、西亚至波斯湾、地中海；中国至东南亚、南亚、印度洋。21世纪海上丝绸之路重点方向是从中国沿海港口过南海到印度洋，延伸至欧洲；从中国沿海港口过南海到南太平洋。

根据"一带一路"走向，陆上依托国际大通道，以沿线中心城市为支撑，以重点经贸产业园区为合作平台，共同打造新亚欧大陆桥、中蒙俄、中国-中亚-西亚、中国-中南半岛等国际经济合作走廊；海上以重点港口为节点，共同建设通畅安全高效的运输大通道。中巴、孟中印缅两个经济走廊与推进"一带一路"建设关联紧密，要进一步推动合作，取得更大进展。

"一带一路"建设是沿线各国开放合作的宏大经济愿景，需各国携手努力，朝着互利互惠、共同安全的目标相向而行。努力实现区域基础设施更加完善，安全高效的陆海空通道网络基本形成，互联互通达到新水平；投资贸易便利化水平进一步提升，高标准自由贸易区网络基本形成，经济联系更加紧密，政治互信更加深入；人文交流更加广泛深入，不同文明互鉴共荣，各国人民相知相交、和平友好。

四、合作重点

沿线各国资源禀赋各异，经济互补性较强，彼此合作潜力和空间很大。以政策沟通、设施联通、贸易畅通、资金融通、民心相通为主要内容，重点在以下方面加强合作。

政策沟通。加强政策沟通是"一带一路"建设的重要保障。加强政府间合作，积极构建多层次政府间宏观政策沟通交流机制，深化利益融合，促进政治互信，达成合作新共识。沿线各国可以就经济发展战略和对策进行充分交流对接，共同制定推进区域合作的规划和措施，协商解决合作中的问题，共同为务实合作及大型项目实施提供政策支持。

设施联通。基础设施互联互通是"一带一路"建设的优先领域。在尊重相关国家主权和安全关切的基础上，沿线国家宜加强基础设施建设规划、技术标准体系的对接，共同推进国际骨干通道建设，逐步形成连接亚洲各次区域以及亚欧非之间的基础设施网络。强化基础设施绿色低碳化建设和运营管理，在建设中充分考虑气候变化影响。

抓住交通基础设施的关键通道、关键节点和重点工程，优先打通缺失路段，畅通瓶颈路段，配套完善道路安全防护设施和交通管理设施设备，提升道路通达水平。推进建立统一的全程运输协调机制，促进国际通关、换装、多式联运有机衔接，逐步形成兼容规范的运输规则，实现国际运输便利化。推动口岸基础设施建设，畅通陆水联运通道，推进港口合作建设，增加海上航线和班次，加强海上物流信息化合作。拓展建立民航全面合作的平台和机制，加快提升航空基础设施水平。

加强能源基础设施互联互通合作，共同维护输油、输气管道等运输通道安全，推进跨境电力与输电通道建设，积极开展区域电网升级改造合作。

共同推进跨境光缆等通信干线网络建设，提高国际通信互联互通水平，畅通信息丝绸之路。加快推进双边跨境光缆等建设，规划建设洲际海底光缆项目，完善空中（卫星）

信息通道，扩大信息交流与合作。

贸易畅通。投资贸易合作是"一带一路"建设的重点内容。宜着力研究解决投资贸易便利化问题，消除投资和贸易壁垒，构建区域内和各国良好的营商环境，积极同沿线国家和地区共同商建自由贸易区，激发释放合作潜力，做大做好合作"蛋糕"。

沿线国家宜加强信息互换、监管互认、执法互助的海关合作，以及检验检疫、认证认可、标准计量、统计信息等方面的双多边合作，推动世界贸易组织《贸易便利化协定》生效和实施。改善边境口岸通关设施条件，加快边境口岸"单一窗口"建设，降低通关成本，提升通关能力。加强供应链安全与便利化合作，推进跨境监管程序协调，推动检验检疫证书国际互联网核查，开展"经认证的经营者"（AEO）互认。降低非关税壁垒，共同提高技术性贸易措施透明度，提高贸易自由化便利化水平。

拓宽贸易领域，优化贸易结构，挖掘贸易新增长点，促进贸易平衡。创新贸易方式，发展跨境电子商务等新的商业业态。建立健全服务贸易促进体系，巩固和扩大传统贸易，大力发展现代服务贸易。把投资和贸易有机结合起来，以投资带动贸易发展。

加快投资便利化进程，消除投资壁垒。加强双边投资保护协定、避免双重征税协定磋商，保护投资者的合法权益。

拓展相互投资领域，开展农林牧渔业、农机及农产品生产加工等领域深度合作，积极推进海水养殖、远洋渔业、水产品加工、海水淡化、海洋生物制药、海洋工程技术、环保产业和海上旅游等领域合作。加大煤炭、油气、金属矿产等传统能源资源勘探开发合作，积极推动水电、核电、风电、太阳能等清洁、可再生能源合作，推进能源资源就地就近加工转化合作，形成能源资源合作上下游一体化产业链。加强能源资源深加工技术、装备与工程服务合作。

推动新兴产业合作，按照优势互补、互利共赢的原则，促进沿线国家加强在新一代信息技术、生物、新能源、新材料等新兴产业领域的深入合作，推动建立创业投资合作机制。

优化产业链分工布局，推动上下游产业链和关联产业协同发展，鼓励建立研发、生产和营销体系，提升区域产业配套能力和综合竞争力。扩大服务业相互开放，推动区域服务业加快发展。探索投资合作新模式，鼓励合作建设境外经贸合作区、跨境经济合作区等各类产业园区，促进产业集群发展。在投资贸易中突出生态文明理念，加强生态环境、生物多样性和应对气候变化合作，共建绿色丝绸之路。

中国欢迎各国企业来华投资。鼓励本国企业参与沿线国家基础设施建设和产业投资。促进企业按属地化原则经营管理，积极帮助当地发展经济、增加就业、改善民生，主动承担社会责任，严格保护生物多样性和生态环境。

资金融通。资金融通是"一带一路"建设的重要支撑。深化金融合作，推进亚洲货币稳定体系、投融资体系和信用体系建设。扩大沿线国家双边本币互换、结算的范围和规模。推动亚洲债券市场的开放和发展。共同推进亚洲基础设施投资银行、金砖国家开发银行筹建，有关各方就建立上海合作组织融资机构开展磋商。加快丝路基金组建运营。深化中国-东盟银行联合体、上合组织银行联合体务实合作,以银团贷款、银行授信等方式开展多边金融合作。支持沿线国家政府和信用等级较高的企业以及金融机构在中国境内发行人民币债券。符合条件的中国境内金融机构和企业可以在境外发行人民币债券和外币债券,鼓励在沿线国家使用所筹资金。

加强金融监管合作,推动签署双边监管合作谅解备忘录,逐步在区域内建立高效监管协调机制。完善风险应对和危机处置制度安排,构建区域性金融风险预警系统,形成应对跨境风险和危机处置的交流合作机制。加强征信管理部门、征信机构和评级机构之间的跨境交流与合作。充分发挥丝路基金以及各国主权基金作用,引导商业性股权投资基金和社会资金共同参与"一带一路"重点项目建设。

民心相通。民心相通是"一带一路"建设的社会根基。传承和弘扬丝绸之路友好合作精神,广泛开展文化交流、学术往来、人才交流合作、媒体合作、青年和妇女交往、志愿者服务等,为深化双多边合作奠定坚实的民意基础。

扩大相互间留学生规模,开展合作办学,中国每年向沿线国家提供 1 万个政府奖学金名额。沿线国家间互办文化年、艺术节、电影节、电视周和图书展等活动,合作开展广播影视剧精品创作及翻译,联合申请世界文化遗产,共同开展世界遗产的联合保护工作。深化沿线国家间人才交流合作。

加强旅游合作,扩大旅游规模,互办旅游推广周、宣传月等活动,联合打造具有丝绸之路特色的国际精品旅游线路和旅游产品,提高沿线各国游客签证便利化水平。推动 21 世纪海上丝绸之路邮轮旅游合作。积极开展体育交流活动,支持沿线国家申办重大国际体育赛事。

强化与周边国家在传染病疫情信息沟通、防治技术交流、专业人才培养等方面的合作,提高合作处理突发公共卫生事件的能力。为有关国家提供医疗援助和应急医疗救助,在妇幼健康、残疾人康复以及艾滋病、结核、疟疾等主要传染病领域开展务实合作,扩大在传统医药领域的合作。

加强科技合作,共建联合实验室(研究中心)、国际技术转移中心、海上合作中心,促进科技人员交流,合作开展重大科技攻关,共同提升科技创新能力。

整合现有资源,积极开拓和推进与沿线国家在青年就业、创业培训、职业技能开发、社会保障管理服务、公共行政管理等共同关心领域的务实合作。

充分发挥政党、议会交往的桥梁作用,加强沿线国家之间立法机构、主要党派和政治组织的友好往来。开展城市交流合作,欢迎沿线国家重要城市之间互结友好城市,以人文交流为重点,突出务实合作,形成更多鲜活的合作范例。欢迎沿线国家智库之间开展联合研究、合作举办论坛等。

加强沿线国家民间组织的交流合作,重点面向基层民众,广泛开展教育医疗、减贫开发、生物多样性和生态环保等各类公益慈善活动,促进沿线贫困地区生产生活条件改善。加强文化传媒的国际交流合作,积极利用网络平台,运用新媒体工具,塑造和谐友好的文化生态和舆论环境。

五、合作机制

当前,世界经济融合加速发展,区域合作方兴未艾。积极利用现有双多边合作机制,推动"一带一路"建设,促进区域合作蓬勃发展。

加强双边合作,开展多层次、多渠道沟通磋商,推动双边关系全面发展。推动签署合作备忘录或合作规划,建设一批双边合作示范。建立完善双边联合工作机制,研究推进"一带一路"建设的实施方案、行动路线图。充分发挥现有联委会、混委会、协委会、指导委员会、管理委员会等双边机制作用,协调推动合作项目实施。

强化多边合作机制作用,发挥上海合作组织(SCO)、中国-东盟"10+1"、亚太经合组织(APEC)、亚欧会议(ASEM)、亚洲合作对话(ACD)、亚信会议(CICA)、中阿合作论坛、中国-海合会战略对话、大湄公河次区域(GMS)经济合作、中亚区域经济合作(CAREC)等现有多边合作机制作用,相关国家加强沟通,让更多国家和地区参与"一带一路"建设。

继续发挥沿线各国区域、次区域相关国际论坛、展会以及博鳌亚洲论坛、中国-东盟博览会、中国-亚欧博览会、欧亚经济论坛、中国国际投资贸易洽谈会,以及中国-南亚博览会、中国-阿拉伯博览会、中国西部国际博览会、中国-俄罗斯博览会、前海合作论坛等平台的建设性作用。支持沿线国家地方、民间挖掘"一带一路"历史文化遗产,联合举办专项投资、贸易、文化交流活动,办好丝绸之路(敦煌)国际文化博览会、丝绸之路国际电影节和图书展。倡议建立"一带一路"国际高峰论坛。

六、中国各地方开放态势

推进"一带一路"建设,中国将充分发挥国内各地区比较优势,实行更加积极主动的开放战略,加强东中西互动合作,全面提升开放型经济水平。

西北、东北地区。发挥新疆独特的区位优势和向西开放重要窗口作用,深化与中亚、南亚、西亚等国家交流合作,形成丝绸之路经济带上重要的交通枢纽、商贸物流和文化科教中心,打造丝绸之路经济带核心区。发挥陕西、甘肃综合经济文化和宁夏、青海民族人文优势,打造西安内陆型改革开放新高地,加快兰州、西宁开发开放,推进宁夏内陆开放型经济试验区建设,形成面向中亚、南亚、西亚国家的通道、商贸物流枢纽、重要产业和人文交流基地。发挥内蒙古联通俄蒙的区位优势,完善黑龙江对俄铁路通道和区域铁路网,以及黑龙江、吉林、辽宁与俄远东地区陆海联运合作,推进构建北京—莫斯科欧亚高速运输走廊,建设向北开放的重要窗口。

西南地区。发挥广西与东盟国家陆海相邻的独特优势,加快北部湾经济区和珠江—西江经济带开放发展,构建面向东盟区域的国际通道,打造西南、中南地区开放发展新的战略支点,形成21世纪海上丝绸之路与丝绸之路经济带有机衔接的重要门户。发挥云南区位优势,推进与周边国家的国际运输通道建设,打造大湄公河次区域经济合作新高地,建设成为面向南亚、东南亚的辐射中心。推进西藏与尼泊尔等国家边境贸易和旅游文化合作。

沿海和港澳台地区。利用长三角、珠三角、海峡西岸、环渤海等经济区开放程度高、经济实力强、辐射带动作用大的优势,加快推进中国(上海)自由贸易试验区建设,支持福建建设21世纪海上丝绸之路核心区。充分发挥深圳前海、广州南沙、珠海横琴、福建平潭等开放合作区作用,深化与港澳台合作,打造粤港澳大湾区。推进浙江海洋经济发展示范区、福建海峡蓝色经济试验区和舟山群岛新区建设,加大海南国际旅游岛开发开放力度。加强上海、天津、宁波-舟山、广州、深圳、湛江、汕头、青岛、烟台、大连、福州、厦门、泉州、海口、三亚等沿海城市港口建设,强化上海、广州等国际枢纽机场功能。以扩大开放倒逼深层次改革,创新开放型经济体制机制,加大科技创新力度,形成参与和引领国际合作竞争新优势,成为"一带一路"特别是21世纪海上丝绸之路建设的排头兵和主力军。发挥海外侨胞以及香港、澳门特别行政区独特优势作用,积极参与和助力"一带一路"建设。为台湾地区参与"一带一路"建设做出妥善安排。

内陆地区。利用内陆纵深广阔、人力资源丰富、产业基础较好优势,依托长江中游城市群、成渝城市群、中原城市群、呼包鄂榆城市群、哈长城市群等重点区域,推动区域互动合作和产业集聚发展,打造重庆西部开发开放重要支撑和成都、郑州、武汉、长沙、南昌、合肥等内陆开放型经济高地。加快推动长江中上游地区和俄罗斯伏尔加河沿岸联邦区的合作。建立中欧通道铁路运输、口岸通关协调机制,打造"中欧班列"品牌,建设沟通境内外、连接东中西的运输通道。支持郑州、西安等内陆城市建设航空港、国际陆港,加强内陆口岸与沿海、沿边口岸通关合作,开展跨境贸易电子商务服务试点。优化海关特殊监管区域布局,创新加工贸易模式,深化与沿线国家的产业合作。

七、中国积极行动

一年多来,中国政府积极推动"一带一路"建设,加强与沿线国家的沟通磋商,推动与沿线国家的务实合作,实施了一系列政策措施,努力收获早期成果。

高层引领推动。习近平主席、李克强总理等国家领导人先后出访20多个国家,出席加强互联互通伙伴关系对话会、中阿合作论坛第六届部长级会议,就双边关系和地区发展问题,多次与有关国家元首和政府首脑进行会晤,深入阐释"一带一路"的深刻内涵和积极意义,就共建"一带一路"达成广泛共识。

签署合作框架。与部分国家签署了共建"一带一路"合作备忘录,与一些毗邻国家签署了地区合作和边境合作的备忘录以及经贸合作中长期发展规划。研究编制与一些毗邻国家的地区合作规划纲要。

推动项目建设。加强与沿线有关国家的沟通磋商,在基础设施互联互通、产业投资、资源开发、经贸合作、金融合作、人文交流、生态保护、海上合作等领域,推进了一批条件成熟的重点合作项目。

完善政策措施。中国政府统筹国内各种资源,强化政策支持。推动亚洲基础设施投资银行筹建,发起设立丝路基金,强化中国-欧亚经济合作基金投资功能。推动银行卡清算机构开展跨境清算业务和支付机构开展跨境支付业务。积极推进投资贸易便利化,推进区域通关一体化改革。

发挥平台作用。各地成功举办了一系列以"一带一路"为主题的国际峰会、论坛、研讨会、博览会,对增进理解、凝聚共识、深化合作发挥了重要作用。

八、共创美好未来

共建"一带一路"是中国的倡议,也是中国与沿线国家的共同愿望。站在新的起点上,中国愿与沿线国家一道,以共建"一带一路"为契机,平等协商,兼顾各方利益,反映各方诉求,携手推动更大范围、更高水平、更深层次的大开放、大交流、大融合。"一带一路"建设是开放的、包容的,欢迎世界各国和国际、地区组织积极参与。

共建"一带一路"的途径是以目标协调、政策沟通为主,不刻意追求一致性,可高度灵活,富有弹性,是多元开放的合作进程。中国愿与沿线国家一道,不断充实完善"一带一路"的合作内容和方式,共同制定时间表、路线图,积极对接沿线国家发展和区域合作规划。

中国愿与沿线国家一道,在既有双多边和区域次区域合作机制框架下,通过合作研究、论坛展会、人员培训、交流访问等多种形式,促进沿线国家对共建"一带一路"内涵、目标、任务等方面的进一步理解和认同。

中国愿与沿线国家一道,稳步推进示范项目建设,共同确定一批能够照顾双多边利益的项目,对各方认可、条件成熟的项目抓紧启动实施,争取早日开花结果。

"一带一路"是一条互尊互信之路,一条合作共赢之路,一条文明互鉴之路。只要沿线各国和衷共济、相向而行,就一定能够谱写建设丝绸之路经济带和21世纪海上丝绸之路的新篇章,让沿线各国人民共享"一带一路"共建成果。

附录二

教育部关于印发
《推进共建"一带一路"教育行动》的通知

教外〔2016〕46号

各省、自治区、直辖市教育厅(教委),各计划单列市教育局,新疆生产建设兵团教育局,部属各高等学校,部内各司局、各直属单位:

为贯彻落实中办、国办《关于做好新时期教育对外开放工作的若干意见》和国家发展改革委、外交部、商务部经国务院授权发布的《推动共建丝绸之路经济带和21世纪海上丝绸之路的愿景与行动》,我部牵头制订了《推进共建"一带一路"教育行动》,并已经国家教育体制改革领导小组会议审议通过。现印发给你们,请结合实际认真贯彻执行。

教育部
2016年7月13日

推进共建"一带一路"教育行动

推进共建"丝绸之路经济带"和"21世纪海上丝绸之路"(以下简称"一带一路"),为推动区域教育大开放、大交流、大融合提供了大契机。"一带一路"沿线国家教育加强合作、共同行动,既是共建"一带一路"的重要组成部分,又为共建"一带一路"提供人才支撑。中国愿与沿线国家一道,扩大人文交流,加强人才培养,共同开创教育美好明天。

一、教育使命

教育为国家富强、民族繁荣、人民幸福之本,在共建"一带一路"中具有基础性和先导性作用。教育交流为沿线各国民心相通架设桥梁,人才培养为沿线各国政策沟通、设施联通、贸易畅通、资金融通提供支撑。沿线各国唇齿相依,教育交流源远流长,教育合作前景广阔,大家携手发展教育,合力推进共建"一带一路",是造福沿线各国人民的伟大事业。

中国将一以贯之地坚持教育对外开放,深度融入世界教育改革发展潮流。推进"一带一路"教育共同繁荣,既是加强与沿线各国教育互利合作的需要,也是推进中国教育改革发展的需要,中国愿意在力所能及的范围内承担更多责任义务,为区域教育大发展做出更大的贡献。

二、合作愿景

沿线各国携起手来,增进理解、扩大开放、加强合作、互学互鉴,谋求共同利益、直面共同命运、勇担共同责任,聚力构建"一带一路"教育共同体,形成平等、包容、互惠、活跃的教育合作态势,促进区域教育发展,全面支撑共建"一带一路",共同致力于:

推进民心相通。开展更大范围、更高水平、更深层次的人文交流,不断推进沿线各国人民相知相亲。

提供人才支撑。培养大批共建"一带一路"急需人才,支持沿线各国实现政策互通、设施联通、贸易畅通、资金融通。

实现共同发展。推动教育深度合作、互学互鉴,携手促进沿线各国教育发展,全面提升区域教育影响力。

三、合作原则

育人为本,人文先行。加强合作育人,提高区域人口素质,为共建"一带一路"提供人才支撑。坚持人文交流先行,建立区域人文交流机制,搭建民心相通桥梁。

政府引导,民间主体。沿线国家政府加强沟通协调,整合多种资源,引导教育融合发展。发挥学校、企业及其他社会力量的主体作用,活跃教育合作局面,丰富教育交流内涵。

共商共建,开放合作。坚持沿线国家共商、共建、共享,推进各国教育发展规划相互衔接,实现沿线各国教育融通发展、互动发展。

和谐包容,互利共赢。加强不同文明之间的对话,寻求教育发展最佳契合点和教育合作最大公约数,促进沿线各国在教育领域互利互惠。

四、合作重点

沿线各国教育特色鲜明、资源丰富、互补性强、合作空间巨大。中国将以基础性、支撑性、引领性三方面举措为建议框架,开展三方面重点合作,对接沿线各国意愿,互鉴先进教育经验,共享优质教育资源,全面推动各国教育提速发展。

(一)开展教育互联互通合作

加强教育政策沟通。开展"一带一路"教育法律、政策协同研究,构建沿线各国教育政策信息交流通报机制,为沿线各国政府推进教育政策互通提供决策建议,为沿线各国学校和社会力量开展教育合作交流提供政策咨询。积极签署双边、多边和次区域教育合作框架协议，制定沿线各国教育合作交流国际公约，逐步疏通教育合作交流政策性瓶颈，实现学分互认、学位互授联授，协力推进教育共同体建设。

助力教育合作渠道畅通。推进"一带一路"国家间签证便利化，扩大教育领域合作交流，形成往来频繁、合作众多、交流活跃、关系密切的携手发展局面。鼓励有合作基础、相同研究课题和发展目标的学校缔结姊妹关系，逐步深化拓展教育合作交流。举办沿线国家校长论坛，推进学校间开展多层次多领域的务实合作。支持高等学校依托学科优势专业，建立产学研用结合的国际合作联合实验室（研究中心）、国际技术转移中心，共同应对经济发展、资源利用、生态保护等沿线各国面临的重大挑战与机遇。打造"一带一路"学术交流平台，吸引各国专家学者、青年学生开展研究和学术交流。推进"一带一路"优质教育资源共享。

促进沿线国家语言互通。研究构建语言互通协调机制，共同开发语言互通开放课程，逐步将沿线国家语言课程纳入各国学校教育课程体系。拓展政府间语言学习交换项目，联合培养、相互培养高层次语言人才。发挥外国语院校人才培养优势，推进基础教育多语种师资队伍建设和外语教育教学工作。扩大语言学习国家公派留学人员规模，倡导沿线各国与中国院校合作在华开办本国语言专业。支持更多社会力量助力孔子学院和孔子课堂建设，加强汉语教师和汉语教学志愿者队伍建设，全力满足沿线国家汉语学习需求。

推进沿线国家民心相通。鼓励沿线国家学者开展或合作开展中国课题研究，增进沿线各国对中国发展模式、国家政策、教育文化等各方面的理解。建设国别和区域研究基地，与对象国合作开展经济、政治、教育、文化等领域研究。逐步将理解教育课程、丝路文化遗产保护纳入沿线各国中小学教育课程体系，加强青少年对不同国家文化的理解。加强"丝绸之路"青少年交流，注重利用社会实践和志愿服务、文化体验、体育竞赛、创新创业活动和新媒体社交等途径，增进不同国家青少年对其他国家文化的理解。

推动学历学位认证标准连通。推动落实联合国教科文组织《亚太地区承认高等教育资历公约》，支持教科文组织建立世界范围学历互认机制，实现区域内双边多边学历学位关联互认。呼吁各国完善教育质量保障体系和认证机制，加快推进本国教育资历框架开发，助力各国学习者在不同种类和不同阶段教育之间进行转换，促进终身学习社会建设。共商共建区域性职业教育资历框架，逐步实现就业市场的从业标准一体化。探索建立沿线各国教师专业发展标准，促进教师流动。

（二）开展人才培养培训合作

实施"丝绸之路"留学推进计划。设立"丝绸之路"中国政府奖学金，为沿线各国专项培养行业领军人才和优秀技能人才。全面提升来华留学人才培养质量，把中国打造成为深受沿线各国学子欢迎的留学目的地国。以国家公派留学为引领，推动更多中国学生到沿线国家留学。坚持"出国留学和来华留学并重、公费留学和自费留学并重、扩大规模和提高质量并重、依法管理和完善服务并重、人才培养和发挥作用并重"，完善全链条的留学人员管理服务体系,保障平安留学、健康留学、成功留学。

实施"丝绸之路"合作办学推进计划。有条件的中国高等学校开展境外办学要集中优势学科,选好合作契合点,做好前期论证工作,构建人才培养模式、运行管理模式、服务当地模式、公共关系模式,使学校顺利落地生根、开花结果。发挥政府引领、行业主导作用,促进高等学校、职业院校与行业企业深化产教融合。鼓励中国优质职业教育配合高铁、电信运营等行业企业走出去,探索开展多种形式的境外合作办学,合作设立职业院校、培训中心,合作开发教学资源和项目,开展多层次职业教育和培训,培养当地急需的各类"一带一路"建设者。整合资源,积极推进与沿线各国在青年就业培训等共同关心领域的务实合作。倡议沿线国家之间开展高水平合作办学。

实施"丝绸之路"师资培训推进计划。开展"丝绸之路"教师培训,加强先进教育经验交流,提升区域教育质量。加强"丝绸之路"教师交流,推动沿线各国校长交流访问、教师及管理人员交流研修,推进优质教育模式在沿线各国互学互鉴。大力推进沿线各国优质教学仪器设备、教材课件和整体教学解决方案输出,跟进教师培训工作,促进沿线各国教育资源和教学水平均衡发展。

实施"丝绸之路"人才联合培养推进计划。推进沿线国家间的研修访学活动。鼓励沿线各国高等学校在语言、交通运输、建筑、医学、能源、环境工程、水利工程、生物科学、海洋科学、生态保护、文化遗产保护等沿线国家发展急需的专业领域联合培养学生,推动联盟内或校际教育资源共享。

(三)共建丝路合作机制

加强"丝绸之路"人文交流高层磋商。开展沿线国家双边多边人文交流高层磋商,商定"一带一路"教育合作交流总体布局,协调推动沿线各国建立教育双边多边合作机制、教育质量保障协作机制和跨境教育市场监管协作机制,统筹推进"一带一路"教育共同行动。

充分发挥国际合作平台作用。发挥上海合作组织、东亚峰会、亚太经合组织、亚欧会议、亚洲相互协作与信任措施会议、中阿合作论坛、东南亚教育部长组织、中非合作论坛、中巴经济走廊、孟中印缅经济走廊、中蒙俄经济走廊等现有双边多边合作机制作用,增加教育合作的新内涵。借助联合国教科文组织等国际组织力量,推动沿线各国围绕实现世界教育发展目标形成协作机制。充分利用中国-东盟教育交流周、中日韩大学交流合作促进委员会、中阿大学校长论坛、中非高校20+20合作计划、中日大学校长论坛、中韩大学校长论坛、中俄大学联盟等已有平台,开展务实教育合作交流。支持在共同区域、有合作基础、具备相同专业背景的学校组建联盟,不断延展教育务实合作平台。

实施"丝绸之路"教育援助计划。发挥教育援助在"一带一路"教育共同行动中的重要作用,逐步加大教育援助力度,重点投资于人、援助于人、惠及于人。发挥教育援助在"南南合作"中的重要作用,加大对沿线国家尤其是最不发达国家的支持力度。统筹利用国家、教育系统和民间资源,为沿线国家培养培训教师、学者和各类技能人才。积极开展优质教学仪器设备、整体教学方案、配套师资培训一体化援助。加强中国教育培训中心和教育援外基地建设。倡议各国建立政府引导、社会参与的多元化经费筹措机制，通过国家资助、社会融资、民间捐赠等渠道，拓宽教育经费来源，做大教育援助格局，实现教育共同发展。

开展"丝路金驼金帆"表彰工作。对于在"一带一路"教育合作交流和区域教育共同发展中做出杰出贡献、产生重要影响的国际人士、团队和组织给予表彰。

五、中国教育行动起来

中国倡导沿线各国建立教育共同体，聚力推进共建"一带一路"，首先需要中国教育领域和社会各界率先垂范、积极行动。

加强协调推动。加强国内各部门各地方的统筹协调工作，有序开展"一带一路"教育合作交流。推动中国教育治理体系完善、相关法律法规修订和教育综合改革，提升中国开展"一带一路"教育行动的质量和水平。教育部与国家发展改革委、外交部、商务部等部门和全国性行业组织紧密配合，围绕共建"一带一路"大局，寻找合作重点、建立运行保障机制，畅通教育国际合作交流渠道，对接沿线各国教育发展战略规划。

地方重点推进。突出地方推进共建"一带一路"的主体性、支撑性和落地性，要求各地发挥区位优势和地方特色，抓紧制订本地教育和经济携手走出去行动计划，紧密对接国家总体布局。有序与沿线国家地方政府建立"友好省州""姊妹城市"关系，做好做实彼此间人文交流。充分利用地方调配资源优势，积极搭建海内外平台，促进校企优势互补、良性合作、共同发展。多措并举，支持指导本地教育系统与"一带一路"沿线国家广泛开展合作交流，打造教育合作交流区域高地，助力做强本地教育。

各级学校有序前行。各级各类学校秉承"己欲立而立人"的中国传统，有序与沿线各国学校扩大合作交流，整合优质资源走出去，选择优质资源引进来，兼容并包、互学互鉴，共同提升教育国际化水平和服务共建"一带一路"能力。中小学校要广泛建立校际合作交流关系，重点开展师生交流、教师培训和国际理解教育。高等学校、职业院校要立足各自发展战略和本地区参与共建"一带一路"规划，与沿线各国开展形式多样的合作交流，重点做好完善现代大学制度、创新人才培养模式、提升来华留学质量、优化境外合作办学、助推企业成长等各项工作的协同发展。

社会力量顺势而行。开展更大范围、更深层次、更高水平的"一带一路"教育民间合作交流，吸纳更多民间智慧、民间力量、民间方案、民间行动。大力培育和发展我国非营利组织，通过购买服务、市场调配等举措，大力支持社会机构和专业组织投身教育对外开放事业，活跃民间教育国际合作交流。加快推动教学仪器和中医诊疗服务走出去步伐，支持企业和个人按照市场规则依法参与中外合作办学、合作科研、涉外服务等教育对外开放活动。企业要积极与学校合作走出去，联合开展人才培养、科技创新和成果转化，积极服务"一带一路"国家经贸发展。

助力形成早期成果。实施高度灵活、富有弹性的合作机制，优先启动各方认可度高、条件成熟的项目,明确时间节点,争取短期内开花结果。2016年,各省市制订并呈报本地"一带一路"教育行动计划,有序推进教育互联互通、人才培养培训及丝路合作机制建设。2017年,基于三方面重点合作的沿线各国教育共同行动深入开展。未来3年,中国每年面向沿线国家公派留学生2500人;未来5年,建成10个海外科教基地,每年资助1万名沿线国家新生来华学习或研修。

六、共创教育美好明天

独行快,众行远。合作交流是沿线各国共建"一带一路"教育共同体的主要方式。通过教育合作交流,培养高素质人才,推进经济社会发展,提高沿线各国人民生活福祉,是我们共同的愿望。通过教育合作交流,扩大人文往来,筑牢地区和平基础,是我们共同的责任。

中国愿与沿线各国一道,秉持开放合作、互利共赢理念,共同构建多元化教育合作机制,制订时间表和路线图,推动弹性化合作进程,打造示范性合作项目,满足各方发展需要,促进共同发展。

中国教育部倡议沿线各国积极行动起来,加强战略规划对接和政策磋商,探索教育合作交流的机制与模式,增进教育合作交流的广度和深度,追求教育合作交流的质量和效益,互知互信、互帮互助、互学互鉴,携手推动教育发展,促进民心相通,构建"一带一路"教育共同体,共创人类美好生活新篇章。

后　记

本书是张德祥教授主持的中国高等教育学会高等教育科学研究"十三五"规划重大攻关课题"'一带一路'国家高等教育政策法规研究"(16ZG003)的研究成果。

本书由张德祥教授和李枭鹰教授负责总体规划、设计和架构，确定编译的主旨与核心，组织人员搜集、选取、翻译和整理这些国家的相关教育政策法规，最后审阅书稿。其中，《巴勒斯坦教育发展战略规划(2014—2019年)》《巴勒斯坦全民教育评估(2015年)》由大连理工大学高等教育研究院韩梦洁副教授和教育管理专业2019级博士生赵明明、教育学专业2016级硕士生白晋延、教育学专业2017级硕士生王苗苗编译；《以色列教育法规和教育系统结构》《以色列教育法》由大连外国语大学英语专业2016级硕士生张驰编译。这些政策法规文本的语言为英语。本书由大连理工大学高等教育研究院韩梦洁副教授终审校译。

本书的出版得到了中国高等教育学会、大连理工大学出版社的大力支持，课题组在此深表感谢！

课题组